신인서판 리더혁명

김재득 · 김현성 · 박은미
홍순목 · 이종덕

Identification of the Talented

KNOWLEDGE COMMUNITY 공동체

우리는 항상적 위기의 시대를 살고 있다. 위기의 시대에 가장 필요한 것은 무엇일까? 입시전략, 취업전략, 주식투자법 등 모두 필요하지만 꿈을 가슴에 품는 것이다. 꿈은 불가능까지도 가능하게 하는 도깨비와 같은 힘을 지녔기 때문이다. 돌은 꽃처럼 물 위에 뜰 수 없지만, 큰 배를 만들어 그 배에 실으면 수백 톤(ton)의 돌도 띄울 수 있다. 그것이 바로 '리더십'이라는 배(ship)다.

오늘날 많은 사람들이 흔들리고 방황하면서도 도전하기 싫어한다. 그들을 인도할 나침반이 없기 때문이다. 우리를 도전으로 안내하고 역경 속에서도 가야 할 길을 인도하는 나침반이 바로 리더십이다. 리더십은 위기의 시대에 인생의 방향을 잃지 않게 하고, 풍랑 속에서도 용기를 북돋아 주며 자신도 모르는 잠재력을 이끌어 낸다. 리더십은 위기의 파도에 좌초당하지 않게 하고, 가슴에 품은 '꿈의 크기'만큼 흔들리지 않게 한다.

오늘날 우리 사회의 가장 무서운 숙제는 바로 '빈부의 격차'다. 그러나 이보다 더 무서운 것이 '리더십의 격차'다. 리더십의 격차는 '꿈의 격차'로 나아가 '인생의 격차'로 이어지기 때문이다. 다행스럽게도 리더십은 "가르칠 수는 없지만 배울 수는 있다".

시중에 리더십 이론서는 즐비하다. 그러나 리더십 이론을 응용하여 실제로 리더십을 제고하기 위한 프로그램, 즉 리더십 워크북(workbook)과 실용 매뉴얼(manual)을 담고 있는 책은 찾아보기 어렵다. 이 책은 리더십 함양을 위한 실용 매뉴얼의 출현을 바라는 독자들을 위해 그 동안 수많은 리더십 서적들을 분석하여 종합함으로써 리더십 노하우(knowhow)를 실제 현장에서 활용할 수 있도록 정리해 놓았다.

이 책은 총 5부(part) 13장(chapter)으로 구성되어 있다. 대학의 강의교재로는 물론 기업체나 공공기관에서도 워크숍을 실시할 수 있도록 구성된 책이다. 즉, 심리학, 교육학, 경영학뿐만 아니라 인성 및 교양 교육, 기업교육, 대학생 리더십 함양을 위한 교재로 충분하다.

왜냐하면 이 책에 포함된 프로그램은 저자들의 리더십 해외연수와 사회경험, 서강대학교, 연세대학교, 경희대학교, 한국외국어대학교, 이화여자대학교, 가톨릭대학교 의과대학, 영산대학교, 한국해양대학교, 아주대학교, 상명대학교 등 수십 년에 걸친 강의경험, NGO, 정부기관(대법원, 특허청, 국토교통부, 창조경제부 등)과 삼성, LG, 현대 등 대기업 임·직원을 대상으로 적용하였던 노하우를 토대로 기획했기 때문이다.

이 책의 특징은 다음과 같다.

첫째, 이 책은 온고지신(溫故知新)의 정신에 입각하여 오래전부터 내려오던 인재채용의 기준인 신언서판(身言書判)을 21세기에 맞게 재정립하였다. 중국 당나라 때 관리등용시험에서 사용되었던 몸(體貌), 말씨(言辯), 글씨(筆跡), 판단(文理)의 네 가지 평가기준을 재창조·재조명하였다.

둘째, 이 책은 리더십의 이론과 행동을 신언서판으로 연계시킨 노력의 산물이다. 자신이 어떤 리더인지, 어떤 리더가 될 것인지 '리더십 자기견적서' 작성이 가능하도록 실전용 프로그램으로 구성되어 있다.

셋째, 이 책은 다양한 교육현장과 사례적용에서 검증된 프로그램으로 누구라도 쉽게 활용할 수 있도록 하였다. 즉, 대학을 넘어 정부기관, 지방자치단체, 기업체, 공기업, 대한변협 등 각종 협회와 시민단체는 물론, 각 조직의 CEO, 핵심(중간)간부에 이르기까지 현장적합도가 높은 프로그램이다.

넷째, 이 책은 기존의 주입식 학습방법을 배제하고 다양한 퀴즈와 진단지 및 설문지를 가미함으로써 학습의 참여도를 높여 자기주도학습은 물론, 팀 학습도 가능하도록 독창적이고 개방적인 프로그램을 담고 있다.

모든 일이 그렇듯이 시작이 없으면 끝이 없고, 초보시절이 없는 프로도 없다. 서툴지만 부단한 노력과 도전으로 미래를 개척해 나간다면 어느덧 리더로서 자신을 발견하게 될 것이다. 「신언서판－리더혁명－」은 당신이 리더로 가는 길에 성실한 동반자가 되길 바란다.

이 책이 나오기까지 많은 분들의 사랑과 관심, 공감과 배려가 있었다. 그분들께 깊이 감사드린다. 또한 저자들의 의도를 경청하고 정확히 파악하여 흔쾌히 출판을 허락해 주신 도서출판 공동체의 사장님과 임직원들께도 진심으로 감사드린다.

끝으로 이 책을 접한 모든 인재들이여! 독자(讀者)에 머물지 말고 반드시 행동으로 옮기는 실천가(實踐家)가 되길 바란다. 그리고 리더의 자격, 신언서판을 향한 여정을 멈추지 마라. 당신의 원대한 꿈이 당신을 맞을 때까지.

2017년 3월

저자 일동

CONTENTS

PART 04 서(書) : 쓰기 · 필력과 프레젠테이션

PART 05 판(判) : 토론 · 창의성 · 통섭과 융합

PART

01

21세기 신언서판(身·言·書·判)의 탄생

행동하는 사람처럼 생각하고,
생각하는 사람처럼 행동하라.

Think like a man of action,
act like a man of thought.

– 앙리 베르그송(Henri Bergson) –

CHAPTER

01

21세기 신언서판(身言書判)

"준비가 기회를 만나면 운명이 된다."
"리더의 철학은 조직의 문화가 되고,
리더의 말은 조직의 명분이 된다."
– 김재득 –

01 조선의 과거시험제도 : 신언서판(身言書判)

과거(科擧)는 예전에 국가에서 인재를 채용하기 위한 일종의 시험제도이다. 즉, 조선시대에도 인재채용법으로 과거가 있었다. 과거란 시험과목에 인재를 선발하여 거용한다는 뜻으로 중국의 수나라, 한국에서는 신라시대에도 과거가 있었으나 골품제도였으므로 매우 제한적인 제도로 활용되었다.

본격적인 과거는 고려 제4대 광종(光宗, 958) 때로 당시 과거의 목표는 유교적 소양을 갖춘 인재를 발굴하는 것이었다. 과거는 왕의 이름으로 주최되었고 시험에 합격한 유생들은 더 높은 관직에 오르기 위해 왕의 관심을 받아야 했다. 즉, 왕이 임명권자였기 때문이다. 호족들은 과거시험이 아니더라도 관리가 될 수 있었으나 과거시험을 통해 관리가 되는 것이 관행으로 자리를 잡았다.

조선시대에는 평민에게도 과거시험 응시가 가능했으나 10~20년 정도의 공부를 해야만 합격할 수 있었기에 부유층에게나 가능한 일이었다. 당시 과거시험 과목은 유학이었다. 유학이란 유교로 차이점은 학문과 종교라고 생각할 수 있다. 중국에서 건너온 유교는 단순히 말로만 존재하는 것이 아니고 책으로 전래되었는데 4서5경이 대표적 수험서다. 논어, 맹자, 중용, 대학이 4서이며, 역경, 서경, 시경, 예기, 춘추가 5경인데 이를 기초로 출제되었다.

조선 중기 이후부터 과거급제를 통해 관리가 되는 것이 입신양명의 지름길이자 사실상 유일한 통로로써 계속 응시자가 급증했다. 비록 양반이라 해도 3대 안에 과거급제자가 나오지 않으면 향반으로 지위가 격하되었기 때문에 과거급제는 개인의 문제가 아니라 집안의 문제가 되었다.

초기에는 응시자 수가 많지 않아 시험문제에 대한 판별과 검증이 쉬웠으나 중기부터는 시험응시자 수의 급증으로 답안지 검증이 점차 형식적으로 변질

되었다.[1] 결국 시험이라고 할 수 있는 요소가 점차 사라지고, 능력과 소양이 없는 자들도 급제를 하는 경우가 크게 늘어났다.

따라서 과거급제에 인생을 거는 양반들의 수가 많아짐에 따라 시험을 더 자주 실시했고 그 결과 급제자들의 수는 늘어났으나 임명할 관직은 부족하여 결국 관직을 얻지 못한 과거급제자만 계속해서 증가되었다.

결국 조선 후기에 오면서 과거시험은 의미가 크게 퇴색하고 매관매직을 통해 관리가 되는 것이 관행이 되었다. 임진왜란 이후 사회기강이 무너지면서 폐단이 나타나기 시작하여 18세기 무렵 극에 달하면서 시험부정에 관한 전문용어도 생겨났다.[2] 이런 폐단과 차별의 상황을 서얼 출신인 박제가는 "공자라도 과거의 문을 통과할 수 있을까?"라고 표현하였다.

당시 과거에 합격하면 국립대학인 성균관 입학자격을 주고 하급관리로 채용했다. 시험시기는 3년에 한 번씩 시행하였으며 과거시험의 수준은 요즘의 수능시험보다 훨씬 어려웠을 것으로 추측된다. 수능시험이 국영수탐(국어, 영어, 수학, 탐구) 4개 영역이지만, 과거시험은 출제범위도 예측할 수 없을 만큼 넓고 정치, 경제, 사회, 역사, 문학, 철학 등 다양한 주제를 논리적으로 서술하는 문제가 주로 출제되었다. 보통 33명을 뽑는 시험이었으므로 오늘날의 로스쿨(1,000명)과 사법고시(100명), 행정고시(100명), 외무고시(30명)에 비하면 경쟁률이 압도적으로 높았다.[3]

당시 인재를 채용하기 위한 시험문제는 다음과 같은 것이 출제되었다.

1 과거급제자에 대한 발표일은 정해져 있었기 때문에 먼저 제출한 답안지부터 검사를 한 관계로 답안지를 먼저 내겠다고 아우성이었다. 즉, 능력과 자질이 아니라 선착순이 된 것이었다. 또한 과거시험에는 커닝을 하거나 대리시험을 치는 경우도 많았으며 시험지를 1차로 검수하는 관리에게 뇌물을 주고 내용과 관계 없이 합격을 시키는 거래까지 성행했다.

2 거벽(巨擘) : 전문적으로 과거 대리시험을 보는 자/ 부동역서(符同易書) : 시험지 바꿔치기/ 사수(寫手) : 전문적으로 과거 답안 글씨를 써주는 자/ 수종협책(隨從挾冊) : 시험장에 책 반입하기/ 외장서입(外場書入) : 시험장 밖에서 답안 작성/ 입문유린(入門蹂躪) : 시험장에 드나들기/ 정권분답(呈券紛遝) : 답안지 바꿔치기/ 차술차작(借述借作) : 대리시험 등이다.

3 33인 중 갑과 3명, 을과 7명, 병과 23명이다. 갑과의 1등이 장원이다. 갑과는 종6품, 정7품 정도의 관직이 주어졌다(장원은 종6품), 을과는 정7품, 병과는 최하 9품까지 관직을 주었다.

- 고소・고발사건에 대한 원만한 처리방법에 대하여 논하라.
- 교학(教學)을 갖추고 밝혀서 인재(人材)를 배출하는 방법은?
- 군대의 기강 확립 방법은?
- 근자에 선비들의 습관이 바르지 못하여 염치(廉恥)의 도리가 저상(沮喪)되었으니, 그 이유는 무엇이겠는가?
- 기존 관료 중 해고시켜야 할 관료의 선정기준은 무엇인가?
- 대간(臺諫)들에게 편견을 가지지 않고 정론(正論)을 듣는 방법은?
- 문인(文人)들이 활쏘기, 투호(投壺) 등을 통하여 건전한 정신수양을 하게 하는 방법은?
- 민생안정 대책에 대하여 이를 강구할 근본 대책을 말하라.
- 백성을 구제하고 어진 신하를 얻는 계책을 당(唐)・우(虞) 삼대의 정치에 예를 들어 논하라.
- 수령(守令)에게 책임을 지워서 민생(民生)을 안정시키려고 하였던 것에 대하여 설명하라.
- 수령(守令)의 선발 시 청렴한 자는 적고 탐오(貪汚)하고 잔혹(殘酷)한 자는 많으니, 그러한 까닭에 대하여 서술하시오.
- 수령(守令)이 제대로 백성을 청렴하고 공평하게 다스리게 하는 방법은?
- 신하들의 장단점을 옳게 판단하여 굴리는 방법은?
- 신하와 장수들을 어떻게 하면 한눈에 알아보고 일 잘하는 자를 골라 선발할 수 있는가?
- 어떻게 하여야 학업을 밝히고 선비의 풍습을 새롭게 하겠는가?
- 예전의 좋은 책 중에서 임금이 본받을 내용들을 열거하라.
- 올바른 신하를 얻기 위한 방법은?
- 옳은 정치를 하는 방법은 무엇인가?
- 인재를 널리 모아서 재주에 따라 임용하는 방법은?
- 절개와 의리를 숭상하고 염치(廉恥)를 장려하려고 하면 그 길은 무엇을 연유해야 할 것인가?
- 초야(草野)의 남은 인재를 없게 하여 관직에 등용하겠는가?
- 현시대의 많은 폐단에 대하여 대책을 논하라.
- 효율적인 인재 양성 방법은?

당시 구조적인 문제와 함께 특정 가문이 벼슬을 독점하는 현상도 있었다. 문과는 서울 사는 안동 김씨나 풍양 조씨가 있다면 무과는 능성 구씨, 인동 장씨, 덕수 이씨가 그런 가문이었다. 이런 가문들은 당연하게도 자식에 대한 교육이 남달라 조선조 권력기반을 잡은 이유로 볼 수 있다.

02 이율곡 선생이 본 리더의 자격

율곡 이이(1536~1584)는 유능하고 도덕적인 인재의 등용 여부가 국가의 성패와 직결된다고 주장했다. 그는 선조시대 각종 폐단 중 중요한 원인으로 어진 인재를 등용하지 못한 데 있다고 보았다. 어진 인재란 군자를 일컫는 것으로 군자에게 정치를 맡기면 나라가 평안해지고, 소인에게 정치를 맡기면 나라가 어지러워진다고 주장했다.

그렇다면 군자를 등용하기 위해서는 어떻게 하여야 하는가? 먼저, 군주 자신이 수신(修身)되어야 군자와 소인을 구별하는 안목과 지혜를 얻게 된다고 했다. 둘째, 철저한 인사검증 절차를 거쳐야 한다고 주장한다. 여론을 들어보고, 대화를 통해 그를 살펴보고, 업무처리능력으로 그를 시험한 뒤 현명하다고 판단되면 그를 등용하라고 주장한다. 셋째, 임금이 사욕(私慾)을 버려야 한다고 주장한다. 임금이 사사로운 정에 이끌려 아부하고 순종할 자만을 찾아서 인사를 하려는 욕심을 극복해야 현명한 인재를 등용할 수 있다는 것이다.

이러한 율곡의 인재등용관이 잘 드러나 있는 문헌으로는 율곡이 39세 때에 올린 『만언봉사(萬言封事)』, 40세에 올린 『성학집요(聖學輯要)』, 48세에 병조판서로 있으면서 올린 『육조계(六條啓)』, 그리고 경연에서 임금에게 올린 말에 잘 나타나 있다.

유교에서 이상적인 관료상은 군자(君子) 내지 성인(聖人)이다. 율곡은 어진 인재의 등용 여부가 국가 운영의 성패와 직결됨을 역설하고 있다. 따라서 군주에게 가장 급한 일은 인재를 얻는 것으로 꼽고 있다. 그러므로 왕의 정치는 정성을 미루어 어진 이(賢人)에게 정치를 맡기는 것이 중요하다.

"공자는 말하기를 정치하는 데는 인재를 얻어야 되는 것인데, 어진 이를 기용하지 않고 정치를 잘 하는 이는 없다고 하였다. 임금과 신하가 서로 잘 만나야 정치를 잘 할 수 있는 것이기 때문에 임금의 직책은 오직 어진 이를 알아 잘 맡기는 것을 급선무로 삼아야 한다."

선조임금에게 올린 『성학집요』에서 나타난 글로서 이를 통해 율곡의 인재상을 엿볼 수 있다.

03 신언서판(身言書判)의 창조적 재조명

인재 채용의 효시는 '신언서판(身言書判)'이라고 볼 수 있다. 당나라 태종은 기득권 세력을 억누르고 신진 관료를 등용하기 위해 과거제도를 도입하였으며, 그때 과거급제 기준이 신언서판(身言書判)이다. 그것은 인간 됨됨이를 평가하는 기준으로 오늘날 인성평가식 채용시대에도 여전히 유효하다. 즉, 체격(體格)·언변(言辯)·필적(筆跡)·문리(文理)의 네 가지를 줄인 말이다. 미인의 기준을 8등신으로 나누듯이, 오늘날의 '스펙'처럼 최소한의 기준을 의미한다.

이 책은 예전부터 내려오던 인재 채용의 기준인 신언서판을 온고지신(溫故知新)의 정신으로 해석한다. 즉, 창조적으로 응용하여 미래형 인재의 관상법으로 새로운 해석과 자기체크용 진단지를 제시한다.

신(身) 첫째, 신(身)이란 사람의 풍채와 외모를 뜻하는 말로써 '허우대'에 해당한다.[4] 이는 사람을 처음 대할 때 평가기준이 되는 것으로 아무리 신분이 높고 재주가 뛰어난 사람이라도 첫눈에 풍채와 외모가 뛰어나지 못했을 경우, 정당한 평가를 받지 못한다.

4 身은 사람이 바른 자세로 활(칼)을 차고 있는 모습의 상형문자이다.

과거에도 네 가지 중에서도 가장 먼저 나와 있는 것이 바로 외모이듯이 사람의 첫인상이 그만큼 중요하다는 뜻이다. 예나 지금이나 자신의 배필감을 고를 때, 가장 먼저 보는 것이 상대방의 겉모습, 외적 이미지인 신(身)인 듯하다.

그러나 21세기에는 단순히 외모만이 아니라 '정신'과 '육체'의 건강으로 재해석한다. 지식정보화 사회의 인재는 한 사람이 수만 명을 책임질 수 있는 창의적인 인재가 되어야 하는데, 그 전제조건은 건강이다. 건강이 뒷받침되지 않고서는 그 어떠한 창의적인 일도 제대로 수행해 낼 수 없다. 육체적 · 정신적 건강에 대한 자기관리의 엄격한 실천력을 지닌 리더가 요구된다. 이러한 트렌드는 '태도', '건강성', '정신', '마음씨'를 의미한다.

언(言) 둘째, 언(言)이란 사람의 언변을 이르는 말이다. 말재간을 의미하는 것으로 의미전달능력이 분명한지를 체크하는 기준이다.[5] 사람을 처음 대했을 때 아무리 뜻이 깊고 아는 것이 많은 사람이라도 말에 조리가 없고 그 말의 의미가 분명하지 못했을 경우, 정당한 평가를 받기 어렵다. 제대로 된 발성과 또렷한 말씨는 인재의 평가요소 중 기본이라 할 수 있다.

또 말만큼 사람을 기쁘게 하거나 말만큼 사람을 기분 나쁘게 하는 것이 없다. 부부간 이혼의 원인도 대부분 말에 비롯되는 경우가 많다. 주변의 리더들 중에서도 보면 '왜 리더가 저렇게 말을 할까?'라고 생각되는 사람도 많다.

그렇다면 21세기형으로 재해석하면 '언(言)'이란 무엇일까? 과거의 '언'이 말 잘하는 언변이었다면, 지식정보화 사회에서 '언'은 수평조직에서 개인과 조직, 국가 간의 상이한 입장 차이나 첨예한 갈등을 원만하게 조정할 수 있는 '설득'과 '협상' 능력이다. 현대사회의 핵심 키워드는 '다양성'과 '개성'이다. 그만큼 이익관계와 갈등관계가 첨예하게 대립된다. 이때 '소통의 리더십'을

5 言은 사람의 입에서 말이 전달되는 모양의 상형문자이다.

가지고 서로의 입장을 충분히 경청한 후, 좀 더 설득력 있는 합리적 대안을 도출하면서 대화할 수 있는 리더십을 지닌 사람이어야 하는 것이다.

이러한 트렌드는 '리더의 유머', '스피치', '경청', '질문', '소통과 설득'에 해당된다. 사람의 언변을 이르는 말이다. 이것 역시 사람을 처음 대했을 때 아무리 뜻이 깊고 아는 것이 많은 사람이라도 말에 조리가 없고, 분명하지 못했을 경우, 정당한 평가를 받기 어렵다.

서(書) 셋째, 서(書)란 글씨(필적)를 가리키는 말이다.[6] 예로부터 글씨는 그 사람의 됨됨이와 정신세계의 깊이를 말해주는 것이라 하여 매우 중요시했다. 글씨는 당시 전문성을 판단하는 척도로써 잘 쓴 글씨는 공문서 등에 필수였다. 그 사람의 지식과 지혜 수준을 가늠하는 것으로 문(文)이라고도 했다. 얼마나 많은 책을 읽고 인문적 교양을 품고 있는지를 글씨와 문장력으로 시험하였다. 인물을 평가하는 데 글씨는 매우 큰 비중을 차지했기 때문에 사대부 집안에서는 자식들의 붓글씨 쓰는 능력을 향상시키기 위해 많은 정성을 기울였다.

이제 '서(書)'의 기준도 변해야 한다. 예전의 기준이 필적(筆跡)에 있었다면, 21세기형 덕목은 새로운 가치를 창조할 수 있는 학식이다. 이것은 남다른 발상과 아이디어로 새로운 상상력을 지닌 창조적 지식이 요구된다. 초점을 둔다는 것이다. 바로 그것은 메모하는 습관, 기록하는 습관을 의미하는 '적자생존[7](籍者生存)'이며, 이치와 메커니즘을 파악하게 하는 '독서(reader)하는 리더(leader)'를 의미한다. 즉, 이러한 트렌드는 '필력', '시간관리', '습관', '프레젠테이션', '책쓰기'를 요구하고 있다.

---

6 書는 사람이 붓을 들고 입에서 나온 말을 적는 모습의 상형문자이다.

7 적자생존은 '적는 자만이 생존한다'는 의미로 사용되기도 한다.

판(判) 넷째, 마지막으로 '판(判)'을 꼽았는데 문리(文理)의 트임, 곧 사물의 이치를 깨닫고 아는 판단력을 뜻하는 말이다.[8] 사람이 아무리 체모(體貌)가 뛰어나고, 말을 잘하고, 글씨에 능해도 사물의 시비선악(是非善惡)을 깨달아 분별할 수 있는 능력이 없으면, 그 인물됨이 출중할 수 없다고 했다.

'판'의 기준도 이제는 단순한 판단능력에서 사물의 이치를 완벽하게 터득하고, 그것을 '변화관리', '위기관리'를 통해 탄력적으로 적용할 수 있어야 한다. '스펙 무용론'이 설득력을 얻으면서 인문학적 인성을 토대로 한 인재 채용으로 전환되고 있다. 스펙이 화려한 이력서보다는 '통섭형 인재' 채용시대가 열리고 있다. 통섭형 인재란 인문학을 포함한 다양한 학문에 일정 수준 이상의 소양을 겸비하고 있어 통찰력과 종합적인 사고력, 상상력과 창의력 등을 발휘할 수 있는 인재를 뜻한다.

또한 통섭형 인재는 일만 잘하는 사람이 아니라 고난과 악조건을 뚫고 성취해 내는 사람이다. 즉, 상황을 꿰뚫어 볼 줄 알고 돌파해 나가는 편집력이 각광받는 시대가 온 것이다. 21세기 지식정보화 사회에서는 미래의 변화 방향과 속도를 가늠하기 힘들다. 이러한 트렌드는 '변화', '토론', '빅데이터', '창의성', '위기관리', '통섭과 융합'을 요구하고 있다.

이상을 요약 정리하면 신·언은 겉모습이요, 서·판은 속 모습에 가깝다.

즉, 외모의 신뢰성(身), 언어의 설득력(言), 문서의 표현력(書), 분석과 판단력(判)을 지녀야 한다. 요즘에는 신언은 면접에서 결정하고, 서판은 서류전형에서 대부분 결정한다.

중국 당나라 황제는 첫째가 '신'이요, 다음이 '언'이었다. 셋째 '서'와 넷째 '판'은 진사 급제 자격시험 정도로만 사용했고, 진사 급제 후엔 따로 신·언을 견주어 관직을 내렸다고 한다. 그러나 오늘날에는 기존의 우선순위를 버

---

8 判은 사물의 이치를 반반(半半)씩 나누어 보는 균형감각 모습의 상형문자이다.

려야 한다고 생각한다. 신언서판(身言書判)에서 외모가 첫째지만 만약 버려야 한다면 1순위 또한 외모다. 그래서 21세기 인재판별법은 '신언서판'을 거꾸로 뒤집어 '판서언신(判書言身)'의 순서로 인재의 기준도 바뀌는 것이 올바른 '인재관상법'임을 강력 주장한다.

정부기관과 기업체에 강의를 하면서 조사한 결과에서도 판·서·언·신으로 응답되고 있다. 판·서·언·신의 능력은 하루아침에 길러지지 않는다. 단기속성이나 과외학원에서 도움받을 수도 없다. 짧은 시간에 몇 권의 책을 읽었다고 지혜가 급속도로 성장하지 않는 것과 같다. 어린 시절부터 차근차근 쌓아온 인격적 내공이 판서언신으로 자연스럽게 배어나오는 것이다.

PART

02

신(身) : 외모 · 태도 · 건강성

보통 사람들은 비논리적이고 비합리적이며
자기중심적으로 생각한다. 그래도 그들을 사랑하라.

People are illogical, unreasonable,
and self-centered. Love them anyway.

– 역설적인 지도자 십계명, 켄트 키스(Kent M. Keith) –

CHAPTER

02

외모 · 이미지 · 인상

마음은 그 사람의 중심입니다.
외모는 웃음과 즐거움을 주는 꽃과 같습니다.
그러나 이런 꽃도 시간이 지나면 시들어 버리고
향기도 떠나갑니다.

- 행복한 빵점짜리 남자 중 -

01 외모 자기진단

무표정한 얼굴과 우중충한 옷차림새, 경직된 제스처로 나쁜 이미지를 풍기는 사람이 어떻게 비전을 말할 수 있겠는가? 이러한 얼굴로는 설득력이 떨어지기 마련이다. 탁월한 리더는 굳이 입으로 비전을 말하지 않아도 온몸에서 비전이 뿜어져 나와야 한다. 아직도 외모에 대한 편견을 가진 리더를 접할 때마다 할 말이 많다. 실제로 한국인들은 겉으로 드러나는 표정이 너무나 미숙하다. 이런 한국인에게 세련된 매너나 이미지 기법을 강조하는 것은 당연하다.

당신은 학교나 직장생활에서 외모가 얼마만큼의 영향을 미친다고 생각하는가? 비주얼 시대를 살아가는 현대인에게 이제 외모도 경쟁력의 중요한 요소로 강조되고 있다. 당신의 친구에게, 비즈니스 상대에게, 이성에게 비쳐지는 당신의 외모 점수는 얼마나 될까?

다음 자가진단을 통해 서로 자신의 부족한 부분을 점검해 보라.

외모 자가진단 ('나의 상사는~' or '나의 동료는~')		Check	
		Yes	No
1	공주나 왕자처럼 생긴(김유정 또는 박보금 스타일) 친구에겐 왠지 거리감을 느낀다.		
2	한지민(배우 강동원)의 가슴을 보면 멋져 보이고 부럽다.		
3	눈 앞에 이상형인 이성이 나타나도 프러포즈할 용기가 없다.		
4	많은 사람들 앞에 나서는 것이 썩 내키지 않는다.		
5	몸에 착 달라붙는 바지나 셔츠 스타일을 좋아하지 않는다.		
6	여건만 된다면 성형수술(눈, 코, 턱수술 등)을 하고 싶다.		
7	옷을 살 때마다 스트레스를 받는다.		

8	처음 보는 사람을 만나면 자기도 모르게 표정이 굳어진다.		
9	키를 10cm 키워주는 클리닉이 있다면 참여하고 싶다.		
10	그(그녀)와 육체적 사랑을 나누고 싶지만 몸매에 자신이 없어 거부하게 된다.		

결과 분석

(1) Yes가 3개 이하이면 당신은 외모에 상당히 만족하고 있다. 성격도 밝고 적극적인 경우가 많아 폭넓은 대인관계를 유지하는 편이다. 그러나 자칫 타고난 외모에 만족해서 꾸준히 자신을 가꾸는 노력을 하지 않는다면 당신의 매력 수명은 3년을 넘기지 못할 것이다.

(2) Yes가 4~7개이면 당신의 외모에 그저 그렇다고 생각한다. 때로는 튀는 차림새에 거부감을 갖기도 하지만 그래도 외모 가꾸기에 관심을 기울이면 매력 있는 외모의 소유자로 변신할 수 있다.

(3) Yes가 8개 이상이면 당신의 외모에 열등감을 가지고 있다. 자칫 외모를 지나치게 과소평가해 자신감을 잃을 수도 있다. 총체적인 외모 가꾸기(표정, 패션, 헤어스타일, 매너, 메이크업, 자세, 제스처, 목소리)에 적극성을 취함으로써 얼마든지 매력 있고 당당한 이미지를 풍길 수 있다(석세스피아, 2005).

〈표 2-1〉 **종합진단 비교표**

진단내용	본인 진단점수	팀 진단점수	타인 진단점수			본인-타인 최대 차이
			상 사	동 료	부 하	
외모 자기진단						

02 자기 이미지 연출기법

우리는 가끔 "저 사람보다 왜 능력이 없는 걸까?" 하고 스스로를 탓해본 적이 있을 것이다. 그리고 "저 사람은 어쩜 저렇게 탁월한 능력을 지녔을까?" 하고 부러워했었던 적도 있을 것이다. 어디 그뿐인가? "성실하면 뭐든지 할 수 있다"는 신념으로 항상 열심히 일을 함에도 불구하고 사람들이 자신을 능력 있는 사람으로 인정해 주지 않아 고민했던 적도 있을 것이다.

이처럼 실제로 얼마나 많은 능력을 가지고 있느냐보다 더 중요한 것은 자기 자신을 능력자로 보이도록 만드는 '연출력'이다. 성실하게 열심히 일하는 것도 좋겠지만 기술까지 더할 수 있다면 금상첨화가 되는 것이다.

자신을 포장하는 기술(자기 연출법)은 이제 더 이상 남에게 잘 보이기 위한 가식적인 행위가 아니다. 이것은 현대사회를 살아가는 사람이라면 반드시 갖추어야 할 요건이며 미덕이 되었다. 다양한 상황에서 자신의 능력을 충분히 내보일 수 있는 연출력이 절실하게 요구되는 시대인 것이다.

집에서는 단정하지 못한 차림으로 잠만 자는 아버지라 할지라도 막상 고객과 상담해야 한다면 최고의 자신을 연출하기 위해서 수단과 방법을 가리지 않고 작전을 짜듯이, 최고의 자기 연출을 위하여 피나는 노력을 해야 하는 것이다. 이것은 상대방을 움직이고 상대방에게 호감을 갖게 하는 중요한 방법이기 때문이다. 그렇다면 어떻게 해야 더욱 멋지고 능력 있는 사람으로 보일 수 있을까?

항상 구석 자리만을 선호하는 사람이라면 내일부터는 많은 사람들을 접할 수 있는 출입구 쪽 자리에 앉고, 자주 불안에 떠는 사람이라면 눈을 자주 깜빡이지 말며, 자기주장에 자신감이 없는 사람이라면 명확한 강조어를 활용하라! 자신의 주장에 힘을 실어라. 쉽게 활력을 잃는 사람이라면 아침 햇살을 받으며 하루를 시작하며, 체형에 콤플렉스가 있는 사람이라면 '복장술'로 커버하거나 소품을 적극 활용하라!

자신감이 없는 사람이라면 충분한 준비와 리허설로 '근심의 싹'을 없애야 한다. 상대를 주시하는 눈빛과, 상황에 따라 강약을 조절하면서 말하는 화술 기법, 자신의 주장을 펼칠 때의 적절한 액션, 자신의 긴장감을 감추기 위한 위장술, 상대의 호감을 끄는 옷차림 등 하나하나 열거하면 할수록 늘어만 가는 것이 바로 '자기 이미지 연출법'이다. 이들 중 어느 하나의 요소라도 제대로 조화를 이루지 못하면 어색해 보이기 마련이다. 그럼 이제 자신의 집에서의 자기연출 스킬과 학교(직장)에서의 자기연출 스킬에 대한 자기만의 노하우를 서로 교환해 본다.

아래 기록을 해보고 자신의 이미지 연출 스킬 중 1~2가지만 서로 소개한다. 소통과정을 마쳤으면 이 프로그램을 통해서 느낀 점을 서로 토의하라.

(1) 집에서의 자기연출 스킬

(2) 학교(직장)에서의 자기연출 스킬

03 대통령의 이미지

21세기는 이미지도 경쟁이다. 최근 이슈가 되고 있는 PI(President Identity), CI(Corporate Identity)와 UI(University Identity) 역시 관련 분야의 리더가 되기 위한 자기관리 기술이다. 그래서 나를 좀 더 나답게 만드는 재미있는 놀이가 바로 '이미지 메이킹'이다.

이미지 리더십으로 성공한 대표적인 정치인은 케네디(John F. Kennedy) 대통령이다. 미국의 유명한 정치 컨설턴트 딕 모리스(Dick Morris)는 그의 책 『파워 게임의 법칙(Power Plays)』에서 "닉슨(Richard Nixon)은 정말 얼굴이 못생겨서 케네디(Jhon F. Kennedy)에게 졌을까?"라며 미국 정치사상 최초로 이루어진 닉슨과 케네디의 TV토론회에 얽힌 일을 재미있게 표현하고 있다.

"케네디는 마치 미인 선발대회 참가자인 양, 매력적으로 비치도록 꾸미고 또 연기하는 데 집중적인 노력을 기울였다. 그는 다른 학자들이 지적한 것처럼 '기꺼이 미디어 상품이 되고자 했던' 최초의 정치인이었다. 그러나 케네디의 매력적인 이미지는 타고난 것이 아니었다. 평생에 걸친 오랜 연구와 노력, 근면의 산물이었다."

반면에 닉슨은 대통령으로서 어떻게 비쳐지는가에 대해서는 전혀 의식하지 않았다. 외모를 갖추면 실제적인 내면이 떨어져 보인다는 구시대적인 발상이 그를 실패로 이끌었던 것이다. 이때 마키아벨리(Niccolo Machiavelli)의 말이 의미심장하다. 그는 "사람들은 당신이 어떤 사람인 것처럼 보이는가는 알지만 실제로 당신이 어떤 사람인지를 아는 사람은 없다"고 했다.

한국 대통령의 이미지를 살펴보면, 이승만 대통령의 유아독존(唯我獨尊)적 이미지, 윤보선 대통령은 귀족(貴族)형 이미지이다. 이승만 대통령의 신체적 특징이라면 흰머리와 독특한 목소리, 박정희 대통령은 단구(短軀)의 야무짐, 최규하 대통령은 거구(巨軀), 전두환 대통령은 대머리, 노태우 대통령은 부처 귀, 김영삼 대통령은 큰 입, 이명박 대통령의 눈, 박근혜 대통령의 헤어스타일 등이다.

그럼 한국의 전 현직 대통령에 대한 이미지(성격, 신체적 특징, 애칭 등)를 서로 토론해 보자.

이승만 → 윤보선 → 박정희 → 최규하 → 전두환 → 노태우 → 김영삼 → 김대중 → 노무현 → 이명박 → 박근혜 대통령에 이르기까지 11명의 대통령에 대한 이미지를 미국의 링컨→ 케네디 → 클린턴 → 부시 → 오바마 → 트럼프 대통령과 비교하면서 그들의 이미지 리더십이 국격(國格)과 대외신뢰도와 국가에 어떠한 영향을 미치고 있는지 토론해 보라.

아래 기록을 해보고 자신의 내용 중 3~4가지만 서로 소개한다. 소통과정을 마쳤으면 이 프로그램을 통해서 느낀 점을 서로 토의하라.

출처 : 김재득(2009). 리더십 워크북, p. 227.

04 미인(美人)의 이미지[침어낙안(沈魚落雁), 폐월수화(閉月羞花)]

중국은 땅이 넓고 인구도 많고 기인(奇人)도 많다. 천 년이 흘러도 회자되는 인물들이 많다. 그래서 영웅호걸도 많았지만 미인도 많았다. 중국에서 미인을 표현하는 대표적인 사자성어가 있으니 그것이 바로 "침어낙안(沈魚落雁) 폐월수화(閉月羞花)"다. '침어(沈魚)', '낙안(落雁)', '폐월(閉月)', '수화(羞花)'의 대명사격인 4명의 여인을 필자는 '중국 4대 미인'이라 칭하고 그녀의 외모와 이미지를 조사해 보았다.[1]

중국 4대 미인인 서시, 왕소군, 초선, 양귀비의 초상화는 많은 인기를 얻고 있다. 4명의 미인 중 어느 여인이 가장 아름다운지 우열을 가리기 힘들 정도이다. 서양에는 클레오파트라, 조선에는 황진이가 대표적인 미인이지만 중국의 4대 미인에 비하면 약하게 평가된다. 경국지색(傾國之色)[2]이란 말이 있다. 이 말은 중국이라는 거대한 나라가 한 명의 미인에 의해 무너지는 경우가 많았기에 생겨난 것이다. 하지만 대다수의 미인은 그 종말이 순탄하지 않고 단명하여 '미인박명(美人薄命)'이라는 고사도 따라 붙었다.

양귀비는 38세에 죽음을 맞이했다. 조선 최고의 미인인 황진이 역시 40세에 숨을 거뒀다. 영국의 다이애나 비는 36세에, 미국의 마릴린 먼로(Marilyn Monroe)도 36살에 사망했다. 미인들이 대개 일찍 죽는 이유는 그녀의 미모 때문이 아니라 외부환경 때문이다. 정치와 권력의 틈바구니 속에서 권력이 끝남과 동시에 그녀의 생명도 끝이 나는 경우가 많았기 때문이다.

1 4대 미인에서 아쉽게 탈락한 미녀가 있는데 그녀는 조비연(趙飛燕)이다. 탈락한 이유는 아무래도 그녀의 특징이 아름다움보다 몸이 가벼웠기 때문인 듯하다. '작장중무(作掌中舞)'라 칭하여 가볍기 그지없어 손바닥 위에서도 춤을 출 수 있을 정도였다고 한다. 그녀를 지칭할 때는 항상 4대 미인의 한 사람인 양귀비(楊貴妃)와 더불어 거론된다. 바로 '연수환비(燕瘦環肥)'라는 성어인데 그 뜻은 조비연은 말랐으나[瘦] 미인이었고, 양귀비[본명 : 양옥환(楊玉環)]는 뚱뚱했으나[肥] 미인이었다. 흔히 조비연은 날씬한 미인의 대명사로 임풍양류(臨風楊柳)형 미인, 양귀비는 풍만한 미인의 대명사로 부귀모란(富貴牡丹)형 미인이라 한다.

2 경국지색(傾國之色)이란 傾(경) 기울다 國(국) 나라 之(지) 어조사 色(색) 색, 즉 '나라가 색-여자에 의해 기울다'라는 뜻으로, 경국지미(傾國之美), 경성지미(傾城之美), 경성지색(傾城之色)이라는 말로도 표현한다.

사실 미인의 기준이라는 것이 추상적이고 상대적인 개념이라서 보는 사람에 따라 다르게 느껴진다. 성형에 대한 거부감이 없고 일반화된 요즘 미인의 기준을 계량화해 놓고 그 기준에 맞추기는 어렵다. 중요한 관점은 미인을 둘러싼 역사적 환경이 미인의 선택기준에 많은 영향을 끼쳤을 것이다.

그렇다면 한 나라를 좌지우지할 정도의 미모를 가진 절세미녀들, 그들은 도대체 누구인가? 중국 4대 미인의 이미지를 어떻게 표현했으며, 그녀들의 태도와 자세가 자신의 삶에 어떤 영향을 미쳤는지 알아보자. 외적 이미지와 함께 내적 정신자세도 동시에 살펴보면 좋은 본보기가 될 것이다.

1) 침어-서시 : "물고기가 헤엄치는 것을 잊어먹다"

춘추시대(春秋時代) 말, 월(越)나라의 가난한 나무꾼의 딸이었던 서시(西施)는 기가 막히게 빼어난 용모를 갖추고 있었다. 어느 날 맑고 투명한 강물이 그녀의 아름다운 모습을 비췄다. 그 모습에 수중의 물고기가 수영하는 것을 잊고 천천히 강바닥으로 가라앉았다고 한다. 그래서 서시는 침어(浸魚)라는 칭호를 얻게 되었다.

그녀의 삶을 살펴보면, 오(吳)나라와의 전쟁에서 패한 월나라의 왕 구천(勾踐)과 책사 범려(范蠡)는 오나라에 대한 복수의 방법으로 서시를 이용한 미인계를 이용하기로 한다. 서시의 얼굴이 얼마나 예쁜지 그녀를 한 번이라도 보고자 하는 구경꾼들이 인산인해(人山人海)를 이루었기 때문에 범려는 서시를 보고자 희망하는 사람들에게 돈을 받아 그 돈으로 무기를 만들고 병사들을 훈련하는 데 사용했다.

범려는 서시를 극진하게 대우해 주며 3년간의 고된 훈련을 통해 잘 다듬어진 스파이로 훈련한다. 드디어 서시는 오나라 왕 부차(夫差)에게 보여지고 서시를 본 부차는 첫눈에 빠져든다. 부차는 서시가 하고 싶은 일은 무엇이든 하게 했다. 특히 그녀가 뱃놀이를 좋아한다는 이유로 대운하 공사를 벌였고, 이것은 오나라의 국력을 낭비시키고 높은 세금과 강제 노역으로 백성들을 심한 괴롭힘을 당하게 하였다.

결국 서시는 오나라왕 부차의 정신을 나가게 함으로써 국정을 돌보지 않고 사치와 환락의 세월을 보내게 만든다. 이 틈을 이용해 월나라가 국권 회복을 할 수 있었음은 물론이다.[3]

2) 낙안-왕소군 : "하늘을 날던 기러기가 날개 움직이는 것을 잊고 땅으로 떨어지다"

한(漢)나라 원제(元帝) 건소(建昭) 원년, 황제들이 모두 그렇듯이 원제 또한 전국의 미인들을 모집해 후궁으로 삼게 된다. 이때 왕소군(王昭君)도 18세의 꽃다운 나이와 아름다운 미모로 당당히 입궁한다. 많은 미인들 중 후궁을 선택하기 위해 궁중 화가인 모연수(毛延壽)에게 후궁들의 얼굴을 그리게 하고 그 초상화에 의거해서 간택하게 된다. 이때 부귀한 집안의 출신이거나 경성에 후원자가 있는 궁녀들은 모연수에게 각종 뇌물과 청탁을 하며 자신의 얼굴과 자태를 예쁘게 그려 달라고 부탁한다.

그러나 왕소군은 집안이 비천해서 아는 사람도 없고 황제에게 자신의 용모를 속일 마음도 전혀 없었다. 결국 모연수는 자신에게 뇌물을 바치지 않은 왕소군을 추녀로 그려서 황제에게 보여주었고 이런 왕소군에게 황제는 5년 동안 전혀 관심이 없었음은 당연지사였다.

그러던 중에 한나라는 흉노족(匈奴族)의 침략을 받게 되고 흉노의 왕인 호한야(胡韓耶)를 장인으로 모셔야 하는 굴욕적인 상황에 처하게 된다. 이에 원제는 자신의 호탕함을 과시하기 위해 자신의 후궁들 중에 마음에 드는 사람이 있으면 얼마든지 가져도 된다는 제안을 한다. 이에 원제는 호한야에게 직접 선택하도록 했고, 호한야가 가리킨 그곳에는 천하절색의 미녀가 사뿐히 절을 하고 있었다. 곱고 윤기 있는 머릿결은 광채를 발하고, 살짝 찡그린 두 눈엔 원망이 서린 듯했다. 그러나 황제가 한 번 내뱉은 말은 주워 담을 수 없었다. 처음으로 왕소군의 아름다움을 실제로 알게 된 왕은 화가 나서 그 자리에서

3 서시는 어려서부터 가슴앓이라는 지병이 있어 가슴이 자주 아팠고 이때마다 얼굴을 찡그리게 되었는데 이 찡그린 얼굴이 형용할 수 없을 정도로 아름다웠다 한다. 부차 또한 서시의 이런 아름다운 모습에 완전히 넋이 나갔음은 물론이다. 이 소문이 궁중 밖으로까지 퍼지자 오나라 여자들은 자신들도 찡그리면 모두 예쁜 줄 알고 오나라 여자들 모두가 찡그리고 다녔다고 한다. 그래서 찡그린 미인 하면 서시를 상징한다.

모연수의 목을 베어버린다. 하지만 그녀에 대한 간절한 그리움 때문에 후회와 시름의 세월을 보내다가 결국 석 달 만에 죽고 말았다.

말도 통하지 않는 흉노족에게 시집을 가게 된 왕소군은 집을 떠나가는 도중 멀리서 날아가고 있는 기러기를 보고 고향 생각이 나서 비파(琴)를 연주하자 한 무리의 기러기가 그 소리를 듣고 날개 움직이는 것을 잊고 땅으로 떨어져 내렸다. 이에 낙안(落雁)이라는 고사성어가 생겼다고 한다. 또한 왕소군이 흉노족 호한야한테 시집 가서 지은 시 중에 우리가 자주 인용하는 유명한 구절이 있다.

胡地無花草, 春來不似春 (호지무화초, 춘래불사춘)
오랑캐 땅인들 화초가 없으련만, 봄이 와도 봄 같지가 않구나!

왕소군은 호한야에게 시집간 지 2년 만에 아들을 하나 낳았는데 후에 일축왕(日逐王)이 되며, 다시 1년 뒤 호한야가 세상을 떠났는데 그때 그녀의 나이 고작 26세였다. 호한야의 장남인 복주루(復株累)가 직위를 계승하자 흉노 예법에 따라 그녀는 다시 복주루의 아내가 되어 두 딸을 두었는데 결혼생활 11년 만에 그마저 세상을 떠났다. 왕소군의 이 역사적이고 슬픈 이야기는 오랑캐들을 달래기 위한 화친정책 때문에 생긴 비극이지만 나이 35살에 세 남자를 섬겼으니 중국의 4대 미녀 가운데 그녀의 운명은 가장 기구하였다.

3) 폐월-초선 : "달이 부끄러워 얼굴을 가리다"

초선(貂蟬)은 『삼국지』의 초기에 나오는 인물로 한나라 대신 왕윤(王允)의 양녀인데, 용모가 명월 같았을 뿐 아니라 노래와 춤에 능했다.[4] 왕윤은 동한 왕조를 찬탈하려는 동탁(董卓)을 제거하는 작전을 수립한다. 전형적인 미인계(美人計)이며 연환계(連環計)의 계략을 꾸미는데, 이 작전은 초선이 있었기에 가능했다. 바로 초선을 젊은 여포(呂布)와 먼저 결혼을 약속하고는 늙은 동탁에게

4 초선에 대한 기록은 확실하지 않다. 실재 존재했던 인물인지 가공의 인물인지 어느 것 하나 확실하지 않은 상태에서 2000년 5월경에 초선의 무덤이라고 추측되는 묘를 발굴하기는 했으나 이것마저 확실하지는 않다. 그러다 보니 초선은 왕윤의 양녀(養女) 또는 가기(歌妓), 동탁의 시녀(侍女), 여포의 아내 등등 갖가지 설이 난무하다.

바친다. 동탁과 여포는 양부와 양자로 맺어진 관계로 이 둘이 서로 칼을 들이대게 하려는 반간계(反間計)의 작전을 펼친 것이다.

여포가 어쩔 수 없이 초선을 동탁에게 빼앗기다시피 바칠 수밖에 없게 되자 속에서는 불이 일었다. 이러던 차에 여포가 동탁에게 들러 봉의정(鳳儀亭)에서 초선을 만나고 이에 초선은 그동안 동탁에게서 받은 온갖 설움을 눈물로 하소연한다. 물론 시나리오에 의한 초선의 연기에 여포는 당연히 분노했고 동탁이 돌아오기를 기다려 동탁을 살해하려 했으나 노회한 동탁은 순간적인 재치로 위기를 모면하고 오히려 여포를 궁지로 몰아 내쫓는다. 자연스럽게 이 둘 사이는 원수가 되었고 중간에 낀 왕윤은 여포에게 지혜를 주어 양자(養子)인 여포에게 동탁은 죽게 된다.

이러한 계략이 성공한 후에 초선은 달밤의 후원에서 왕윤의 무사기원을 달에게 빌었는데, 그때 구름이 달을 가렸기에 이 모습을 본 왕윤이 "너무나도 아름다운 초선의 미모에 달도 구름 사이로 숨어 버렸구나" 한 데서 폐월(閉月)이라는 말을 얻었다고 한다.

4) 수화-양귀비 : "꽃이 부끄러워 잎을 말아 올림"

양귀비(楊貴妃)는 당나라 현종(玄宗)의 비(妃)로서 절세미인이며 총명하여 현종의 마음을 사로잡아 황후 이상의 권세를 누렸다. 본명은 옥환(玉環)이고, 원래는 현종의 18번째 아들 수왕(壽王)의 아내였다. 수왕은 현종이 그토록 사랑한 무혜비(武惠妃)와의 사이에서 낳은 아들이니 양귀비는 움직일 수 없는 현종의 며느리였다.

현종은 무혜비가 죽자, 자신에게 맞는 여인을 물색하던 중 수왕비 옥환(玉環)이 절세의 미녀라는 소문을 듣고 황제가 온천궁(溫泉宮)에 행행(行幸)한 기회에 그녀를 본 왕의 총애를 하게 되었다고 전한다. 현종은 수왕에게 새로운 여자를 아내로 주었고 옥환을 태진(太眞)이란 이름의 여도사(女道士)로 삼고 현종 가까이에 두었다. 궁중에 들어오자 6년 만인 27세 때 정식으로 귀비(貴妃)로 책봉하였다.

34년의 나이차를 극복한 56세의 시아버지와 22세의 며느리가 사랑을 불태운다는 것은 동서고금(東西古今)을 통해 지금도 엄청난 스캔들이다. 양귀비는 고아 출신으로 양씨 가문의 양녀로 들어갔기 때문에 혈연을 같이할 친척이 없었지만 현종은 양귀비의 환심을 사기 위해 양씨 일족에게도 후한 대접을 하게 된다.

| 그림 2-1 | 침어낙안(沈魚落雁), 폐월수화(閉月羞花)의 이미지

출처 : 김재득(2012). 리더십, p. 196.

그녀는 풍만한 절세미인인 데다가 가무(歌舞)에도 뛰어났고, 군주의 마음을 끌어당기는 총명을 겸비하였다고 전하고 있다.

양귀비는 당명황(唐明皇)에게 간택되어 입궁한 후로 우울한 나날을 보냈다. 어느 날 그녀가 화원에 가서 꽃을 감상하며 우울함을 달래는데 무의식중에 함수화(含羞花)를 건드렸다. 함수화는 바로 잎을 말아 올렸다. 당명황이 그녀의 '꽃을 부끄럽게 하는 아름다움'에 찬탄하고는 그녀를 '절대가인(絶代佳人)'이라 하여 수화(羞花)라 칭하였다.

05 얼굴을 보고 마음을 읽는 과학, 관상(觀相)

"머리는 하늘이니 높고 둥글어야 하고, 해와 달은 눈이니 맑고 빛나야 하며, 이마와 코는 산악이니 보기 좋게 솟아야 하고, 나무와 풀은 머리카락과 수염이니 맑고 수려해야 한다. 이렇듯 사람의 얼굴에는 자연의 이치 그대로 세상 삼라만상이 모두 담겨져 있으니 그 자체로 우주이다."

위의 문장은 영화 <관상>에서 얼굴을 보면 사람의 모든 것을 꿰뚫어 보는 천재 관상가 '내경(송강호)'이 한 말이다. '관상'은 사람의 꼴, 사람의 생김새, 사람의 얼굴을 보고 그 사람의 운명, 성격, 수명을 판단하는 것이다. 신라시대부터 전해진 관상은 고려와 조선시대에 가장 활발하게 유행하여 '관상학'으로 발전했다.

21세기를 살아가는 지금도 관상을 믿고 있고 관상의 영향을 받고 있다. 대부분 입신공명이나 길흉화복을 점치는 하찮은 것으로 인식하고 있지만, 크게는 정치계에서 작게는 처세와 사람을 채용하고 친구를 사귀는 일에 이르기까지 용도가 다양하다.

좋은 관상이 되기 위해 성형의 힘을 빌리거나 좋은 직장에 들어가기 위해 성형수술까지 한다. 시대를 불문하고 관상은 은연중에 생활 속 깊이 자리 잡은 풍습과 뿌리와도 같다.

관상은 무의식적으로 판단하는 얼굴에 나타난 성격이나 컨디션 등을 정확하게 판단할 수 있도록 학문적으로 설명한 것이다. 즉, 얼굴(외면)을 통해 마음(내면)을 읽는 심리과학이다. 오랜 경험과 비결이 축적되어 만들어진 통계과학이라는 점에서 단순히 점을 치는 복술이나 예측과는 다르다.

관상을 볼 때 오관(五官)이라 불리는 눈썹(이마), 눈, 코(뺨), 입술(턱), 귀의 다섯 부분과 얼굴의 전체적 형태인 골격(骨格), 그리고 얼굴빛인 기색(氣色)을 보아 복합적으로 판단한다. 그런 만큼 관상은 공부하기도 쉽지 않고 단편적인 지식만 가지고 판단하기도 어렵다. 더구나 겉으로 드러난 느낌만으로 상대방을 판단하면 내면에 숨겨진 심상을 제대로 보지 못하는 오류를 범할 수도 있다. 그래서 관상을 볼 때는 신중에 신중을 기해야 한다.

중요한 것은 눈빛에 사람의 마음이 드러나는 만큼, 좋은 관상을 갖기 위해 꾸준히 마음을 수양해야 한다. 흔히 얼굴이 무섭고 험악하게 생긴 사람을 '인상이 나쁘다' 말하고, 편안하고 온화해 보이는 사람은 '인상이 좋다'고 말하는 것처럼 그 사람이 걸어온 인생의 희로애락과 굴곡은 얼굴에 모두 나타난다.

관상의 목적은 자신의 얼굴을 보고 그동안 살아온 인생을 판단하여 좋은 것은 계속해서 발전시켜 나가고, 좋지 않은 것은 고쳐 나가는 데 있다. 관상학을 가리켜 '운명 처세술'이라 하는 이유도 여기에 있다. 얼굴의 눈, 코, 입, 귀, 광대뼈, 주름 하나하나에서도 복을 알 수 있으며, 얼굴에 100세까지의 모든 운이 담겨 있기 때문이다.

사주(四柱)와 복술(卜術)에 대한 관심이 끊이지 않고 있는 이유도 불안하고 복잡한 경쟁사회에서 미래를 조금이나마 예측하고 불행에 대비할 수 있게 해주기 때문이다. 관상 역시 마음이 얼굴에 나타난다는 전제하에 얼굴을 보고 그 사람의 마음까지 추측한다는 점은 매력적이다. 중국에서 처음 태동한 이래 무려 2300여 년 동안 꾸준히 유지, 발전되어 왔다는 점만 보아도 관상의 역사와 효용성을 충분히 짐작할 수 있다.

그럼에도 불구하고 필자의 견해는 사람의 얼굴을 보고 과거와 미래를 내다본다는 것은 재미있으면서도 한편으로는 위험한 일이라 생각한다. 하지만 왜 관상에 관심이 많을까? 자신의 운명과 미래를 궁금해하는 것이 모든 사람의 공통된 심리이기 때문이다. 특히 미래가 불안하고 현실이 어려울수록 고전에서 해법을 찾거나 절대자에게 의지하고, 미래를 예측해 주는 학문에 귀를 기울인다.

관상이란 일반적으로 통계적으로 그렇다는 것을 의미하므로 마음의 변화와 관상의 변화를 동시에 추구해야 한다. 그렇기 때문에 마음의 수양 없이는 아무리 좋은 관상을 가졌다 해도 행복한 삶을 살기 어렵다. 선천적으로 타고난 얼굴도 중요하지만 사람이 살면서 형성해 온 후천적 인상도 얼마든지 바뀔 수 있기 때문이다. 그러므로 관상이 좋다고 해서 낙관하거나 안심할 것도 없고, 관상이 나쁘다고 해서 비관할 것도 없다.

눈은 좋은 싹이 나오는 것을 의미하고, 코는 꽃을 피우는 것이 가능한지를 의미하며, 치아는 좋은 잎을 무성하게 할 수 있는지를, 귀는 큰 결실을 볼 수 있는지를 의미한다. 그러나 겉모습만으로 사람을 판단할 수는 없다. 스스로 단점을 파악하여 작은 허물이라도 고치는 것은 인재로서 갖추어야 할 자격이다.

관상이 아무리 좋아도 운만 믿고 노력하지 않으면 관상에 이르지 못하는 삶을 살 것이고, 나쁜 관상을 가졌다 해도 스스로 결점을 인식하고 개선하려고 노력하면 인상도 운도 모두 좋게 바뀔 수 있기 때문이다.

부귀빈천(富貴貧賤)을 정하는 요소는 상에 의하지만 그 상을 형성하는 것은 마음이다. 그러므로 그 마음이 선량하면 빈천할 상이라도 부귀할 수 있고, 그 마음이 불량하면 부귀할 상이라도 도리어 빈천할 수 있다. 특히 사람의 행동은 마음의 표현이므로 그의 화복(禍福)을 가히 알 수 있다. 성형수술이 아닌 체형관리를 통해 얼굴을 복 있고 성공을 부르는 꼴로 만들 수 있다. 몸을 개선해야 마음이 바뀌고 얼굴이 바뀌는 것이다.

출처 : 영화 「관상」에서.

06 이미지 메이킹 자가진단

이 책의 제목처럼 예로부터 인재를 선발할 때 신언서판(身言書判)[5]의 순서로 채용했다. 먼저 외모를 보고, 그 다음 말을 들어보는 구두시험을 치렀고, 또 글로 답하는 필기시험을 보았고, 마지막으로 특정 상황을 부여한 후 판단능력을 살펴봤던 것이다.

가장 먼저 보는 기준이 '신(身)'에 해당하는 외모와 같은 이미지다. 얼굴 생김새와 체구가 어떤가를 제일 먼저 보는 것이다. 왜 신(身)을 먼저 보는가? 외형이 가장 잘 드러나고 보기 쉽기 때문이다.

공자도 제자 담대멸명(澹臺滅明)과의 첫 대면에서 못생긴 외모 때문에 속으로 "저 속에 제대로 된 사람이 들었겠나?"라고 실망한 적이 있다고 고백했다. 한편 제자 재아(宰我)의 훤칠한 외모와 능란한 말솜씨에 속아 행실도 그와 같이 훌륭할 줄 믿었다가 낭패본 것까지 솔직하게 말하였다. 유명한 모수자천(毛遂自薦)의 고사에 의하면, 전국시대 조나라 대부 평원군의 식객인 모수(毛遂)는 못생긴 외모 때문에 3년간 발탁될 기회조차 얻지 못했다. 이처럼 옛사람들도 외모 때문에 상처받는 일이 많았다.

'언서판'으로 갈수록 판단하기가 약간 미묘한 부분이 있다. 지도자라면 모두 갖춰야 하는데 현대의 비주얼(visual) 사회에선 신(身)이 여전히 중요하다. 신(身)은 외모와 옷차림이 합쳐진 것이다. 외모의 잘 생기고 못생김이 아니라 외부로 나타나는 기(氣)가 좋아야 한다는 뜻이다. 특히 눈에 기가 살아 있어야 된다는 것이다. 얼굴의 착색이 맑고 건강한 신체를 의미한다.

건강한 육체에서 건전한 정신이 나온다. 아무리 사람의 인물이 출중하더라

---

5 칸트의 순수이성비판을 보면 무엇을 잘 안다고 할 때, 그 무엇을 범주 또는 카테고리라고 한다. 그래서 수량, 성질, 관계, 양태를 알고자 한다. 예를 들면, 우리가 어떤 인물을 알고자 할 때 그 사람의 수량을 파악한다. 즉, 나이는 몇 살이고, 키와 몸무게 등을 파악한다. 성질은 악한 사람인가 선한 사람인가를 따져본다. 관계는 그 사람이 무엇에 관계된 사람인가를 계산해 보며, 양태는 그 사람의 모양이나 태도 등을 알아본다. 이런 방법보다 좀 더 깊이 있게 인물을 평가하는 법이 신언서판이다. 즉, 관상, 목소리, 문장력, 판단을 말한다.

도 심신의 건강을 상실할 때 그 사람의 재능은 무용지물이 되고 만다. 영국의 존 로크(John Locke)는 “건강한 신체에 건강한 정신은 인생 최대의 행복”이라고 했다. 프랜시스 베이컨(Francis Bacon)도 “건강한 육체는 정신의 사랑방이며, 병든 육체는 그 감옥이다”라고 했다. 따라서 우리는 행복의 가장 중요한 조건인 심신의 건강을 유지하기 위해서 평상시 건강관리를 잘 하여 병들고 후회하는 일이 없도록 해야 한다. 아무리 사람의 인물이 출중하더라도 심신의 건강을 상실할 때 그 사람의 재능은 무용지물이 되고 만다는 것이다.

21세기는 이미지도 경쟁력이다. 나를 좀 더 나답게 만드는 ‘재미있는 놀이’가 바로 이미지 메이킹이다. 시간과 장소와 상황에 맞게 나의 이미지를 연출한다면 반드시 어디서나 호감 있는 이미지로 다시 한번 만나고 싶은 사람이 될 것이다. 또 대인관계에서는 성공의 지름길이 될 것이며 탁월한 리더의 길로 안내할 것이다.

21세기는 이미지 리더십을 갖춘 사람이 성공하는 시대다. 탁월한 인재는 주어진 아름다움보다 자신에 대한 관심으로 스스로 아름다움을 창조해 가는 적극성을 갖춘 사람이다. 말과 행동, 걸음걸이와 표정, 대인관계에서 교양을 갖춘 사람이야말로 21세기 탁월한 인재들의 이미지 연출상(像)이다. 결국 이미지는 그 사람이 살아온 삶의 ‘대차대조표’임을 명심해야 한다.

다음의 항목별로 긍정은 1점, 부정은 0점으로 합산하여 이미지에 대한 자가 테스트를 해 보라.

	이미지 메이킹 자가진단 ('나의 상사는~' or '나의 동료는~')	Check	
		Yes	No
1	나는 내가 말하는 것보다 상대의 말을 많이 듣는 편이다.		
2	나는 미래의 목표를 위해 하루 한 시간 이상 투자한다.		
3	나는 상대의 마음을 잘 파악하고 배려하려고 노력한다.		
4	나는 유머감각이 있다.		
5	나는 이야기 소재가 풍부해 어느 장소에서든 적합한 대화를 할 수 있다.		
6	나는 좋은 이미지를 위해 과감한 변신도 두렵지 않다.		
7	나는 항상 허리를 쭉 펴고 바른 자세를 유지한다.		
8	나를 돋보이게 하는 색을 확실히 알고 있다.		
9	나는 나만의 스타일이 있다.		
10	나에게 어울리는 이미지를 잘 알고 있다.		
11	나의 내면의 성향을 정확히 분석하고 있다.		
12	나의 매력을 30초 안에 다섯 가지 이상 쓸 수 있다.		
13	나의 신체치수를 정확히 알고 있다.		
14	내 체형을 보완하는 패션스타일을 알고 있다.		
15	내게 어울리는 헤어스타일을 잘 알고 있다.		
16	때와 장소, 상황에 따라 옷을 입을 수 있다.		
17	매너 있고 예의 바르다는 이야기를 자주 듣는다.		
18	나는 옷을 계획적으로 구매한다.		
19	나는 탈모 예방을 위해 노력하고 있다.		
20	표정이 환하다는 이야기를 자주 듣는다.		

결과 분석

(1) 18~20점은 최상의 이미지이다.
(2) 14~17점은 좋은 이미지이나 조금만 노력하면 최상의 이미지를 가질 수 있다.
(3) 10~13점은 부족한 부분을 찾아 노력이 필요하다.
(4) 9점 이하는 전문가의 도움이 필요하다.

〈표 2-2〉 **종합진단 비교표**

진단내용	본인 진단점수	팀 진단점수	타인 진단점수			본인-타인 최대 차이
			상 사	동 료	부 하	
이미지 메이킹						

- 본인과 타인 간의 점수차이가 클수록 원인을 잘 점검하고 개선할 필요성이 있다.
- 보다 신뢰성 있는 평가를 원한다면 진단표에 제시된 문답 중에서 자신이 더욱 개선되기 위해 노력해야 하는 항목을 조직(집, 학교, 공동체, 직장)에서 가장 신뢰하는 사람이나 정직한 피드백을 줄 것 같은 사람을 선정하여 경청한다.

07 인상! 혁신 프로젝트

비슷한 기능의 상품을 살 때 기왕이면 디자인이 좋은 것을 선택하듯이 사람 역시 첫인상(first impression)에서 호감을 주는 사람에게 마음을 여는 것은 당연한 이치다. 사실 처음에는 겉모습으로 평가받을 수밖에 없다. 그리고 첫인상은 사진처럼 한 번 찍히면 바꾸기 어렵다. 깔끔하고 세련된 외모(appearance)를 가졌다고 속 빈 강정으로 치부하는 것은 비시대적 발상이다. 첫인상은 영원하다. 활을 멀리 정확하게 쏘려면 시위를 강하게 당겨야 하듯이 첫인상에 대해 충격적인 이야기를 많이 들을 필요가 있다. 주위 사람(가족, 친구, 선후배)을 통해 설문조사를 해보고 철저하게 각성하는 계기를 가져라.

아래 기록을 해보고 자신의 첫인상 내용 중 3~4가지만 서로 소개한다. 소통과정을 마쳤으면 이 프로그램을 통해서 느낀 점을 서로 토의하라.

(1) 저를 처음 보았을 때 어떤 느낌을 받았습니까?

- 긍정적인 느낌 : ______________________________
- 부정적인 느낌 : ______________________________

(2) 저의 첫인상은 10점 만점에 몇 점을 주시겠습니까? 그 이유를 설명해 주십시오.

- 신뢰감 : __________점 / 그 이유는? ______________________
- 자신감 : __________점 / 그 이유는? ______________________
- 친근감 : __________점 / 그 이유는? ______________________
- 교양수준 : ________점 / 그 이유는? ______________________

(3) 저의 말투에 대한 문제점은 무엇입니까?(사투리, 반말을 쓰는지, 말을 더듬는 정도, 속도와 크기, 전체적으로 거슬리는 부분 등)

____

____

(4) 저와 대화를 하다 보면 어떤 느낌을 받습니까?(교양 정도, 눈빛, 자신감, 솔직함 등)

____

____

(5) 저의 외모에 대해 평가해 주십시오. 혹시 혐오감이나 거슬리는 부분이 있다면 말씀해 주십시오(헤어스타일, 피부, 여드름, 치아).

____

____

(6) 저의 표정에 대해 이야기해 주십시오(밝은 편인지 어두운 편인지 미소를 짓는지 아닌지 차가운 편인지 따뜻한 편인지 등).

(7) 저의 옷차림에 대해 지적해 주십시오.

- 가장 어울리는 복장 :
- 가장 어울리지 않는 복장 :

(8) 저의 몸동작이나 신체행동 중에서 고쳐야 할 습관이 있다면 어떤 것입니까(걸음걸이, 식사습관, 다리 떨기, 안경 만지기, 손톱 뜯기, 물건 만지작거리기, 팔짱 끼고 듣기 등)

(9) 저의 성격 중에서 당신의 마음에 드는 부분이 있다면 무엇입니까?

(10) 전체적으로 저의 인상(이미지) 개선을 위해 충고를 해주십시오.

(11) 지금까지 지내오면서 저에게 배울 점이 있었다면 한 가지만 말씀해 주십시오.

(12) 주위에 첫인상이 참 좋다고 생각하는 분이 있다면 추천해 주십시오.

(13) 사진 속 인물에 대한 인상은 어떠합니까? 이들의 신뢰감, 자신감, 친근감, 교양수준은 어떻게 느껴지십니까?

출처 : 김재득, 리더십 워크북 p. 216.

08 당신의 인상! 자가진단

실험을 위하여 두 집단에서 어떤 인물에 대한 똑같은 16가지 특성을 순서만 정반대로 설명하였다. 즉, 집단 A : 똑똑하다→근면하다→즉흥적이다→비판적이다→고집이 세다→시기심이 많다, 집단 B : 시기심이 많다→고집이 세다→비판적이다→즉흥적이다→근면하다→똑똑하다. 두 집단의 인상 평가 결과는 완전히 달랐다. 집단 A가 집단 B에 비해 소개받은 인물을 훨씬 더 긍정적으로 평가했다. 이는 1946년 사회심리학자 솔로몬 애시(Solomon Ash)가 행한 실험이다. 이른바 '초두효과(primacy effect)'다. 첫인상이 그만큼 중요하다는 의미다. 첫인상(first impression)이 중요한 이유는 좀처럼 바꾸기 어렵기 때문이다.

심리적 측면과 보편성을 토대로 한국인의 정서와 느낌을 고려해 만들어진 첫인상 테스트를 소개하고자 한다.

다음의 문항들을 솔직한 마음으로 선택하라.

1. 누군가를 기다릴 때 귀하의 행동은?

① 입구 쪽을 바라본다. ② 다른 생각에 잠긴다.
③ 읽을거리를 보고 있다. ④ 다른 사람과 통화를 한다.

2. 외출할 때 주로 귀하의 옷차림은?

① 주로 정장을 한다. ② 별로 신경 쓰지 않는다.
③ 내가 편하게 입는다. ④ 상황에 맞게 입는다.

3. 처음 만나는 모임에서 귀하의 행동은?

① 소개해 주는 사람이 있으면 인사를 나눈다.
② 먼저 찾아다니면서 인사한다.
③ 다른 사람이 찾아와서 인사할 때까지 기다린다.
④ 조용히 앉아 있는다.

4. 약속시간은?

① 먼저 가서 기다리는 편이다.
② 정시에 나타난다.
③ 조금씩 늦는 편이다.
④ 잘 못지키는 편이다.

5. 귀하의 웃는 눈을 자세히 보면?

① 다정하게 웃고 있다.
② 멍하니 보고 있다.
③ 노려보는 듯하다.
④ 약간 웃는 듯하다.

6. 귀하의 웃는 입을 자세히 보면?

① 입꼬리(口角)가 위로 올라가 있다.
② 입이 일자(一)형이다.
③ 아래로 처져 있다.
④ 한쪽은 올라가고 한쪽은 내려가 있다.

7. 악수를 할 때 상대방의 손을 어떻게 잡는가?

① 힘 있게 잡는다.
② 부드럽게 잡는다.
③ 상대방이 잡도록 내밀고 있다.
④ 가볍게 댄다.

8. 처음 만나는 사람에게 주로 쓰는 인사말은 무엇인가?

① 안녕하십니까?
② 말은 거의 하지 않는다.
③ 반갑습니다.
④ 처음 뵙겠습니다.

9. 대화를 나눌 때 주로 상대방의 어디를 보는가?

① 눈을 본다.
② 얼굴 전체를 본다.
③ 입과 목 부위를 본다.
④ 얼굴을 보기가 민망하다.

10. 귀하가 어린 아기를 보고 웃으면 그 아기의 반응은?

① 고개를 돌린다.
② 방긋방긋 웃는다.
③ 눈을 피한다.
④ 삐쭉거리다가 울어버린다.

결과 분석

(1) 정답 수가 4개 이하라면 당신의 첫인상은 대체로 낮은 편이다. 주위 사람들은 당신을 다소 심각한 사람으로 볼 것이다. 여러 가지 방법을 통해 인상관리에 신경쓰는 것이 좋다.
(2) 정답 수가 5~7개라면 당신의 첫인상은 양호한 편이다. 그러나 주위 사람들을 편안하게 대해주고 즐겁게 해줄 수 있을 만큼의 이미지 수준이 높은 것은 아니다.
(3) 정답 수가 8개 이상이라면 당신의 이미지 수준은 높은 편이다. 주위 사람들은 당신을 쾌활한 사람으로 생각하고 있으며, 그들은 당신과의 관계를 통해서 대체로 즐거운 감정을 경험하게 될 것이다.

추천답

1. ① 먼저 가서 입구 쪽을 보라. 먼저 간 자는 주도권을 잡을 수 있음과 동시에 대화에서 상대방을 집중하게 할 수 있다.
2. ④ 시간, 장소, 상황에 맞는 옷차림이어야 한다.
3. ② 가만히 남이 먼저 해오기를 바라지 말고 먼저 행동하라.
4. ① 인간은 기다리는 동안 그 사람의 장점을 생각하기보다 단점을 생각한다. 첫 약속시간은 반드시 먼저 가라.
5. ① 웃는 얼굴에 침 못 뱉는다.
6. ① 복(福)을 담은 입모양을 위로 올라가게 하라. 모나리자의 미소를 늘 생각하라.
7. ① 한국 사회에서 죽은 물고기처럼 힘없는 악수는 성의가 없어 보인다. 힘 있게 잡아라.
8. ③ 처음에는 반갑습니다가 좋다. 그 다음으로 처음 뵙겠습니다가 좋다.
9. ① 항상 눈 맞춤이 중요하다. 눈을 피하면 상대를 무시하는 것이 된다.
10. ② 당신의 보이지 않는 '기(氣)'를 느낀다. 아이의 마음을 얻도록 표정이나 마음가짐을 늘 편하게 가져라.

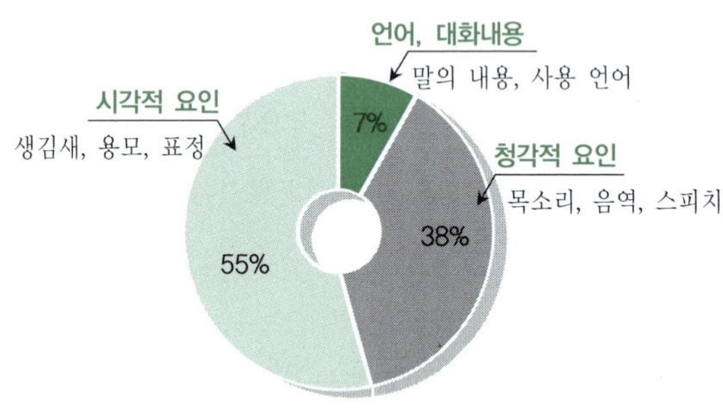

몸짓(visual) : 말하는 톤(vocal) : 단어(verbal)
= 55% : 38% : 7%라는 법칙이다.
일명 BMW(Body language, Mood, Word) 기법이다.

그림 2-2 메라비언(Albert Mehrabian)의 법칙

09 프로는 누구인가? 나의 매력은?

누구나 일을 하면서 살고 있다. 그리고 어떤 일을 하느냐에 상관없이 사람들은 그 분야에서 최고가 되기를 꿈꾼다. 운동을 하는 사람들은 올림픽 같은 세계 대회에서 우승함으로써 최고로 인정받는 것을 꿈꾸고, 산업현장에서 일하는 사람들은 기능올림픽에서 우승을 하거나 그 분야에서 최고 전문가로 인정받는 것을 목표로 한다. 나아가 어떤 사람들은 타인의 삶을 풍요롭게 하는 다양한 지식과 정보를 만들어 냄으로써 자신의 존재를 증명하기도 하고, 기업을 설립하여 새로운 제품을 만들어 내고 수많은 일자리를 창출함으로써 탁월한 업적을 남기고 많은 사람으로부터 존경받고 싶어 한다.

이처럼 자신의 분야에서 최선을 다하여 남과 차별화한 의미 있는 삶을 살고 그것을 통해 타인의 삶에 모델이 될 수 있는 사람을 우리는 프로(professional)라고 한다.

사전적인 정의로 pro는 전문가, 직업적인 등의 뜻으로, 비슷한 의미로는 장인(匠人)이 있다. 따라서 '직업적인, 직업'의 뜻을 가지고 있지만 단지 직업을 가지고 있다고 그 사람을 프로라고 부르지는 않는다. 보통의 직장인, 직업을 가진 사람에서 한 걸음 더 나아간, 다른 사람과 다른 그 어떤 특별함을 가진 사람을 프로라고 부른다.

조별로 토의를 통해 프로라고 생각하는 사람을 Big－Ⅳ(Big four)를 선정하여 아래의 빈칸에 그 특징과 함께 적어본다.

기록을 해본 후 자신의 내용 중 1~2가지만 서로 소개한다. 소통과정을 마쳤으면 이 프로그램을 통해서 느낀 점을 서로 토의하라(팀의 규모에 따라 달라질 수 있다).

(1) 팀에서 선정한 Big－Ⅳ

① Big－Ⅰ ______________________

② Big－Ⅱ ______________________

③ Big－Ⅲ ______________________

④ Big－Ⅳ ______________________

(2) Big－Ⅳ의 매력

① ______________________

____

② ______________________

____

③ ______________________

____

④ ______________________

____

CHAPTER

03

태도 · 마음씨 · 꿈

착한 일을 하면 다른 속셈이 있어서 한다고
비난하는 사람들이 있다.
그래도 착한 일을 하라.

If you do good, people will accuse you of selfish ulterior motives. Do good anyway.

\- 켄트 키스(Kent M. Keith) -

01 나의 감성지능(Emotional Intelligence)은?

리더의 자격요건으로 감성지능을 꼽을 수 있다. 그러나 감성지능의 비판자나 옹호자를 막론하고 아직 많은 사람들이 감성지능이 수치를 통해 나타낼 수 있다는 가능성에 대해 회의적이다. 그것은 아마도 감성적 능력이 다양하고 개인마다 상이해서 똑같은 기준으로 평가하고 측정하기 어렵다고 믿기 때문인 것 같다. 그러나 오랜 연구의 결과 낙천주의나 침착성과 같은 감성지능의 특정한 측면들은 거의 완벽하게 수치로 표시될 수 있다는 것이 확인되었다. 다음은 다니얼 골먼(Daniel Goleman)이 인터넷을 통해 비공식적으로 실시한 설문조사에서 사용한 질문들이다. 이를 통해 당신의 감성지능을 대략적으로는 파악할 수 있다.

당신의 행동에 가장 근접하는 항목을 고르시오.

1. 당신은 지금 극심하게 흔들리는 비행기 안에 앉아 있다. 어떻게 행동할 것인가?

① 대수롭게 생각하지 않고 조용히 읽던 책을 계속해서 읽는다.

② 스튜어디스의 태도를 통해 상황의 심각성을 확인해 보는 한편, 신중을 기하기 위해 구명조끼를 한번 만져본다.

③ ①과 ②의 중간쯤 행동을 취한다.

④ 모르겠다. 생각해 보지 않았다.

2. 당신은 딸을 데리고 몇몇 이웃 아이들과 함께 놀이터에 갔다. 갑자기 한 아이가 울기 시작하였는데, 다른 아이들이 그 아이와 같이 놀려고 하지 않기 때문이다. 당신은 어떻게 행동할 것인가?

① 간섭하지 않는다. 아이들끼리 해결해야 한다.

② 어떻게 하면 다른 아이들이 그 아이와 같이 놀아줄까 하고, 우는 아이와 골똘히 생각한다.

③ 그 아이에게 울지 말라고 친절하게 이야기한다.

④ 장난감을 가지고 우는 아이의 마음을 다른 곳으로 돌린다.

3. 당신은 좋은 성적을 기대했던 중간시험을 망쳤다. 어떤 반응을 보이게 될 것인가?

① 다음번 시험에서 성적을 올리기 위해 학습계획을 세우고, 이 계획을 철저하게 지키려고 결심한다.

② 앞으로 더 열심히 노력하려고 결심한다.

③ 스스로에게 그 과목의 성적은 그렇게 중요하지 않다고 말하며, 그 대신 성적이 더 잘 나온 과목에 집중한다.

④ 교수와 면담하고 성적을 다시 한번 생각해 달라고 부탁한다.

4. 당신은 전화로 어떤 물건을 판매하는 일을 하고 있다. 그런데 당신이 접촉했던 15명의 고객이 당신의 전화에 퇴짜를 놓았다. 어떻게 행동할 것인가?

① 오늘은 그만두고, 내일은 운이 좋아질 것이라고 생각한다.

② 성공하지 못한 원인이 무엇인가 골똘하게 생각한다.

③ 다음번에 전화할 때에는 다른 방식으로 시도하고, 그렇게 빨리 포기해서는 안 된다고 자신을 타이른다.

④ 이것이 당신에게 옳은 직업인지 스스로 물어본다.

5. 자동차를 운전하던 당신의 여자친구는 위험하게 바로 앞으로 끼어드는 다른 자동차 운전자 때문에 몹시 흥분해 있다. 그녀를 달래기 위해 당신은 어떻게 행동할 것인가?

① "잊어버려, 아무 일도 생기지 않았잖아"라고 말한다.

② 그녀의 마음을 돌리기 위해 그녀가 좋아하는 음악 CD를 꽂는다.

③ 그녀와의 연대감을 나타내기 위해 그녀의 욕설에 동조한다.

④ 당신도 최근 비슷한 경험을 한 일이 있는데, 알고 보니 그 차가 구급차였다고 이야기해 준다.

6. 당신과 당신 파트너 사이에 시비가 고조되었다. 둘은 매우 흥분한 상태이고 사실이 아닌 비난으로 서로를 공격한다. 어떻게 행동할 것인가?

① 20분간의 휴식을 제의하고, 그 뒤에 토론을 계속한다.

② 싸움을 중지하고 더 이상 아무 말도 하지 않는다.

③ 유감스럽다고 말하고, 상대방에게 용서를 청한다.

④ 정신을 차리고 잠시 숙고한 후, 당신이 할 수 있는 범위에서 당신의 관점을 설명한다.

7. 당신의 3살 된 아들은 태어나면서부터 낯선 사람과 환경에 소심한 반응을 보이며 수줍음을 매우 많이 탄다. 어떻게 대처할 것인가?

① 그 아이가 선천적으로 수줍어한다는 사실을 인정하고, 그를 자극하는 상황으로부터 어떻게 하면 보호할 수 있을까 숙고한다.

② 아동심리학자와 상담한다.

③ 아이를 의도적으로 새로운 사람과 상황에 가능한 한 많이 직면하게 하여 불안을 떨치게 한다.

④ 아이에게 다른 사람과 많이 어울릴 수 있도록 용기를 주는 경험들을 하게 한다.

8. 당신은 어렸을 때 피아노를 배웠으나 오랫동안 치지 않았다. 이제 당신은 피아노를 다시 치려고 한다. 어떻게 하면 가장 빨리 배울 수 있을까?

① 일정한 시간에 매일 연습한다.

② 어렵지만 습득할 수 있는 곡을 선택하여 연습한다.

③ 실제로 피아노를 치고 싶은 기분이 들 때 연습한다.

④ 상당한 노력을 들여야만 칠 수 있는 매우 어려운 곡을 선택하여 연습한다.

결과 분석

질문 1 : ①=5 ②=10 ③=20 ④=0
최상의 답변은 ③이다.
답변 ④는 당신은 스트레스 반응을 의식하고 있지 않다는 것을 보여준다.

질문 2 : ①=0 ②=20 ③=0 ④=0
②가 최상이다. 감성지능이 있는 부모는 아이들의 부정적 감정을 감성훈련의 기회로 삼는다. 부모는 아이들에게 흥분하는 원인을 이해하게 하고, 자신들의 감정을 인지하고 다른 방법의 행동 가능성들을 찾도록 도와준다.

질문 3 : ①=20 ②=0 ③=0 ④=0
최상의 답변은 ①이다. 스스로의 동기부여는 무엇보다도 행동계획을 세우고 관철시킬 수 있는 능력 속에서 나타난다.

질문 4 : ①=0 ②=0 ③=20 ④=0
최상의 답변은 ③이다. 낙관주의는 감성지능의 한 표시이다. 낙관주의자는 어려운 상황을 배울 기회가 있는 도전으로 간주한다. 자기 자신에게 책임을 돌리거나 절망하지 않고 끝까지 견디며 항상 새로운 것을 시도한다.

질문 5 : ①=0 ②=5 ③=5 ④=20
최상의 답변은 ④이다. 몹시 화가 난 사람에게는 그 분노에 대해 설명을 해주면 빨리 진정된다. 분노의 원인으로부터 그 사람의 마음을 돌려놓거나 왜 화를 내는지 충분히 이해가 간다고 말해주는 것도 도움이 된다.

질문 6 : ①=20 ②=0 ③=0 ④=0
최상의 답변은 ①이다. 흥분한 육체가 다시 진정될 때까지의 시간으로서 20분 혹은 그 이상의 시간 동안 싸움을 중단하는 것은 적절하다. 둘 중 하나 혹은 둘 다 맥박이 180일 때에는 상대방의 감정과 논증을 받아들일 자세가 차단되어 있다.

질문 7 : ①=0 ②=5 ③=0 ④=20
④가 최상의 답변이다. 선천적으로 수줍어하는 아이들은 불안을 야기하는 상황에 점차적으로 직면한다면, 자신이 가지고 있는 억제감을 쉽게 떨칠 수 있다.

질문 8 : ①=0 ②=20 ③=0 ④=0
최상의 답변은 ②이다.
성취 가능한 도전의 경우에 잠재되어 있던 성취능력이 가장 잘 발휘될 수 있다.

(1) **60점 이하** : 당신은 무조건 EQ를 개발해야 한다. 지능지수와는 달리 감성지수는 상대적으로 쉽게 향상될 수 있다.
(2) **60~120점** : 당신의 감성지수는 평균이다.
(3) **121점 이상** : 당신은 상당한 감성지능을 소유하고 있다. 당신은 자신과의 문제가 없으며, 자신의 감정을 잘 다루고 다른 사람을 잘 이해할 뿐 아니라 다른 사람들과 다감하게 교제하는 편이다.

〈표 3-1〉 종합진단 비교표

진단내용	본인 진단점수	팀 진단점수	타인 진단점수			본인-타인 최대 차이
			상 사	동 료	부 하	
감성지능						

- 본인과 타인 간의 점수 차이가 클수록 원인을 잘 점검하고 개선할 필요성이 있다.
- 보다 신뢰성 있는 평가를 원한다면 진단표에 제시된 문답 중에서 자신이 더욱 개선되기 위해 노력해야 하는 항목을 조직(집, 학교, 공동체, 직장)에서 가장 신뢰하는 사람이나 정직한 피드백을 줄 것 같은 사람을 선정하여 경청한다.

02 타인의 욕구파악 정도는?

생활의 달인은 '신체지능', 조각가나 건축가는 '공간지능', 동식물 연구가들은 다양한 생물체와 교감할 수 있는 '자연지능'이 뛰어나다면, 종교나 정치지도자는 타인의 욕구를 파악하는 '대인지능'이 뛰어나다. 마거릿 대처(Margaret Thatcher) 전 영국 총리는 단순하면서도 강력한 이야기와 그 이야기에 일치하는 삶의 궤적을 통해 많은 이들의 마음을 바꾸는 데 성공했고, 빌 클린턴(Bill Clinton) 전 미국 대통령은 타인의 마음을 알아채는 대인지능이 뛰어났으며, 넬슨 만델라(Nelson Mandela) 전 남아프리카공화국 대통령, 간디 등은 언어 및 비언어적 표현(행동)에 능했다.

'타인의 마음'을 변화시키는 것은 '진심'과 '열린 사고'라는 것을 명심하고 당신의 친구는 어떤 사람이고, 그들의 욕구는 무엇인지 생각해 보라. 당신이 주변 사람을 얼마나 잘 이해하고 있으며 또 그들을 더욱 잘 이해하기 위해 무엇을 할 수 있는지 스스로를 체크해 본다. 당신은 고객(친구, 선후배)들의 욕구를 얼마나 효과적으로 알아내는가?

1 타인 욕구파악 리스트

(1은 '부족함', 5는 '잘하고 있음'을 나타내는 1부터 5까지의 척도)

	타인 욕구파악 리스트 ('나의 상사는~' or '나의 동료는~')	Check 부족함-잘하고 있음
1	정보가 입수될 때까지 기다리기보다는 스스로 솔선수범하여 고객(친구, 선후배)의 욕구를 파악한다.	1 2 3 4 5
2	당장의 문제해결보다는 장기적인 욕구를 다루는 데 일차적인 초점을 맞춘다.	1 2 3 4 5
3	고객(친구, 선후배)의 욕구를 알아내기 위해 시간을 계획하고 조정한다.	1 2 3 4 5
4	프로젝트나 일을 기획할 때 관련된 모든 사람들의 욕구를 고려한다.	1 2 3 4 5
5	고객(친구, 선후배)들이 나를 이해해 줄 것을 요구하기 전에 먼저 고객(친구, 선후배)의 욕구를 이해하기 위해 노력한다.	1 2 3 4 5
6	고객(친구, 선후배)의 욕구를 파악하기 위해 다른 사람들의 지식이나 기술을 활용한다.	1 2 3 4 5
7	고객(친구, 선후배)의 욕구에 관한 최신의 정보를 지속적으로 보완하고, 변화가 일어나면 이를 인식한다.	1 2 3 4 5

2 고객(친구, 선후배) 평가시스템

(1) 당신과 함께 일하는 2~3명의 중요한 고객(친구, 선후배)은 누구인가?

(2) 당신은 그들의 기대를 얼마나 잘 충족시키고 있는가? 대답할 수 있는가?

(3) 당신의 조직에는 고객(친구, 선후배)들의 기대를 얼마나 잘 충족시키고 있는지를 항상 알 수 있도록 하기 위한 시스템과 과정들이 있는가?

03 '자연 탐색법'을 통한 리더십 의미 찾기

자연은 우리에게 다양한 아이디어를 제공해 주고, 우리가 직면하는 문제를 해결할 수 있는 방안을 제시한다. 그래서 우리는 자연 탐색을 통해서 '리더와 리더십'의 의미를 추구할 수 있다. 따라서 "나는 어떻게 하면 내 인생의 의미와 적합한 리더십을 창조하고 이를 행동으로 옮길 수 있을까?"라는 주제로 자연, 동식물에 비유하여 나의 리더십을 말하고 자연이 주는 의미를 찾아보자.

자연 탐색 방법은 먼저 앞의 주제에 대해 강의실에서 5분 동안 개인별로 긴장을 풀고 떠오르는 생각을 메모하면서 숙고하는 것이다. 그 다음 개인별로 강의실을 떠나 자연으로 나간다. 단, 산책은 반드시 혼자서 해야 한다. 사전에 정하지 않은 코스를 따라 어떤 특정한 목표 없이 산책을 한다. 서로 말을 해서는 안 되며 무엇보다 침묵이 중요하다. 말 많은 앵무새는 새장에 갇히고, 말 없는 다른 새들은 자유로이 하늘을 난다. 지푸라기는 물 위를 떠다니지만, 보석은 물속으로 가라앉는다. 침묵으로 산책하며 자연이 주는 메시지를 느껴보도록 노력한다.

정해진 시간이 지나면 모두 강의실로 돌아온 후 자연 탐색 과정에서 발견한 아이디어와 느낀 감정을 적은 '기록 시트'를 서로 보여주거나 발표를 통해 피드백하라.

04 열 십(十) 자로 본 품성과 능력

용비어천가에 '뿌리 깊은 나무는 바람에 아니 뮐새'라는 구절이 나온다. 뿌리가 깊은 나무는 세상의 온갖 풍파에도 쉽게 흔들리지 않는다는 의미다. 아무리 작은 나무라도, 뿌리, 줄기, 잎으로 구성되어 있으며, 세월을 이겨낸 깊게 뻗은 나무는 쉽게 흔들리거나 뽑히지 않으며, 알찬 열매를 맺을 수 있다. 인간으로 비유하면 줄기, 잎, 열매는 능력, 육체, 외모, 성과이고, 뿌리는 품성, 정신, 인격, 성품이라 할 수 있다.

리더의 인격, 즉 인성은 매우 중요하다. "자기 자신의 위치에 만족하는 사람, 가치관이 뚜렷한 사람, 자신의 가치관에 따라 사는 사람, 자기 수양이 된 사람만이 다른 사람을 이끌 수 있기 때문이다." 그리고 리더라면 조직원이 들고 온 문제를 해결해 줄 수 있는 전문지식과 통찰력이 있어야 한다. 업무능력은 '주머니 속의 송곳'과 같아서 언젠가는 드러난다. 그러므로 깊이 있는 실력을 키워야 한다. 나의 인성과 능력을 아래 열 십자표에 의거하여 나는 어느 위치는 어디에 속하는지 자기진단을 해보라.

Ⓐ 기록을 마치고, 자신의 위치를 서로 소개한다. 소통과정을 마쳤으면 이 프로그램을 통해서 느낀 점을 서로 토의하라.

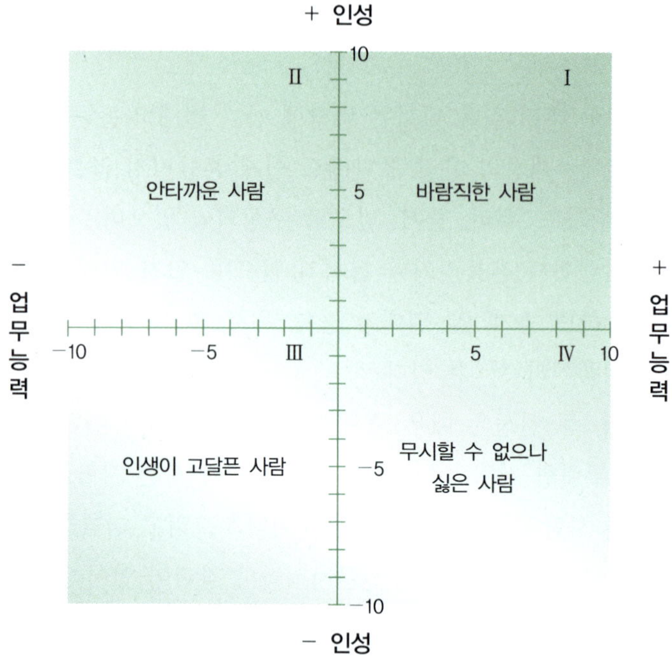

● 보다 신뢰성 있는 평가를 원한다면 진단표에 제시된 문답 중에서 자신이 더욱 개선되기 위해 노력해야 하는 항목을 조직(집, 학교, 공동체, 직장)에서 가장 신뢰하는 사람이나 정직한 피드백을 줄 것 같은 사람을 선정하여 경청한다.

05 '성취의 계단'에서 상황극하기

5년 후 성공한 모습으로 다시 사람을 만나서 인사하는 상황극을 연출해 보라. 비록 지금은 어렵고 힘들지만 이 모든 역경을 이겨내고 위대한 리더의 모습을 상상하면서 그때 만날 자신에게 어떤 이야기를 해줄 것인지 상황극을 실시해 보라. 미래의 어느 아름다운 날을 작성해 보면 자신이 성취하고자 하는 목표에 대해 뚜렷이 알 수 있다. 지금 현재로는 비현실적일지라도 이것을 작성하면서 느껴지는 벅찬 감동과 희열을 경험하게 된다.

미래의 자신에게 부끄럽지 않으려면 현재의 자신이 어떻게 해야 할 것인지 느낄 수 있을 것이다. "나는 지금 내가 해야 할 일을 하고 있는가?", "나는 미래의 나에게 떳떳한가?" 한 번쯤 깊이 반성해 보아야 할 것이다. 위대한 리더가 되어서 향후 '복지재단에 10억 원을 기증하는 수표 만들기', 어느 유명잡지에 실린 자신의 기사를 미리 작성해 보는 것도 좋은 깨달음을 얻을 수 있는 리더십 기법이다.

자신의 상황극을 기록해 보고 서로 소개한다. 상황극을 마쳤으면 이 프로그램을 통해서 느낀 점을 서로 토의하라.

____

____

____

06 Want−Have 매트릭스를 작성하라

현재 자신이 가지고 있는 것(Have)과 앞으로 가지고 있기를 간절히 원하는 것(Want)이 무엇인지 생각해 보라. 아래의 사례를 참고로 자신을 점검하고, 자신이 갖추고 싶은 것이지만 현재 가지고 있지 않은 내용을 목표로 설정하여 성취하기 위해 노력하라.

아래 기록을 해보고 자신의 내용 중 3~4가지만 서로 소개한다.

	DON'T WANT	WANT
HAVE	Ⅱ 늦잠 자는 것 카드빚 비만 흡연습관 ①_______ ②_______ ③_______	Ⅰ 취미 운전면허증 친구 ①_______ ②_______ ③_______
DON'T HAVE	Ⅲ 난시 전과기록 허리디스크 ①_______ ②_______ ③_______	Ⅳ 세계일주 여행 애인 원하는 직장 학교졸업장 ①_______ ②_______ ③_______

07 '위대한 리더' 성취감 미리 맛보기

사람들은 '시작'이란 단어를 좋아한다. 무엇인가 새로운 것을 시작한다는 것에 대한 설렘과 호기심은 필요하다. 미래에 이루어질 결과에 대한 성취감을 맛본다는 것, 평소에 원하던 일이 이루어졌다고 생각하는 '성취의 메커니즘'을 미리 앞당겨 소유하기 바란다. 이때 중요한 것은 성취감과 훌륭한 리더로서 성공의 기쁨을 '현재형'으로 표현하여야 한다는 점이다. 자신감 있고 기쁨에 넘치는 표현으로 타인에게 정확한 성공의 느낌을 전달할 수 있어야 한다.

나는 내 인생의 주인공이라는 느낌으로 '성취의 결의문'을 작성한 후 당당한 자기선언을 하기 바란다. 자기선언이란 '창조의 목소리'로, 인생의 목적을 표현하는 가장 강력한 방법이다. 자신을 어떻게 선언할지 결정을 하고, 산의 정상에서, 높은 빌딩의 옥상에서 몇 번이고 큰 소리로 읽어보라. "나는 할 수 있다!", "나는 위대한 사람이다!", "나는 열정이 넘치는 사람이다!". 진심을 담아 성실한 태도로 끊임없이 스스로에게 선언하라! 여러분의 선언은 파장이 되어 온 우주에 그 에너지가 전달될 것이다. 그리고 곧 진실이 되어 여러분 앞에 창조될 것이다!

(1) 발표원칙 : 현재형으로 / 기쁨에 넘쳐서 / 감동을 줄 수 있게 한다.
(2) 발표내용 : 성공의 기쁨을 미리 그려보고, '나는'을 강조하며 말한다.
(3) 실제 발표사례

[보기] 나의 키는 162cm의 57kg의 몸매를 지닌 소유자다. 나의 살들은 고루 분산되어 있지 않고 한곳에 집중적으로 몰려 있는 타입이다. 이른바 '하-체-비-만' 팔뚝과 허벅지, 그리고 엉덩이 등 심각한 비만이다. 건강을 위해서도 운동은 필요하고 자신감 회복을 위해서도 좋을 것 같아서 난 식사조절과 운동을 하고 있다. 운동을 본격적으로 시작한 건 두 달이 지났지만, 나의 몸무게가 변함이 없다. 그러나 여기서 나는 좌절하지 않는다. 절대 좌절하지 않는다.

나는 확실한 비전과 꿈이 있다(혹은 없다). 그 이유는? 바로 이것이다.

08 내가 이루고자 하는 꿈은?

꿈이 없었던 사람은 드물다. 어린 시절일수록 자신의 꿈은 높고 위대하지만 성장하면서 점차 꿈은 작아지고 초라해진다. 그 이유는 우리 주변에는 부정적이고 패배적인 정보만 전하는 사람들이 있기 때문이다. 꿈을 훔치는 '꿈 도둑'들이 존재하는 것이다. 적극적이고 긍정적인 마음을 가지고 싶어 하면서도 자신의 마음이 그렇게 되지 못함을 개탄하는 사람들이 많다. 그러나 답은 간단하다. 배가 고프면 영양 섭취를 해야 하듯이 마음에도 영양 섭취가 필요하다. 죽은 물고기는 강물에 떠내려간다. 실패를 겪을 때마다 발전의 기회로 생각하라! 힘차게 강물을 거슬러 올라가는 연어가 되어야 한다.

시도하지 않으면 아무것도 할 수 없다. 지금 그 자리에서 시작하라! 지그 지글러(Zig Zigler)는 사람들이 주당 60달러의 가치밖에 안 되는 우리의 위장을 위해서는 날마다 끊임없이 음식을 먹으면서도 그 가치가 무한하고 엄청난 잠재력을 지닌 우리의 마음에는 아무런 먹이를 주지 않는다고 아쉬워했다.

이제부터 당신의 꿈을 훔치는 '꿈 도둑'을 조심하라. 나의 꿈이 바뀐 이유를 생각해 보고, 지금 현재 내가 이루고자 하는 꿈은 무엇인가 생각해 보라. 지난 과거의 모습부터 점검하고 일생의 꿈을 적어보라.

1 내 꿈이 바뀐 이유

자신의 어린 시절 무엇이 되고 싶었는지 품었던 그 꿈을 생각해 보라. 그리고 왜 그런 꿈을 키웠는지를 기록하고, 그 꿈은 어떻게 변했는지, 변했다면 왜 변했는지를 생각해 보라.

아래 기록을 해보고 자신의 내용 중 1~2가지만 서로 소개한다. 소통과정을 마쳤으면 이 프로그램을 통해서 느낀 점을 서로 토의하라(현재 나이에 따라 다를 수 있다).

번 호	꿈을 가진 시기	꿈을 가진 이유	꿈이 바뀐 이유
1	초등학교 시절		
2	중 · 고등학교 시절		
3	대학교 시절		
4	사회생활		

2 과거–현재–5년–일생의 모습 그리기

(1) 과거의 모습

(2) 현재의 모습

(3) 5년의 꿈

(4) 일생의 꿈

CHAPTER

04

건강성 · 정신 · 인간성

정직하고 성실하게 살다가 불이익을 당할 수도 있다.
그래도 정직하고 성실한 인생을 살아라.

Honesty and frankness make you vulnerable.
Be honest and frank anyway.

– 켄트 키스(Kent M. Keith) –

01 신뢰의 리더

'신(信)'이란 단어는 사람 인(人) 변에 말씀 언(言)이 더해진 믿을 신(信) 자다. 人+言 = 信 "그 사람은 믿을 만한 사람이다"라고 할 때 그 사람의 얼굴을 믿는 것이 아니다. 그 사람의 말을 믿는 것이다. 그래서 말과 행동이 다르면 믿을 수 없는 사람이며, 이중인격자가 되는 것이다.

조직 내에서의 신뢰문제는 매우 중요한 문제다. 오늘날 고객(친구, 선후배)의 요구와 경쟁압력, 새로운 형태의 고용계약은 신뢰받는 리더십이 그 어느 때보다 중요해졌다는 점을 시사한다. 동료 간, 부서 간, 지역 간, 국가 간에 강하고 깊은 신뢰와 연대감으로 운영되는 조직을 만드는 것이 리더의 성공에 이르는 '보물상자'이다.

신뢰는 손으로 만질 수 없는 것이지만, 가시적인 과정에서 나오는 하나의 '결과'로 생각할 수 있다. 신뢰는 리더십의 기초이며, '참' 리더는 인격과 신뢰 그리고 지도력을 갖춘 사람을 일컫는다. 신뢰를 상실하면 리더로서의 지도력은 급격하게 상실된다. 그래서 신뢰는 리더가 호흡하는 공기라 할 수 있다.

아래 기록을 해보고 자신의 내용 중 1~2가지만 서로 소개한다. 소통과정을 마쳤으면 이 프로그램을 통해서 느낀 점을 서로 토의하라.

(1) 사람들의 신뢰를 잃는 가장 빠른 방법은 무엇이라 생각하는가?

(2) 당신은 사람들의 신뢰를 얻기 위해 어떻게 하고 있으며, 또 어떻게 유지관리하고 있는가?

02 모르는 사람 길 인도하기

리더십 액션러닝 중에는 '모르는 사람 길 인도하기'란 프로그램이 있다. 먼저 리더십 강사가 교육생 중 3명을 앞으로 불러낸 다음 그들의 눈을 눈가리개로 가리게 한다. 그리고 그들이 전혀 모르는 3명을 불러내 각각 짝을 맞추도록 한다. 그런 다음 눈을 가린 3명을 데리고 정해진 목표지점을 돌아오도록 한다. 3명 모두가 최선을 다하겠지만 생각 외로 시간이 걸린다.

그다음 이제 눈을 가린 사람들이 직접 같은 교육생들 중 가장 친한 사람을 골라 그 사람이 자신을 인도하도록 한다. 두 번째 게임의 결과는 첫 번째와 비교하여 시간이 얼마나 걸릴까? 우리는 똑같은 거리를 걸었지만 첫 번째 게임보다 훨씬 빨리 돌아오는 것을 확인할 수 있을 것이다. 위와 같은 게임이 의미하는 것은 무엇일까? 리더에게 어떤 덕목이 있어야 팔로워들이 안심하고 따라갈 수 있을 것인가?

아래 기록을 해보고 자신의 경험을 서로 교환해 보라. 소통과정을 마쳤으면 이 프로그램을 통해서 느낀 점을 서로 토의하라.

03 자기신뢰도 테스트

자기사랑, 자기신뢰는 우리 삶의 근본적인 행복요소이다. 우리가 신호등을 기다릴 수 있는 이유는 곧 바뀔 것이라는 믿음 때문이다.

같은 능력을 가지고 일에 대처하더라도 자신에 대한 신뢰감을 갖고 있는 사람과 그렇지 못한 사람과의 결과는 크게 차이가 날 것이다. 불가능한 것을 가능하게 하는 것도 자신의 힘인 것이다. 자신만큼 마음 든든한 자기편은 없다. 더구나 그것은 후천적으로 개선할 수 있는 성격요소인 것이다. 자신을 신뢰함은 리더십의 여정에서 성공을 개척할 수 있다.

나를 사랑하지 못하면 아무도 사랑할 수 없다. 자기신뢰 없이 아무것도 이룰 수 없다. 끊임없이 자기를 믿고 자신감을 키워가는 인생이 행복하다. 청춘이여 끝없이 남을 의식하는 열등감을 접고 그대 안에 숨겨진 자신만의 '날개'를 펼쳐라. 그 날개가 그대의 꿈에 그대를 데려다줄 것이다.

> "이 세상에 완벽하게 준비된 인간이란 존재하지 않는다. 또 완벽한 환경도 존재하지 않고, 존재하는 것은 가능성뿐이다. 시도하지 않고 알 수 없다. 그러니 두려움 따윈 던져버리고 부딪쳐 보렴. 넌 잘할 수 있어. 스스로를 열어봐!"

『바보 빅터』 저자 호아킴 데 포사다(Joachim de Posada)는 전 세계 수천만 독자들의 삶을 변화시킨 베스트셀러 『마시멜로 이야기』의 저자이기도 하다. 그는 훗날 멘사 회장이 된 천재 '빅터'라는 인물이 무려 17년 동안 '바보'로 살았던 실화를 배경으로 이야기를 펼쳐낸다.

진단항목에 대하여 다음과 같이 4단계 평점을 체크하라. 다음의 문항에 스스로 솔직히 자신을 진단해 보기 바란다.

(전혀 아니다 0점, 부분적으로 맞음 1점, 대체적으로 맞음 2점, 완전히 맞음 3점)

	자기 신뢰도 체크리스트 ('나의 상사는~' or '나의 동료는~')	Check 완전히 맞음–맞지 않음
1	남과 나를 비교하는 일이 잦다.	3 2 1 0
2	남들로 인해 쉽게 기분이 상한다.	3 2 1 0
3	남들의 인정을 받는 것이 나에게 매우 중요하다.	3 2 1 0
4	남들이 나를 공격한다고 느낀 적이 많다.	3 2 1 0
5	실패할까 겁나서 아예 아무 일도 시작을 안 하는 편이다.	3 2 1 0
6	모든 일을 110% 해내야 직성이 풀린다.	3 2 1 0
7	남들이 나를 어떻게 생각하는지를 매우 중요하게 생각한다.	3 2 1 0
8	남들에게 진짜 내 모습을 보이기가 겁난다.	3 2 1 0
9	항상 남들을 만족시키고 싶다.	3 2 1 0
10	다른 사람의 부탁을 거절하는 게 매우 어렵다.	3 2 1 0
11	성공한 사람을 보면 샘이 난다.	3 2 1 0
12	스스로 사랑받지 못한다는 느낌이 자주 든다.	3 2 1 0
13	나 자신과 남들에게 끊임없이 무언가를 증명해 보여야 마음이 편하다.	3 2 1 0
14	실수 때문에 자책을 많이 하는 편이다.	3 2 1 0
15	칭찬을 받으면 흔쾌히 받아들이기가 힘들다.	3 2 1 0
16	스스로 실패자라는 느낌을 자주 갖는다.	3 2 1 0
17	죄책감을 자주 느낀다.	3 2 1 0
18	우울하고 기가 꺾여 있을 때가 많다.	3 2 1 0
19	나에 대한 평판이 혹시 나쁘지 않을까 걱정을 많이 하는 편이다.	3 2 1 0
20	약하다는 것 자체가 싫다.	3 2 1 0
21	약점을 보이는 것은 끔찍한 일이다.	3 2 1 0
22	내가 잘 지내지 못하는 것은 어떻게 보면 당연한 일이다.	3 2 1 0
23	누군가가 나에 대해 이야기를 하는 것을 보면 즉시 '나쁜 말을 하고 있구나' 하는 생각이 든다.	3 2 1 0
24	거울을 보기 싫어하는 편이다.	3 2 1 0

25	남들 앞에서 나의 약점과 실수를 숨기려고 한다.	3 2 1 0
26	나와 남을 비교할 경우 불리한 쪽은 항상 나다.	3 2 1 0
27	나 자신에 대해 화가 날 때가 많다.	3 2 1 0
28	항상 자신에게 모든 일을 똑바로 처리하라고 요구한다.	3 2 1 0
29	나 자신과 내 능력을 의심할 때가 많다.	3 2 1 0
30	외모 때문에 걱정을 많이 한다.	3 2 1 0

출처 : Rolf Merkle(2004). 자기를 믿지 못하는 병, pp. 49-55.

결과 분석

(1) 0~10점이라면 축하한다. 결과가 매우 좋다. 당신의 자기가치 지향은 아주 든든하다. 균형이 잘 잡힌 인성이라 할 수 있다.

(2) 11~30점이라면, 당신은 인생의 2~4개 국면에서 활짝 꽃피우지 못했다. 자기가치감이 적어서 그런 것이다. 자기가치관 강화훈련에서 소개하는 대로 연습해 보길 바란다. 틀림없이 큰 도움이 될것이다.

(3) 31~60점이라면, 절망할 건 없다. 당신의 경우 자기신뢰도라든가 자기가치감이 아직 신통한 단계는 아니다. 상태가 좀 심각한 건 사실이다. 하지만 희망이 없는 건 아니다. 최소한의 자기존중은 아직도 잃지 않은 상태다. 자신을 변화시키는 작업을 열심히 해야 한다. 그러면 당신의 인생에도 긍정적인 요소가 많다는 걸 알 수 있을 것이다. 여러 달 동안 집중적으로 자기 자신과 씨름할 각오를 하자. 진전이 있을 때까지!

(4) 61~90점이라면, 자기가치감이 떨어질 대로 떨어져 있다. 하지만 절대로 희망을 버리면 안 된다. 설령 인생이 완전히 엉망진창이 되어 말도 못하게 불행하다고 해도 말이다. 그래도 당신의 경우가 아주 절망적인 건 아니니까 우선 마음을 편안하게 먹기 바란다. 다만, 자기가치감을 강화하고 싶다면 시간을 무척 많이 들여야 한다는 것은 미리 알아 두어야겠다. 자기 자신을 변화시키려면 많은 노력이 필요하다. 심리치료사의 도움을 받으면 훨씬 효과가 있을 것이다. 적이 아니라 친구로서 자기 자신을 대하는 법을 일러줄 것이다. 혼자서 해결할 수 없는 경우에는 전문가를 찾아가는 용기를 가져야 한다. 언제 어디서든 도움을 받을 수 있다.

〈표 4-1〉 **종합진단 비교표**

진단내용	본인 진단점수	팀 진단점수	타인 진단점수			본인–타인 최대 차이
			상 사	동 료	부 하	
자기신뢰도						

- 본인과 타인 간의 점수 차이가 클수록 원인을 잘 점검하고 개선할 필요성이 있다.
- 보다 신뢰성 있는 평가를 원한다면 진단표에 제시된 문답 중에서 자신이 더욱 개선되기 위해 노력해야 하는 항목을 조직(집, 학교, 공동체, 직장)에서 가장 신뢰하는 사람이나 정직한 피드백을 줄 것 같은 사람을 선정하여 경청한다.

04 내가 할 수 있는 서번트 활동은?

21세기는 리더가 부하들보다 우월한 위치에서 이끄는 시대가 아니다. 리더가 열린 마음으로 부하들의 의견을 경청하고, 그들의 성장을 위해 노력하고 헌신하며, 부하들과 함께 더 나은 공동체를 만들어 가는 서번트 리더십이 요구되는 시대이다. 부드러운 힘이 세상을 바꾸는 것이다.

가장 균형 잡힌 직업관은 자기 능력의 70%는 돈을 받으면서 가족을 위해 사용하고, 10%는 자기계발(독서, 여행, 운동 등)을 위해 사용하고, 10%는 무료 자원봉사(임대아파트 주민, 재소자, 군부대, 복지회관)로, 10%는 내 돈을 직접 쓰면서 하는 것(기부)이다. 우리는 돈이 없어도 '나눔' 운동이나 어려운 이웃을 찾아가 친구가 되어준다거나, 어린 청소년을 위해 공부를 가르쳐 줄 수도 있다. 여러분의 생각과 행동이 단 한 번이라도 일치한다면 이런 실천이 그 다음부터는 아주 쉬워진다. 봉사에 대한 나의 생각과 내가 할 수 있는 봉사는 무엇이 있을까? 적어보고 서번트 리더십을 발휘할 수 있는 리더의 기본 덕목을 직접 실천해 보라.

[보기] 내가 할 수 있는 서번트 활동
결식아동 도시락 배달, 노인정 청소, 근처 산에 가서 쓰레기 줍기, 후원금 내기

05 파워 리더는 누구인가?

당신의 조직을 움직이는 '파워 스타'는 과연 누구인가? 리더십의 핵심은 영향력에 있다는 것은 거의 상식처럼 되었다. 그런데 막상 자기 자신을 영향력 있는 리더로 만들어 간다는 것이 그리 쉽지가 않다. 기업 · 학교 · 국가에서 어떤 리더십을 가진 지도자를 만나느냐에 따라 자신의 모습이 크게 달라진다는 것을 우리는 잘 알고 있다. 자신이 속해 있는 조직의 스타와 당신에게 강력하게 영향력을 끼친 '파워 리더'에 대해 생각해 보는 시간이다. 잘 생각해 보라.

아래 기록해 보고 자신의 내용 중 2~3가지만 서로 소개한다. 소통과정을 마쳤으면 이 프로그램을 통해서 느낀 점을 서로 토의하라.

(1) 내 주변의 파워 리더, 그는 누구이며 당신과는 어떤 관계인가?

(2) 내 주변의 '파워 리더' 그 사람은 당신을 어떻게 대하였는가?

(3) 그 사람은 당신 자신에 대해 어떻게 생각하고 있을 것 같은가?

(4) 지금 당신은 그 사람의 리더십에 대해 어떻게 생각하는가?

(5) 그 사람이 그렇게 행동한 이유는 무엇인가?

06 당신이 리더로 선출될 가능성은?

21세기 현대인들은 수많은 인간관계와 소통으로 연결되어 있음에도 불구하고 오히려 외로움과 고립감을 느끼고 있다. 우리 시대가 요구하는 것은 새로운 개념의 리더십도 중요하지만, 이미 알고 있는 개념에서도 충분히 찾을 수 있다. 즉, 세련된 '신세대' 리더가 아니라 성실하고, 선하고, 겸손하고, 믿을 수 있는 리더가 필요하다. 그러나 오늘날 명성(名聲)은 과대평가되고 신뢰(信賴)는 과소평가되었다. 위대한 리더의 인간관계도 그 시작은 사소한 것이었다.

자신이 다른 사람과 마음을 열고 신뢰를 쌓았던 경험을 떠올려 본다면 단지 빼어난 외모나 세련된 매너, 뛰어난 커뮤니케이션 능력을 보인다고 해서 마음이 열리지 않는다는 사실을 알게 될 것이다.

사람의 마음을 얻는 데는 특별한 법칙이 있는 것이 아니다. 다른 사람들의 사소한 이야기를 기억해 주고, 공유할 수 있는 추억을 만들고, 다른 사람들의 꿈을 응원하고, 누구나 알고 있지만 평소에 잊고 지내거나, 너무 사소하다고 생각해서 간과해 버린 사소한 말과 행동의 차이에서 사람의 마음이 움직이는 것이다. 여기에서 사람들은 마음의 빗장을 풀게 되고 바로 이것이 신뢰를 구축하고 마음과 마음을 연결시켜 주는 고리가 되는 것이다.

아래 기록해 보고 서로 자신의 내용을 발표하고 분석해 본다. 소통과정을 마쳤으면 이 프로그램을 통해서 느낀 점을 서로 토의하라.

(1) 만약에 당신의 부하(후배)들이 스스로 리더를 선출할 수 있다면, 그들이 원하는 리더의 자질은 어떤 것이겠는가?

(2) 그들이 당신을 리더로 선출할 가능성은?

(3) 누가 당신을 따르기로 선택한다면 그 이유는 무엇일까?

07 '천사놀이' 하기

살면서 타인에게 큰 도움을 준 적이 있는가? 필자는 '천사놀이'를 꾸준히 해보기를 권한다. 인간관계 속에서 우리 자신은 독립된 존재가 아니라 서로를 이해하고 도와주는 상호관계에 있다. 인간은 의존적인 인간, 독립적인 인간, 상호 의존적인 인간이 있다고 한다. 누구도 도움 없이 살 수는 없고 도움만 받고 살아가는 법도 없다. 도움을 주고받으면서 끊임없이 반복되는 것이 평범하고 바람직한 삶의 형태이다.

그렇지만 도와줄 수 있는 환경에 있을 때에 다른 사람을 돕지 않는 것은 바람직하지 못한 삶의 자세이다. 하늘의 천사처럼 웃어주고, 천사처럼 자신보다는 타인을 위해 배려할 줄 알고, 역경에 처한 누군가를 위해 오늘도 두 손 모아 기도해 주는 착한 마음을 지니기를 바란다. 타인에게 예쁜 '천사의 날개'를 달아주어라. 이 과정을 통해서 자신이 다른 사람의 필요에 도움을 줄 수 있는 사람이라는 것을 새삼 느끼게 되었으면 한다.

아래 기록해 보고 자신의 내용 중 2~3가지만 서로 소개한다. 소통과정을 마쳤으면 이 프로그램을 통해서 느낀 점을 서로 토의하라.

(1) 자신과의 만남이나 술자리(커피타임)를 필요로 하는 사람

번 호	이 름	이 유	순 위
1			
2			
3			

(2) 자신의 카톡이나 문자를 기다리는 사람

번 호	이 름	이 유	순 위
1			
2			
3			

(3) 자신의 기도가 필요한 사람

번 호	이 름	이 유	순 위
1			
2			
3			

08 교육자가 갖추어야 할 정신

최근 강사나 교육자로 활동하는 사람이 아주 많아졌다. 하지만 교육자와 강사의 길은 특별하다. 리더인 듯 리더가 아닌, 갑인 듯 갑이 아닌 애매한 위치다. 그래서 강사의 길은 수행과 단련, 두려운 만남의 설렘과 수많은 이별을 수반하는 길고 고된 길이다. 천금의 수입이 있는 것도 아니고, 만금을 남에게 베풀 수 있는 직업도 아니다.

그러나 필자는 많은 것을 얻었다. 그리고 나누어 주었다. 그래서 보람을 느끼며 행복하게 살고 있다. 강의에서 얻은 것은 인간에 대한 이해와 삶의 소중함이고, 나누어 준 것은 작은 배려였다. 비록 그 크기는 만족할 만한 것이 못 될지라도 사람의 참 모습, 삶의 진정한 모습을 배우고 얻었다.

필자가 강단에서 강의하는 동안 오히려 수강생들은 더 많은 것을 피드백해 준다. 그래서 갈수록 수강생이 두려우면서도 존중하게 된다. 강단에 오르기 직전, 목이 타들어 가는 목마름과 함께 동반해 오는 긴장감과 설렘, 그것은 해가 갈수록 더 크고 깊어져 간다.

오늘의 수강대상은 누구이며, 무엇을 하는 사람이며, 무엇을 얻고자 하는 사람들일까? 무엇으로 오프닝을 할까? 걱정하면서 단상에 오르지만 끝나고 나면 안도감과 함께 감사의 희열이 넘친다. 마치 경건한 기도 후에 얻는 환희를 경험한다. 강사의 길로 들어선 분에게 다음과 같은 자기진단과 태도로 임하기를 조심스럽게 권한다.

1) 자신의 단점을 정확히 파악하고 부족한 것을 채워라

기본적으로 자신의 단점을 분석하고 보완해야 한다. '뭐~ 이 정도면…' 하고 강의를 잘 하는 것으로 착각하는 사람이 있다. 어느 누구도 "당신은 ~를 못하는군요"라고 말해주지 않는다. 따라서 스스로 냉정히 체크해야 한다. 즉,

대화할 때 드러나는 잘못된 습관은 혹시 없는지 주변에 나를 가장 잘 알고 있는 친구와 선배에게 진지하게 물어보면 의외로 솔직한 답변을 얻을 수 있다.

동시에 깔끔하고 단정한 외모가 중요하다. 유행도 좋고 예쁜 것도 좋지만 기본적으로 깔끔하고 단정한 외모 관리는 의외로 중요하다. 예를 들면, 주요 부위가 드러나는 과감한 '노출 패션'과 관리에 소홀한 뚱뚱한 모습은 좋은 이미지를 주기 어렵다. 뛰어난 화장술보다 더 매력적이고 부러운 것은 깨끗한 피부와 머릿결이라는 것을 여성 강사라면 누구나 잘 알고 있을 것이다. 그러므로 일단 자신에 대해 정확히 파악하고 부족한 점을 채워라.

2) 닮고 싶은 모델을 벤치마킹하고 습득하라

자신의 이상형인 '모델'을 정해 분석한다. 잘 알려진 공인(公人), 연예인 가운데 자신이 닮고 싶은 모델이 있을 수도 있고, 위대한 위인 중에도 있을 것이다. 평소 TV를 통해 그 사람의 헤어스타일, 옷차림 등을 살펴보고 자신이 소화할 수 있는 것부터 하나하나 배워나간다. 이때 더욱 중요한 것은 전체적인 인상이다. 그가 지닌 액세서리나 명품 핸드백이 아닌 그 사람의 전체적인 이미지와 사람을 대하는 태도나 세련된 말투 등을 먼저 보고 습득하라.

3) 공부! 길은 책 속에 있다

많이 읽어라. 읽어야 무엇인가 발견할 수 있다. 심지어 수련이나 명상도 무언가 머릿속에 지식이 있어야 가능하다. 강사가 목청 높여도 "강의가 도대체 무슨 내용인지 모르겠다"라는 말을 듣는다면 그것은 강사 스스로 내용을 모르고 하거나, 주제를 벗어나 횡설수설했기 때문이다.

21세기 신언서판에서 강조하는 바는, 내면을 가꾸는 데 가장 효과적인 방법은 '부지런한 독서'이다. 책을 통해 일과 관련된 다양한 지식과 정보를 습득하고 깊은 지혜도 얻을 수 있다. 오늘부터 약속장소를 서점으로 정하면 독서의 기회가 좀 더 늘어나지 않을까? 한 번은 시집 코너, 또 한 번은 베스트셀러 코너 등으로 돌아가며 약속을 정하는 것도 좋다. 특히 자주 지각하는 사람과의 약속은 반드시 서점에서 하면 좋다.

일주일에 한 권 이상의 책을 읽어야 한다. 밥을 먹듯이 책을 먹어야 한다. 얄팍한 몇 줄의 학식으로 절대로 강단에 나서지 마라! 경험도 없이 리더십 강의를 하거나, 몇 시간의 교육을 받고 행동심리(DiSC, 에니어그램, TA)강의를 하는 강사를 볼 때 교육의 허상을 느낄 수 있었다. 항상 자기경험이나 진행하는 이야기와 관련된 사례 등을 중심으로 생동감 있게 이야기를 전개하라.

석사, 박사학위는 없어도 좋다. 책만은 부지런히 읽고 연구해야 한다. 진정한 리더(leader)가 되고 싶다면 먼저 리더(reader)가 되라! 독서는 절대 나를 배신하지 않는다. "답은 현장에 있고, 길은 책 속에 있다!"

4) 절박감과 진지함을 함께 지녀라

미국 교육학자 브루너(Jerome S. Bruner)는 명품 강사가 되기 위해 세 가지가 필요하다고 했다. 첫째, 가르치는 일 자체를 좋아해야 한다. 둘째, 학생들을 좋아해야 한다. 셋째, 자기가 가르치려는 과목이 미치도록 좋아야 한다. 그러나 이것은 어디까지나 교육과정의 원칙에 불과하다. 그에 더하여 열정과 전문성을 겸비한 프로패셔널이어야 한다.

어둠 속에서 바늘귀에 실을 꿰듯이, 호랑이가 토끼를 잡듯이 그런 진지함과 절박함으로 나서야 한다. 과연 나 자신은 얼마나 열정적인 강사인가를 자문을 해보라. '레저형' 강사, '생계형' 강사보다 '명품' 강사가 되어야 한다.

5) 자기만의 브랜드를 창조하라

목소리만 높이 외친다고 좋은 것이 아니다. 목소리(음색, 음량, 톤), 제스처, 옷차림, 눈빛, 표정까지 남과는 다른 차원, 그러면서도 전혀 거부감이 없는 그런 자세를 지녀야 한다. 그래서 연기술, 대화법, 설득의 기법, 화술, 교수법, 기도법, 낭송법, 노래하는 법, 침묵하는 법까지 총동원해 나름대로 소화한 창의적 교수법이 절대로 필요하다.

그동안 나는 겉으로만 보이는 이미지에만 시간과 노력을 투자하고 있었던 것은 아닌지 한번쯤 생각해 보자. 그와 반대로 외적인 이미지를 너무 가식적이라 생각하고 무심하게 소홀했던 강사 역시 성공하기는 어렵다. 결국 내적인 것과 외적인 것 두 가지가 잘 조화되어야만 말 그대로 균형 잡힌 삶이 이루어지고 자신이 원하는 리더십 명강사의 이미지가 완성될 것이다.

09 영원히 살아남는 건강한 교육자가 되려면?

리얼리티가 대세인 요즘 순발력이 인기와 성공을 좌지우지하는 세상이 되었다. 그러나 무언가 끊임없이 새로운 것을 창조해야 한다는 것은 생각만으로도 압박과 스트레스의 원인이 된다. 조용필과 서태지도 그 창조의 고통이 너무 커서 모든 인기를 뒤로하고 은퇴를 했고, 다시 자신의 음악을 들고 나오기까지 많은 재충전의 시간이 필요했을 것이다. <호랑나비> 한 곡으로 승부했던 김흥국이라는 가수가 있었다. 그 가수는 오로지 한 곡으로 기억되는 가수였다. 가수는 똑같은 노래를 해도 욕먹지 않으니 얼마나 좋은가?라고 개그맨들은 푸념한다.

한 한기 16주 동안 강의를 맡은 대학교 강의의 경우는 다르겠지만 몇 시간 사이에 콘텐츠를 전달해야 하는 특강강사나 산업강사의 입장에서는 깊이 있는 정보를 제공하기 위해 시간이 부족하다. 그렇다고 얄팍한 정보를 잘못 전달했다가는 '노력하지 않고 다 아는 이야기만 하는' 강사로 낙인찍히기에 딱 좋은 상황이다. 하물며 한 번 좋은 강의를 들었어도 다음 강의에서 똑같은 이야기를 하는 순간 곧 흥미를 잃어버리는 것이 청중이다. 그래서 굵고 길게 명성을 유지하기 위해 강사는 끝없는 노력이 요구된다.

세상에 넘쳐나는 정보들 중에서 유의미한 것은 골라내고 이를 체계적으로 축적하기 위해 무엇보다도 '세상에 대한 질문과 관심'이 필요함을 느끼게 되었다. 질문하지 않는 사람에게 세상은 답을 주지 않는다. 강의를 듣다 보면 파워포인트를 제대로 스킵하지 못해 우왕좌왕하는 경우를 본다. 자신이 가지고 있는 정보를 모듈화하고 체계화하지 않는다면, 아무리 잘 만든 파워포인트 자료라도 1회성 자료에 그칠 뿐이다.

잘 짜여진 시나리오에 따라 사용된 자료라도 그것을 작성할 때마다 모듈화해 두지 않으면 나중에는 검색이나 이용이 불가능한 자료가 되고 만다. 어쩌면 세상에 대한 질문과 그에 따른 노력과 반복을 통해 성장해 가는 것이 영원히 살아남는 강사가 되는 지름길이다. 자신이 살아남기 위해 무의미한 가벼운 정보를 전하는 강사가 아니라, 자신에게 넘쳐나는 정보를 청중에게 전하기 위한 열정 넘치는 강사가 된다면 어느 누가 그런 명강사를 초빙하지 않겠는가?

그런데 최근 명강사 타이틀이 남발되고 있다. K대학교와 E대학교를 비롯하여 대학교 평생교육원, 협회 등에서 명강사 과정이 우후죽순 생기면서 '명강사' 칭호를 붙힌 '타이틀 장사'가 흥행 중이다. 그런 장삿속에 놀아나 그 과정을 마쳤거나 또는 명강사 타이틀을 획득했다고 자기가 명강사인 줄 착각하여 강사시장에 오는 사람들이 많다. 그들은 자신의 강의내용이 좋은 줄 안다. 강사시장은 냉정하고 정확하다.

이런 사람일수록 "강의에 깊은 감동을 받았습니다"라는 말이 진짜인 줄 믿는다. 사실일 수도 있지만 대부분 강사 앞에서 별로 할 말이 없을 때 써먹는 립서비스가 바로 이 말이다. 역으로 매번 냉정히 스스로를 돌아보고 청중으로부터 멸시당하거나 조롱의 대상이 되는 일이 없도록 뼈를 깎는 듯한 노력을 기울여야 한다.

PART

03

언(言) : 스피치 · 경청 · 협상

큰 뜻을 품고 살아가는 사람이
졸장부에 의해 쓰러지는 수도 있다.
그래도 가슴에 큰 뜻을 품고 살아라.

The biggest men and women with the biggest ideas
can be shot down by the smallest men
and women with the smallest minds. Think big anyway.

– 역설적인 지도자 십계명, 켄트 키스(Kent M. Keith) –

CHAPTER

05

스피치 · 말솜씨 · 유머

보통 사람들은 약자를 선호하면서도
강자를 따른다.
그래도 소수의 약자 편에 서서 투쟁하라.
People favor underdogs
but follow only top dogs.
Fight for a few underdogs anyway.
– 역설적인 지도자 십계명, 켄트 키스(Kent M. Keith) –

01 리더의 감성 스피치

뛰어난 말솜씨가 리더의 자격이라는 인식이 확산되면서 스피치 훈련을 받는 사람들이 늘고 있다. 대기업에서는 개인의 스피치 능력 향상을 도모하기 위해 각종 교육 프로그램을 운영하고 있다. 지금 우리 사회에서 리더의 스피치 능력이 중요해지고 있음을 알 수 있다. 리더의 말 한마디가 조직을 살리는 불씨가 되기도 하지만 조직을 실패로 이끄는 빌미가 되기도 한다.

기본적인 언변은 갖추고 있어야 한다. 물론 실력은 없으면서 말솜씨만 좋은 것은 리더십 구축에 전혀 도움이 되지 못한다. 한 분야에서 전문가라는 평을 들을 정도로 전문능력을 쌓은 후 그것을 말로써 잘 전달하고 부하들을 이끌 수 있는 사람이 참다운 리더라고 할 수 있다.

특히 말은 그 자체가 살아 있는 생명체나 다름없기 때문에 이를 활자로 옮겨 평가할 때는 신중할 필요가 있다. 진정한 리더라면, '미사고'에서 좋은 성적을 받아야 한다. 즉, "미안합니다", "사랑합니다", "고맙습니다"라는 언어를 잘 사용해야 한다. 마음을 움직이는 말, 리더의 '감성 스피치'가 점점 중요한 가치로 부각되고 있다.

자신의 스피치에 대해 체크해 보라[아니다(1점), 가끔 그렇다(2점), 자주 그렇다(3점), 거의 항상 그렇다(4점)]. 100점 만점으로 90점 이상이면 매우 훌륭한 스피커이고 50점 이하는 낙제 점수이다. 자신의 연설장면을 비디오로 촬영한 후 피드백하면 매우 효과적이다.

	리더의 스피치 수준 ('나의 상사는~' or '나의 동료는~')	Check 아니다 - 항상 그렇다
1	나는 사람들 앞에서 말할 때 부정적인 생각은 피한다.	1 2 3 4
2	나는 여러 사람 앞에서 말할 때 편안하다.	1 2 3 4
3	말은 천천히 또박또박 크게 말한다.	1 2 3 4
4	녹음을 하면서 큰 소리로 여러 번 연습한다.	1 2 3 4
5	말은 간결하고 짧게 하는 편이다.	1 2 3 4
6	말하는 동안 목소리가 안정적이고 떨리지 않는다.	1 2 3 4
7	말하는 동안 몸이 긴장되지 않는다.	1 2 3 4
8	미리 발표 연습을 큰 소리로 한다.	1 2 3 4
9	발표 전 준비는 안심이 될 정도로 충분히 하는 편이다.	1 2 3 4
10	발표의 완급을 조절한다.	1 2 3 4
11	발표 시 보조물, 소품을 가끔 사용한다.	1 2 3 4
12	발표하는 동안 청중의 행동을 잘 조절하여 살핀다.	1 2 3 4
13	번호를 제시한다.	1 2 3 4
14	상황에 맞춰 목소리 크기를 조절한다.	1 2 3 4
15	시각자료는 단순하고 읽기 쉽게 준비한다.	1 2 3 4
16	요점을 정리하고 기억하기 위한 메모노트를 이용한다.	1 2 3 4
17	요점정리를 하고 강조하는 데 시각자료를 이용한다.	1 2 3 4
18	때와 장소에 따라 의상에 신경을 쓴다.	1 2 3 4
19	자연스러운 제스처를 사용한다.	1 2 3 4
20	질문을 예상하고 답변을 연습한다.	1 2 3 4
21	청중과 눈길을 자주 마주치려 한다.	1 2 3 4
22	청중과 상호작용을 끌어낸다.	1 2 3 4
23	청중의 주의를 집중시키며 시작한다.	1 2 3 4
24	표현과 강조를 위해 목소리를 변화시키며 다양한 구사를 시도한다.	1 2 3 4
25	허용된 시간을 잘 지킨다.	1 2 3 4
관련 의견		

〈표 5-1〉 종합진단 비교표

진단내용	본인 진단점수	팀 진단점수	타인 진단점수			본인–타인 최대 차이
			상 사	동 료	부 하	

- 본인과 타인 간의 점수 차이가 클수록 원인을 잘 점검하고 개선할 필요성이 있다.
- 보다 신뢰성 있는 평가를 원한다면 진단표에 제시된 문답 중에서 자신이 더욱 개선되기 위해 노력해야 하는 항목을 조직(집, 학교, 공동체, 직장)에서 가장 신뢰하는 사람이나 정직한 피드백을 줄 것 같은 사람을 선정하여 경청한다.

결과 분석

(1) 95점 이상 : 사람들 앞에서나 거울 앞에서 일관되게 안정되고 자연스러운 스피치를 할 수 있다.
(2) 90점 이상~95점 미만 : 내용에 맞는 적절한 제스처 사용까지 가능하다.
(3) 80점 이상~90점 미만 : 발표내용에 맞춰 적절한 미소와 표정연출이 가능하다.
(4) 70점 이상~80점 미만 : 거울 속의 나와 눈 맞춤이 가능하다.
(5) 60점 이상~70점 미만 : 얼굴을 쳐다보며 말할 수 있다.
(6) 60점 이하 : 내 얼굴을 똑바로 쳐다볼 수가 없다.

02 훌륭한 스피치의 요소

연말과 새해가 되면 스피커들의 '입'이 바빠지기 시작한다. 결산 보고회, 종무식, 시무식, 전략 세미나 등이 연속적으로 열리기 때문이다. 이런 장소에 반드시 등장하는 단골 메뉴가 바로 '한 말씀'이다. 새해가 시작되면 리더는 제대로 한마디를 해야겠다고 다짐한다. 그러나 불경기에 '굿 뉴스'가 없을 때는 직원들 앞에 나서는 리더의 입이 얼어붙기 마련이다.

그런데 무슨 이야기부터 해야 하나? 막상 스피치를 해야겠다고 마음먹으니 고민되는 점이 많다. 조직상황을 솔직하게 말해야 할까? 하지만 너무 비관적인 이야기만 하면 힘이 더 빠지는 건 아닐까? 사람들에게 당부하고 싶은 것들이 있지만, 이것까지 일일이 이야기해야 할까? 잔소리로 들리지는 않을까? 아~! 어렵다 어려워! 머리 아프다.

"경기가 어려우니 내년부터 좀 더 열심히 하자!" 이런 '뻔한 얘기'를 해야 할까? 그렇다고 직원들 앞에서 '한 말씀'을 안 할 수도 없다. 사람들의 마음을 단번에 휘어잡을 수 있는 스피치의 비법은 없을까? 연설에서 당장 활용할 수 있는 '스피치의 네 가지 원리'를 사례를 통해 알아보자. 사람들 앞에서 '한 말씀'을 하고자 할 때, 다음과 같은 네 가지 원리만 활용한다면 얼마든지 훌륭한 스피치를 할 수 있다.

1) 비전을 제시하라

좋은 스피치들을 자세히 들어보면 하나의 공통점을 발견할 수 있다. 바로 비전(vision)이 녹아들어 있다는 점이다. 그렇다면 비전이란 무엇인가? 한마디로 '꿈' 또는 '정말로 간절히 원하는 무엇'이다. '비전'이란 달성 가능하며 구체적일수록 좋다. 또한 현재의 어두운 모습과 대비되는 밝은 미래를 제시한다면 스피치의 효과는 더욱 커진다. 유명한 마틴 루터 킹(Martin Luther King) 목사의 연설 '나에게는 꿈이 있다(I have a dream)'의 일부를 살펴보자.

> "나에게는 꿈이 있다. 언젠가는 조지아 주의 붉은 언덕 위에서 노예의 후손들과 노예를 부렸던 사람들의 후손들이 형제의 식탁 위에서 함께 자리할 수 있을 것이라는 꿈이 있다.
> 나에게는 꿈이 있다. 언젠가는 나의 네 명의 어린 아이들이 피부 색깔이 아니라,
> 이들 각자의 성격으로 판단되는 그런 나라에서 살게 될 것이라는 꿈이 있다."

킹이 꿈꾸는 '비전'의 모습이 생생히 그려지지 않는가? 미식축구를 소재로 한 영화 <Any Given Sunday>에는 유명한 장면이 있다. 마이애미 샤크팀의 코치인 알 파치노(다마토 역)가 결전을 앞두고 대기실에서 선수들의 투쟁심을 북돋워 주는 장면이다. 그는 이렇게 말한다.

> "3분 후에 우리의 프로생활에서 가장 큰 전투가 벌어진다. 모든 게 오늘 결판나고,
> 우리가 온전한 팀으로 소생하든가 부서지든가의 기로다. 매 접전 시 1인치씩 밀리면 끝장난다.
> 우린 지금 지옥에 와 있다. 여기에 머물러 있으면서 굴욕적으로 패배하든가
> 아니면 싸워서 광명을 얻어 지옥에서 올라올 수 있다.(후략)"

힘 있는 그의 이야기는 선수들의 투지에 불을 지피게 되고 팀은 승리한다. 탁월한 리더가 되고자 꿈꾸는 당신이라면 사람들에게 어떤 '비전'을 보여줄 것인가? 이들은 무엇보다 자신이 다니는 조직이 성공하길 원할 것이다. 그로 인해 자신도 자랑스러움을 느끼고, 보상을 받기도 원할 것이다. 비전과 꿈이 없는 사람은 에너지가 없으며, 꿈이 없는 스피치로는 결코 다른 사람의 마음을 움직일 수 없다.

2) 비전에 이르는 방법을 제시하라

멋진 비전을 제시하는 것만으로는 사람들의 행동을 변화시키기 어렵다. 목표가 될 만한 '별'을 보여주었다면, 함께 그곳까지 도달할 수 있도록 '사다리'를 놓아 주어야 한다. 결국 두 번째 원칙은 '비전'에 이를 수 있는 '방법 제시(how-to)'다. 방법 제시는 구체적일수록 좋다. "꿈에 날짜를 붙이면 목표가 된다. 목표를 쪼개면 계획이 된다. 그 계획을 실행하면 현실이 된다"라는 유명한 말이 있다. 다시 말해, '꿈'에 이르는 길이 구체적으로 제시되면 될수록 실현 가능성은 높아진다는 뜻이다. 지구 온난화 해소에 앞장서고 있는 전 미국 부통령 앨 고어(Al Gore)는 지구를 위해 다음과 같은 것들을 제안했다.

> "에너지 효율이 높은 가전제품과 전구를 사용하자. 냉난방 기구의 온도계를 조절하고, 하이브리드 카를 구입하자. 가능하면 걷거나 자전거를 타고 대중교통 수단을 활용하자. 이런 것들을 실천한다면 대기를 오염시키는 온난화 유발 물질을 줄여 1970년대 수준 이하로 공해를 줄일 수 있다."

이처럼 구체적인 방법은 비전을 더욱 현실적으로 만들어 준다.

3) 자신감을 부여하라

꿈을 설정하고 사다리를 마련했다면 다음은 자신감이다. 자신감은 행동 변화의 엔진이다. 청중들에게 '할 수 있다'는 '자신감(confidence)'을 부여해 주는 것은 '행동의 변화'라는 자동차에 가속도를 붙이는 것과도 같다. 대공황으로 미국 전체가 엄청난 혼란에 빠졌던 1933년 3월 4일 미국의 32대 대통령으로 취임한 루스벨트(Franklin Roosevelt)는 자신의 첫 취임식 날 다음과 같은 유명한 연설을 남겼다.

> "우리가 유일하게 두려워해야 할 것은 두려움 자체다. 두려움은 퇴보를 전진으로 변화시키는 데 필요한 노력을 마비시키는 놈이다. 그것은 이름도 없고, 합리적이지도 않으며 정당하지 못한 테러와도 같다. 우리나라는 국가 위기에 처할 때마다 정직하고 강력한 지도자와 그를 지지하고 신뢰하는 국민들이 함께 힘을 합쳐 승리를 일궈냈다. 나는 지금처럼 어려운 시기에 국민 여러분께서 다시 한번 지지와 신뢰를 던져주실 것이라고 확신한다."

그의 연설은 좌절에 빠졌던 미국인들에게 성공에 대한 확신과 희망을 심어주었고, 미국이 공황의 늪을 벗어나 팍스 아메리카나(Pax Americana)의 기틀을 다지는 주문이 되었다. 리더의 스피치에서 역사를 활용하는 것도 좋은 방법이다. 어떤 조직도 크든 작든 어려움을 이겨낸 경험을 하나쯤은 가지고 있기 때문이다. 이런 경험은 스피치의 좋은 소재가 된다.[1] '우리는 할 수 있다(Yes, We Can!).' 경제 위기와 분열로 어깨를 움츠린 미국 국민들을 향한 오바마(Barack Obama) 대통령이 2007년 대선에서 던진 메시지다. 어려운 시기에 '할 수 있다'는 지도자의 메시지는 사람들에게 힘을 불어넣어 준다. 자신감은 행동을 바꾸기 위한 최고의 에너지이기 때문이다.

4) 스토리텔링으로 터치하라

같은 원료를 가지고도 요리방법에 따라 그 맛은 천차만별이다. 앞에서 말한 세 가지 원리를 더욱 맛있게 요리하여 귀에 쏙쏙 들어오게 하는 비결이 있다. 바로 '스토리텔링(storytelling)'을 활용하는 것이다. 애플(Apple)의 잡스(Steve Jobs)는 스피치의 고수였다. 그가 지난 2005년 스탠퍼드대학교 졸업식에서 했던 축사는 많은 사람을 감동시킨 명연설로 기억되고 있다. 그가 전한 메시지는 다음과 같다.

---

1 스피치의 소재는 호기심과 관심, 많이 사귀는 사람, 메모, 신문, 책, 취미, 자신의 경험담 등에서 구할 수 있다.

첫째, 지금 당신이 하는 일에 믿음을 가지고 현재에 충실할 것
둘째, 진짜 좋아하는 일을 찾을 것
셋째, 용기를 가질 것

그가 이렇게 '뻔한' 메시지를 가지고 사람들을 감동시킨 비결도 바로 스토리텔링이었다. 갓난아기 때 입양되었던 사연부터 대학에서 자퇴한 이야기, 자신이 세운 조직 애플에서 해고당했던 아픈 기억, 암 선고를 받았던 충격에 이르기까지 마치 한 편의 영화를 보는 듯했다. 그의 인생 이야기에 청중은 숨죽이고 그에게 귀 기울였다.

잡스처럼 극적인 요소가 없더라도 솔직하게 자신의 경험과 고민을 나눈다면 누구나 훌륭한 이야기꾼이 될 수 있다. 주위에서도 쉽게 소재를 찾을 수 있다. 인간의 근육 중에 가장 강력한 힘을 가진 근육은 무엇일까? 답은 아마도 '혀'일 것이다. 한마디의 말이 사람을 죽이고 살리는 경우를 우리는 수없이 보지 않았는가? 리더의 스피치는 그래서 중요하다. 그의 말 한마디에 사람들의 사기는 천당과 지옥을 오갈 수 있기 때문이다.

03 김제동, 강호동, 유재석의 스피치 비교

필자가 선호하는 TV프로는 영국의 프리미엄 축구중계 다음으로 김제동, 강호동, 유재석, 이금희가 나오는 프로그램이다. 그리고 엄앵란, 이경제가 나오는 동치미와 같은 토크쇼 프로다. 필자는 이들의 스피치 능력과 삶의 스토리에 관심이 많았다. 그래서 본방은 못보지만 하루의 피로를 풀기 위해 가끔씩 이런 프로를 다운받거나 '다시 보기'를 통해 그들의 이야기에 심취한다.

이들의 프로를 가만히 보면 예능 프로그램에 스피치는 매우 중요한데, 진행방식은 집단(팀)으로 진행된다. 메인 MC 한두 명이 프로그램을 진행하던 방

식은 이제 구식 버전이 되었다. 점차 MC의 숫자가 늘어나 5, 6명씩 프로그램을 이끌기도 한다. 모두가 MC인 것 같지만 그 안에는 엄연히 질서가 존재한다. 그 질서를 이끄는 이들이 바로 이들이다.

자칫 산만하게 흐르기 쉬운 프로그램은 김제동, 강호동, 유재석, 신동엽, 이경규와 같은 명MC의 '원격 조정'에 의해 유기적으로 움직인다. 예능 프로그램에 출연하는 개성 강한 모래알, 아니 '자갈' 같은 출연자들을 이끌어 커다란 웃음을 만들어 내는 재주, 그것이 바로 스피치 능력이다. 그런데 MC의 스피치와 진행방식에는 뚜렷이 비교되는 특징이 있다. 김제동, 강호동과 유재석을 대상으로 그들 3인의 스피치 능력을 비교해 보고자 한다.

출처 : 김재득(2012). 리더십, pp. 367-370 재수정.

1) 김제동의 스피치

필자는 JTBC 일요일 오후 9시 40분에 방송하는 김제동 진행의 <김제동의 톡투유 – 걱정 말아요 그대>를 방청한 적이 있다.

대구 출신인 김제동에 대한 이미지는 오버하지 않으면서도 명랑한 이웃집 오빠와 같은 서글서글함에서 배어나오는 진솔한 눈웃음이다(눈이 진짜 작다). 못생겼고, 관상도 크게 좋지는 않다(본인의 고백이라 그대로 적었다). 그러나 항상 소탈한 말솜씨와 객석과 상황에 맞는 적절한 애드립으로 관객을 압도한다. 그는 차분히 조곤조곤 말하면서도 빼놓지 않고 자신이 말하고자 하는 내용을 전달한다.

김제동에게서 뿜어져 나오는 건강한 웃음은 상대방을 깎아내리기보다는 자기 자신을 낮춤으로써 웃음을 선사한다. 그는 예상할 수 없는 멘트로 청중에게 웃음을 선사한다. 그가 말을 잘한다는 것은 바로 이런 것에서 나타난다. 그때그때 상황에 꼭 맞는 멘트를 날린다. 그렇다면 김제동이 지금처럼 최고의 자리에 올라올 수 있었던 비결은 무엇일까?

그는 공감하는 이야기를 만들어 내기 위해 매일 다섯 종류의 신문을 보고 볼펜으로 밑줄을 그어가며 신문을 읽는다. 그뿐만 아니라 끊임없는 사전 탐색전을 통해 자연스러운 애드리브를 만들어 낸다. 관객들 앞에 선 무대에서도 그는 관객을 이끌기보다는 스스로가 대중 속으로 뛰어들어 가 하나가 된다. “눈높이를 맞춰주고 관객들하고 자꾸 섞여야 한다. 무대와 객석이 멀면 객석에 내려가서 인터뷰하길 좋아한다. 그 자리에 모인 사람들과 사고의 높이를 같이하기 위해서다. 쉴 새 없이 관객을 무대로 끌어들이고 스스로가 관객석으로 뛰어든다. 그에 의해 무대와 관객석이 무너지고 하나가 된다.”

“독일의 속담에 이런 것이 있습니다. 금이 아름답다는 것을 알게 되면, 별이 아름답다는 것을 잊어버린다. 여러분은 아직 금의 아름다움보다는 별의 아름다움을 즐기실 나이라고 생각합니다. 오늘의 젊음 영원히 간직하시기 바랍니다”, “사랑은 택시와 같은 거죠. 함께 걸어온 길만큼 대가를 지불해야 합니다”, “우주는 존재합니다. 하지만 여러분들이 없는 우주는 존재하지 않습니다”, “앉아 있는 신사보다 서 있는 농부를 생각하는 하루 되세요.”

지나가는 휴게소의 화장실에 적힌 명언도 외우려 노력하고 필요할 때마다 그 말들을 꺼내어 쓰려는 그의 노력이 한데 모여 오늘날 ‘소통의 달인 김제동’을 만들었다. 관객과의 공감대 형성은 무대에 서기 위한 준비의 시간만이 아니다. 그는 진정으로 그들의 삶 속에서 함께하고 있는 것이다. 그래서 우리는 그의 입에서 뿜어져 나오는 심금을 울리는 한마디에 깊은 감동을 받는다. 다음은 그의 좌우명이다. “남자는 술을 마시되 취하지 아니하고, 취하되 쓰러지지 아니하고, 쓰러지되 무릎을 꿇지 않는다.”

2) 강호동의 스피치

<신서유기>와 <우리 동네 예체능>으로 다시 인기몰이 중인 강호동이 보여주는 첫인상은 일단 위압적이다. 씨름 천하장사 출신이라는 배경답게 체격

만 봐도 기가 질린다. 어쩌면 예능 프로그램에 부적합한 조건일 수도 있다. 그러나 강호동은 자신의 그런 단점을 솔선수범으로 극복했다. <놀라운 대회 스타킹>에서 강호동은 온몸을 던져 웃음을 유발한다. 자신을 모르모트로 기꺼이 내놓기도 한다. <야심만만>과 <무릎팍 도사>에서 최고의 인터뷰어가 될 수 있었던 것도 상대방과의 정서적 공감대가 있었기 때문에 가능했다. 야단법석을 떨며 분위기를 띄우는 것도 모두 까다로운 연예인의 입을 열게 하기 위한 사전 작업이다.

조직에서 이런 스타일은 현장형 스피커로 분류될 수 있다. 조직의 상층부만 관리하는 것이 아니라 말단 직원까지 어울리며 때로는 대폿잔도 기울일 줄 아는 서민적인 스피커가 강호동식 스피치 스타일이다. 자칫 현장에 너무 동화되다 보면 스피커의 본업을 잊어버리는 위험성이 있기는 하지만 강호동의 첫인상처럼 타고난 카리스마를 지니고 있다면 이것 역시 극복될 수 있다.

유재석이 '물' 같은 진행을 하는 스타일이라면 강호동은 '불'에 비유할 수 있다. 모래판을 호령한 천하장사 출신답게 강호동은 힘과 카리스마의 상징이다. 하지만 그는 경상도 사투리를 구사하면서 몸집에 어울리지 않게 귀여운 애교도 부린다. 불도저처럼 밀어붙이며 험상궂은 표정으로 상대방을 꼼짝 못하게 만들면서도 묘한 친근감을 일으키는 것이다.

이러한 진행스타일의 매력은 '무릎팍 도사'와 '1박 2일' 등의 코너에서 제대로 빛을 발했다. 아무리 스타라고 해도 무릎팍 도사 앞에 앉기만 하면 서서히 마음의 문을 열고 내밀한 속내를 차츰 드러낸다. '호동 형'의 말 한마디에 동생들(이승기, MC몽, 김C, 이수근)의 표정은 흐렸다 개었다 하기를 반복한다. 그래서 강호동의 스타일은 솔선수범형이라 할 수 있다.

3) 유재석의 스피치

'무한도전'의 일인자 유재석은 '투유 프로젝트', '동상이몽, 괜찮아 괜찮아!', '일요일이 좋다－기적의 승부사', '해피투게더 시즌 4' 등을 이끌고 있다. 유재석의 모습은 '융합형 스피커'다. 어떤 때는 누가 MC이고 누가 게스트인지 혼동될 때도 있다. 그러나 그런 속에서도 큰 흐름을 놓치는 법이 없다. 함께 출연하는 동료 MC를 돋보이게 하는 스타일이다.

유재석과 손발을 맞추기 시작한 MC들, 즉 박명수, 하하, 정준하, 정형돈, 노홍철 등은 유재석과 에너지를 주거니 받거니 하면서 '더불어 성장'했다. '무한도전'이 대상을 받을 수 있었던 것도 유재석의 걸출한 융화력에서부터 확대 해석할 수 있다.

유재석은 출연자를 최대한 배려해 주면서 상대방의 장점과 매력 등 무엇인가를 자연스럽게 끄집어 낼 줄 안다. 행여 상대방이 짓궂게 공격해 오면 넉넉한 미소를 지으며 묵묵히 받아낸다. 프로그램의 흐름을 주도하지만, 튀는 법이 없다. 있는 듯 없는 듯 다른 출연자 사이에 섞여서 분위기를 이끌어 가고, 프로그램이 나아갈 방향을 조정해 주는 선장역할을 한다. MC 유재석의 이러한 장점은 4년 2개월 동안 진행한 '진실게임'을 통해 갈고 다듬어졌으며 '무한도전'에서 만개한 듯하다.

조직에서 이런 리더를 만난다면 조직구성원은 굉장한 행운아다. 융합형 리더를 만나면 조직원들은 명령이 주는 불쾌감을 떨쳐버리고 임무를 수행할 수 있다. 즐기면서 일할 수 있는 분위기를 형성하기 때문이다.

다만, '무한도전'이 오늘날의 위치에 오르기까지 오랜 '무명'의 시간이 필요했던 것처럼 이런 리더는 자칫 효율성의 도전을 받을 수 있다. 융화가 완성단계에 이르기까지는 상당 기간이 필요하고 그 기간 동안은 상대적으로 효율성이 저하될 수 있다. 그러나 유재석은 극복했다.

MC의 진행스타일을 한단어로 표현할 길은 없다. 어느 것이 낫다는 상대적인 판단은 내릴 수가 없다. 그때그때 상황과 결과에 따라 얼마든지 다르게 해석될 수 있는 이론들이다. 그런 점에서 김제동, 강호동, 유재석 등을 통해 스피치의 모델은 상황에 따라 어떤 스피치를 어떻게 해야 하는가를 간접적으로 엿보게 된다.

분명한 것은 아무리 단체의 수장이라 해도 아랫사람 위에 군림하려고 해서는 안 된다는 것이다. 그들의 단점을 감싸안으면서 장점을 드러낼 수 있도록 넓은 가슴으로 배려해 줄 수 있어야 한다. 리더의 한 마디는 한 마디 이상의 의미를 지닌다. 조직을 살리는 비전이 되기도 하고, 혼란과 파멸로 이끄는 비수가 되기도 한다. 리더의 올바른 언어는 사람의 가슴을 울려 성과를 이끌어 내며, 더 나아가 조직을 살리고 세상을 움직인다.

하지만 '무한 배려'가 능사는 아니다. 때로는 자신의 능력을 발휘해 조직을 이끌어 가는 강력한 카리스마도 필요하다. 김제동, 강호동, 유재석 그들이 있어 예능 프로그램을 지켜보는 맛이 남다르다고 감히 말할 수 있다. 여전히 그들의 전성기가 진행될 것으로 믿는다.

04 리더의 언어와 발성연습

발성연습은 "ㅏ, ㅔ, ㅣ, ㅗ, ㅜ" 5대 모음을 최대한 입을 크게 벌려서 발음하는 것이 가장 기본이며, 최고의 지름길이다. 우리나라 말은 모음의 발음이 매우 중요하다. 아래턱을 내릴 수 있는 데까지 내리고 입은 가능하면 크게 벌린다. 이때 목에 힘을 주지 않고 자연스럽게 하면 된다.

혀끝을 의식하면서 자유로이 움직일 수 있게 한다. 위의 발음을 숨을 들여 마신 후 한꺼번에 내뱉으면서 뚝뚝 끊어 크고 굵게 내뱉는다. 소리를 삼키는 일 없이 될 수 있는 대로 내뱉도록 하며, 항상 발음을 정확하게 한다. 호흡을 잘 가다듬어 자연스러운 발음이 되도록 하며, 입 끝에서만 소리를 내는 것이 아니라 복식호흡을 염두에 두고, 깊은 곳으로부터 소리를 낸다. 발음을 바르게 내는 요령은 호흡을 충분히 하고, 목에 힘을 주지 않는다. 그리고 머리와 목구멍과 가슴의 공명을 적당한 비례로 하며, 입술과 혀와 턱을 빨리 움직이면 된다.

무엇보다 승자(winner)처럼 말하라! 적절한 억양 조절을 위한 "밥 아저씨(uncle bob)"라고 불리는 단순한 테크닉이 있다. 이 테크닉에서는 누구하고 통화를 하든지, 혹은 짜증이 섞인 말투로 전화를 받는지에 상관없이 상대방을 친근한 가족이라고 상상해 보는 것이다. 실제 친근한 관계에 있는 누군가와 통화한다고 생각하며 말을 하면, 잠재의식 속에서 보다 친근하고 자연스러운 피드백이 나온다.

스피치(speech) 능력을 향상하기 위한 몇 가지 방법들을 제시하면, 첫째 각 단어나 문장 사이에 일정한 간격을 두어 또박또박 발음한다. 문장의 각 단어 사이 일정한 유지와 간격을 두도록 한다. "뭣을"과 "무엇을"의 차이는 단어의 사이 간격이다. 정확한 발음으로 또박또박 말하는 것을 습관화한다. 또 하나의 방법은 신문을 펴놓고 띄어 쓰고, 악센트를 표시하며 글을 읽는 연습을 통해 각각의 단어를 정확히 발음하는 훈련을 한다. 이 방법은 처음에는 다소 어색하지만, 가장 빠르게 향상할 수 있는 방법 중 하나이다.

둘째, 단어의 어미와 어두의 발음을 정확히 한다. 단어의 처음 부분과 끝부분의 발음을 흐리지 않도록 한다. 예를 들어, '대단히 죄송합니다'의 '대' 발음, '전화'의 '전' 발음, 그리고 '발음'의 '발' 발음을 정확히 하여 강세를 준다. 우리나라 말은 모음의 발음을 매우 중요시한다.

셋째, 또박또박, 천천히, 정확하게, 크게, 끝까지 발음하면 리더의 스피치에서 기본기는 갖춘 격이 될 것이다.

1 발음교정 문장[2]

(1) 간장공장 공장장은 강 공장장이고, 된장공장 공장장은 공 공장장이다.
(2) 강 건너 강 공장장은 간장 공장 공장장이고 강 안 건너 공 공장장은 된장 공장 공장장이다.
(3) 강낭콩 옆 빈 콩깍지는 완두콩 깐 빈 콩깍지고, 완두콩 옆 빈 콩깍지는 강낭콩 깐 빈 콩깍지이다.
(4) 경찰청 창문 쇠 철창살은 녹슨 쇠 철창살인가, 녹 안 슨 쇠 철창살인가?

2 다음의 발성을 통해서 안 되는 부문을 집중적으로 연습한다. 처음에는 천천히 또박또박하게 시작하여 시간이 지나면서 점점 더 빠르게(입술, 혀, 턱을 최대한 사용할 것) 하면 된다.

(5) 내가 그린 그림은 새털구름 그린 그림이고, 네가 그린 구름 그림은 뭉게 구름 그린 그림이다.

(6) 남문 밖 곽씨 과수원 딸 곽 말괄량이는 동문 밖 박 주사댁 박 총각을 좋아한다.

(7) 니 붕어 알이 크냐, 내 붕어 알이 크냐?

(8) 멍멍이네 꿀꿀이는 멍멍해도 꿀꿀하고, 꿀꿀이네 멍멍이는 꿀꿀해도 멍멍하네

(9) 박범복 군은 낮 벚꽃 놀이를 다녀오고 방범목 양은 밤 벚꽃 놀이를 다녀왔다.

(10) 봄 꿀밤 단 꿀밤, 가을 꿀밤 안 단 꿀밤

(11) 상표 붙은 저 깡통은 깐 깡통인가, 안 깐 깡통인가?

(12) 이 콩깍지는 깐 콩깍지이냐, 안 깐 콩깍지이냐?

(13) 안양역 앞 약공장은 안약 약공장 양양역 앞 약국 옆 한약방은 양양 한약방이다.

(14) 앞집 아침밥 잡곡밥은 굵은 꽁보리밥이고 뒷집 저녁밥 잡곡밥은 붉은 팥 차조밥이다.

(15) 양양군 양양면 양양리 양영 양화점 주인은 양영옥 양이고, 양양군 양양면 양양리 양영 양화점 주인은 양영훈 군이다.

(16) 이 기린 그린 그림은 흰 기린 그린 그림이고, 저 기린 그린 그림은 푸른 기린 그린 그림이다.

(17) 자기야 자기는 자기가 아닌 다른 자기가 자기보고 자기라고 하면 자기는 자기라고 할 수 있어 자기?

(18) 장충단 공원 앞에 중앙당 약방 중앙당 약방 옆에 장충 당구장 장충 당구장 위에 장충당 족발집

(19) 저기 가는 저 상장사가 새 상 상장사냐 헌 상 상장사냐?

(20) 저기 가는 저 쌀장사가 새 쌀장사냐 헌 쌀장사냐?

(21) 저기 있는 말뚝이 말 맬 말뚝이냐, 말 못 맬 말뚝이냐?

(22) 저기 있는 저 분이 박 법학박사이고, 여기 있는 이분이 백 법학박사이다.

(23) 중앙청 창살 쌍 창살 경찰청 창살 외 창살

(24) 치키치키 차카차카 초코초코 초 치키치키 차카차카 초코초코 초

(25) 한양 양장점 옆 한영 양장점, 한영 양장점 옆 한양 양장점

(26) 내 얼굴 둥실둥실 무리 둥실 감자 같은 내 얼굴

(27) 도로록 드르륵 두루룩 도로록 드르륵 두루룩

(28) 뭉실뭉실 두리 뭉실 호박 같은 뭉실뭉실 두리 뭉실 호박 같은

(29) 서울특별시 특허 허가국 특허과 허가과장 허 과장

(30) 신진 샹송 가수의 신춘 샹송 쇼 신진 샹송 가수의 신춘 샹송 쇼

(31) 저기 저 뜀틀이 내가 뛸 뜀틀인가 내가 안 뛸 뜀틀인가

(32) 안 촉촉한 초코칩 나라에 살던 안 촉촉한 초코칩이 촉촉한 초코칩 나라의 촉촉한 초코칩을 보고 촉촉한 초코칩이 되고 싶어서 촉촉한 초코칩 나라에 갔는데 촉촉한 초코칩 나라의 문지기가 "넌 촉촉한 초코칩이 아니고 안 촉촉한 초코칩이니까 안 촉촉한 초코칩 나라에서 살아"라고 해서 안 촉촉한 초코칩은 촉촉한 초코칩이 되는 것을 포기하고 안 촉촉한 초코칩 나라로 돌아갔다.

2 발음 운동

1) 혀 운동

다댜 더뎌 도됴 두듀 드디

라랴 러려 로료 루류 르리

사샤 서셔 소쇼 수슈 스시

하햐 허혀 호효 후휴 흐히

2) 입술 운동

마먀 머며 모묘 무뮤 므미

바뱌 버벼 보뵤 부뷰 브비

3) 턱 운동

카캬 커켜 코쿄 쿠큐 크키

싹샤 썩셔 쏙쇽 쑥슉 쓱식

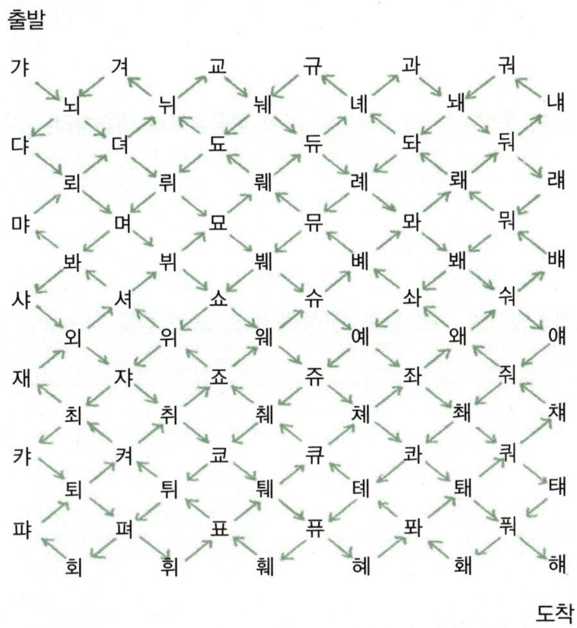

3 음성 고저 연습

1단계는 가장 작은 목소리에서 마지막 10단계는 가장 커다란 목소리로 한다.

하나 하면 하나요 (1단계) 콩 하나 콩콩

둘 하면 둘이요 (2단계) 콩 둘 콩콩

셋 하면 셋이요 (3단계) 콩 셋 콩콩

넷 하면 넷이요 (4단계) 콩 넷 콩콩

다섯 하면 다섯이요 (5단계) 콩 다섯 콩콩

여섯 하면 여섯이요 (6단계) 콩 여섯 콩콩

일곱 하면 일곱이요 (7단계) 콩 일곱 콩콩

여덟 하면 여덟이요 (8단계) 콩 여덟 콩콩

아홉 하면 아홉이요 (9단계) 콩 아홉 콩콩

열 하면 열입니다 (10단계) 콩 열 콩콩콩콩

(1) 잘 되지 않는 문장은 어느 것인가? 이제 집중적으로 연습하라!

(2) 다른 사람의 발성을 서로 듣고, 교정해 주고, 느낀 점을 적으시오.

05 리더의 배짱훈련

배짱은 '용기'의 표출이며 '대범성'의 표출이다. 배짱은 '자신감'의 표출이며 자기에 대한 '믿음'의 표출이다. 이러한 배짱은 힘든 일, 어려운 일, 스트레스, 실수나 실패를 극복하게 하는 힘이 된다. 그래서 얼짱, 몸짱, 춤짱, 꿈짱만큼 중요한 것이 바로 '배짱'이다.

리더라면 대담성과 배짱을 기르는 것이 필요하다. 즉, 담대해야 한다. 마음을 강하게 해야 한다. 그래서 실수나 실패에 대해서도 "실수는 성공의 어머니"라는 마음으로 넘어갈 수 있어야 한다. 물론 그것이 쉬운 일은 아니다. 따라서 마음의 힘을 키우기 위한 공부와 훈련이 필요하다. 근육이 약한 사람이 운동을 통해서 근육의 힘을 기를 수 있듯이 마음훈련을 통해서 마음의 힘을 기를 수 있다.

배짱을 기르고 마음의 힘을 기를 수 있게 하는 공부, 그중 가장 효과적인 것이 바로 NLP(National Language Processing)와 같은 것을 공부하고 연습하는 것이다. 이것은 자신의 내면세계를 탐색하고 자기를 바로 세우며 '마음의 힘'을 기르는 데 도움을 준다. 그러므로 이러한 공부를 꾸준히 할 때 자연스레 배짱이 생기고 마음의 힘이 길러지고 심리적 면역력이 증가하게 되어 내적 자연치유력이 회복되면서 심신의 증상이 예방되거나 기존의 증상에서 보다 쉽게 벗어날 수도 있다.

다음 글을 큰 소리로 읽어보자. 배짱을 키우는 데 도움이 될 것이다. 문장 중에서 '/'는 한 호흡, '✔' 반 호흡을 쉬면서 읽으면 된다.

1 오늘은 진짜 나의 모습을 찾아 떠나는 첫날이다

여러분! 안녕하십니까?
저의 이름은 ✔ (　　　　)입니다.
여러분 앞에서 ✔ 이렇게 인사드릴 기회를 갖게 되어 / 정말로 영광스럽습니다.
저는 / 많은 사람들 앞에 나서면 / 얼굴이 붉어지고, / 간이 콩알만 해지며, / 음성이 떨리는 경우도 있습니다.
남 앞에 나서는 것을 ✔ 두려워하고 자꾸 피하다 보니 /
제 자신이 ✔ 못나게 생각될 뿐만 아니라 /
모든 일에 ✔ 소극적이 되어가는 것을 느꼈습니다.
평생 이렇게 살아가야 하는 겁니까?
언제까지 뒤로만 나앉아 있을 것입니까?

여러분!
하고 싶은 이야기가 있는데도 /
막연한 두려움 때문에 ✔ 나서지 못하는 고민을 겪어보셨습니까?
알코올 힘을 빌리고 / 때로는 /

우황청심환까지 동원해야 하는 ∨ 고통을 아십니까?
하지만 저는 / 술이 말하는 것이 아니라 /
인간 (   )이 말하는 ∨ 당당한 사람이 되고 싶었고 /
약 먹고 진정시키는 가슴이 아니라 /
용기와 자신감으로 나설 수 있는 ∨ 배짱 있는 사람이 되고 싶었습니다.
생각만 해오다가 / 오늘 드디어 이렇게 나서 보았습니다.
오늘 이 자리는 바로 / 진짜 나의 모습을 찾아 떠나는 ∨ 첫날입니다.
여러분!
뜨거운 ∨ 축하의 박수 한번 보내주시지 않겠습니까?
감사합니다.
대단히 감사합니다.
큰 소리로 말하고 나니 ∨ 막혔던 가슴이 뚫립니다.
사우나를 하고 나온 것보다 ∨ 열 배나 상쾌한 기분이 되었습니다.
앞으로 ∨ 사람들 앞에 나설 일이 있을 때는 /
절대로 뒤로 물러서지 않겠습니다.
여러 사람이 모이는 자리에서는 /
항상 ∨ 맨 앞자리에 앉도록 노력하겠습니다.
나 자신에 대한 비판을 중지하고 /
절대로 ∨ 미리 염려하지 않도록 하겠습니다.
무엇이든지 소리를 내어 연습할 때는 / 보통 때보다 더 큰 목소리로
말하고 ∨ 자신 있는 사람처럼 행동하겠습니다.
지혜는 들어서 얻고 / 기회는 말을 해야 생긴다고 하지 않습니까?
우리 모두 한 번뿐인 인생, / 즐겁게 웃어가면서 멋지게 살아봅시다.
내 인생의 주인공은 ∨ 바로 나 자신이기 때문입니다.

2 실패를 두 배로 늘려라. 그러면 성공한다

탄력받고 있습니다.
IBM을 설립한 토머스 왓슨(Thomas Watson)에게 ✓ 학생들이 물었습니다.
"어떻게 하면 성공할 수 있습니까?"
그는 미소를 지으면서 ✓ 이렇게 말했습니다.
"실패를 두 배로 늘려라. / 그러면 성공한다!"
여러분!
우리는 실패로부터 배우고
배운 것을 가지고 ✓ 실패 없이 일을 처리하게 됩니다.
항상 성공만 할 수는 없습니다.
일을 하다 보면 / 실패하는 때가 얼마든지 있을 수 있습니다.
저도 실패에 지배당하지 않겠습니다.
우리 모두 실패로부터 배워서 / 실패를 극복해 나가는 현명한 사람이 됩시다.
지금부터 제가 하는 말을 ✓ 큰 소리로 따라 해보시기 바랍니다.
"나를 만든 것은 ✓ 나 자신이다!"
"그러므로 / 나를 바꾸는 것도 ✓ 나 자신이어야 한다!"
"약자는 기회를 기다리지만, / 강자는 기회를 만들어 간다."
"자신 있게 살아가자!"
"웃으면서 살아가자!"
"그것이 바로 ✓ 성공하는 인생이다!"
으 하 하 하 하 하 하 !
끝까지 들어주신 여러분, ✓ 대단히 감사합니다.

연습을 마쳤으면 자신의 평가와 소감을 적어보고 적은 '기록 시트'를 서로 보여주거나 발표한다.

06 나의 스피치, 마지막 한방은?

스피치 스킬(speech skill)이 아닌 스피치 킬(speech kill)을 강조하며 죽이는 한 마디를 만들어 보라. 필자는 21세기형 리더라면 자신만의 '끝내주는 한마디'를 남겨야 한다고 말하고 싶다. 이런 점에서 영화는 멋진 말을 남긴다.

"렛잇 고~('겨울왕국')"처럼 국민 유행어도 있지만, "생활비 벌러 나와요. 반찬값 아니고('카트')", "신에게는 아직 열두 척의 배가 남아 있나이다('명량')", "국가란 국민입니다('변호인')"처럼 가슴을 벅차게 한 대사도 있다. '해적' 속 유해진의 애드리브(ad lib)는 엄지 척이다. "음파~ 음파~!" 기억하자, "음파음파 하면 살고, 파음파음 하면 죽는다".

'베테랑'에서 "내가 죄짓고 살지 말라 그랬지?" 서도철(황정민)이 조태오(유아인)에게 항상 말하는 대사이다. "나한테 이러고도 뒷감당 할 수 있겠어요?" 유아인의 말은 요즘에도 자주 등장한다.

> "기사님 맷돌 손잡이가 뭔지 알아요? 그걸 어이라고 해요. 맷돌에 뭘 갈려고 뭘 집어넣고 맷돌을 돌리려고 하는데 손잡이가 빠졌네. 이런 상황을 어이가 없다고 그래요. 황당하잖아 아무것도 아닌 손잡이 때문에 해야 될 일을 못하니깐. 지금 내 기분이 그래. 어이가 없네!"

말을 잘하고 싶으면 멋진 한마디를 준비했다가 사용해 보라. 위인과 평민의 차이는 후세에 남기는 한마디가 있느냐, 없느냐의 차이이다. 이순신 장군의 한마디는 우리가 기억하고 있다. "나의 죽음을 적에게 알리지 마라" 영화 '신세계'에서 브라더 황정민의 한마디는 "드루와 드루와"이며 무엇보다 예수님의 한마디는 결정적이다. "아버지 저들의 죄를 용서하소서"이다. 오랫동안 기억될 나만의 결정적인 한마디는 무엇인가? 만약 그 한마디가 없다면 지금 만들어 볼 것을 권한다. 없으면 만들어라!

07 3말, 4원칙, 5-NO, 5-YES

스피치에는 소개 스피치, 정보제공 스피치, 설득 스피치, 행사 스피치 등이 있다. 이때 3말, 4원칙, 5-NO, 5-YES만 잘 지켜도 좋은 스피커가 될 수 있다. 좋은 연사가 되기 위해서는 첫째, '3말 원칙'이 필요하다. 즉, ① 서론에서는 말할 것을 말하고, ② 본론에서는 그것을 구체적으로 말하고, ③ 결론에서는 말한 것을 요약해서 말함으로써 세 단계로 강조하는 방법이다. 3말 원칙은 즉흥 스피치는 물론 모든 스피치를 행할 때 기본 원칙으로, 이 원칙에 의거하여 진행하면 좋은 스피치를 할 수 있다.

둘째, '스피치 기본 4원칙'이 있다. 그것은 ① 크게 말하라. ② 천천히 말하라. ③ 또박또박 말하라. ④ 자연스럽게 말하라는 것이다. 이것은 스피치 능력을 키우는 데 아주 중요한 원칙으로, 훈련을 할 때 이 원칙대로 하면 많은 향상을 가져올 수 있다. 그래서 좋은 연사의 조건은 ① 인격을 가지고 성심성의껏 진실한 스피치를 해야 한다. ② 스피치에 관련된 지식(전문성)을 길러야 한다. ③ 적극적이고 긍정적인 자신감과 올바른 태도가 중요하다. ④ 스피치를 행하는 기술이 있어야 한다. ⑤ 확신, 신뢰성과 함께 준비된 훈련을 통해 자신감을 가져야 한다.

셋째, 스피치를 잘하려면 '5-NO'를 하지 말아야 한다. ① 변명투의 스피치를 하지 말아라. ② 시선을 외면하는 스피치를 하지 말아라. ③ 팸플릿에 청중의 관심을 빼앗기지 말아라. ④ 속어나 비어를 사용하지 말아라. ⑤ 시간을 오버하지 말아라.

넷째, '5-YES'를 실천한다. ① 즉흥조의 스피치를 하라. ② 활기찬 스피치를 하라. ③ 멋진 제스처를 사용하라. ④ 유머를 활용하라. ⑤ 감정과 정열적인 스피치를 하라. 그 밖에 필자가 알고 있는 몇 가지를 소개한다.[3]

---

3 대화의 자세로는 차분히 생각하고 천천히 말하라, 얼굴에 미소를 짓고 따뜻하게 말하라, 좋은 청자가 되라, 경청하고 있다는 반응을 구체적으로 보여라, 혼자만 말하지 마라, 협조를 구하는 식으로 말하라, 이야기를 가로채지 마라, 유머를 사용하라, 상대의 입장에서

스피치는 모든 사람이 일상생활에서뿐만이 아니라 사회생활 및 업무에서도 꼭 필요한 행위이다. 하지만 사람들은 스피치 불안증을 넘어 공포증까지 가지고 있다. 리더일수록 다양한 상황에 부딪히기 때문에 꾸준한 연습과 반복적인 경험을 쌓아가면서 본인의 부족한 부분을 보완해 나가야 할 것이다. 당신은 5-NO, 5-YES 중에서 어느 것이 약하고, 강한가? 체크해 보라.

(1) 자신의 경험을 바탕으로 대화를 중단시키는(단절하게 만드는) 말은 구체적으로 무엇이 있는가?

(2) 살면서 가장 후회하고 있는 말이 있다면 무엇인가?

(3) 내가 자주 사용하는 말 중에서 절대로 이런 말은 사용하지 않겠다고 결심한 말이 있다면 그것은 무엇인가?

(4) 나의 친구(동료, 부하, 상사)가 사용하는 말 중에서 나도 사용하고 싶다고 생각하는 귀중한 말이 있다면 무엇인가?

말하라, 분명하게 말하라, 요점을 확인하면서 들어라, 말을 가려서 하라, 이야기 도중에 끼어들지 마라, 시선은 상대방의 얼굴에 두라, 팔짱을 끼거나 다리를 포개지 마라, 다리 떨기, 머리 만지기, 손 비비기, 손톱 깨물기, 몸 흔들기 등 좋지 않은 버릇은 주의하라. 심한 사투리, 불명확한 발음을 삼가라, 억양에 신경을 쓰라, 속어, 비어, 유행어 사용 시 주의하라, 대화에서 소외계층을 배려하라, 바른 경칭, 호칭 선택, 예의와 예절을 지켜라 등등은 기본적으로 알고 있다. 좀 더 깊이 들어가면 대화의 프로세스는 일단 들어준다 - 인정한다 - 칭찬한다 - 피드백과 격려한다 - 감사한다 의 순이다.

08 세계를 주름잡는 명연설과 동영상

1963년 4월 28일 워싱턴 시에서 행한 마틴 루터 킹(Martin Luter King) 목사의 카리스마 넘치는 연설 "I have a dream"을 인터넷에서 찾아 들어보고 그의 연설이 전해주는 또 다른 특징을 찾아보라. 그리고 2008년 8월 26일 미국 콜로라도 주 덴버에서 열린 민주당 전당대회에 힐러리 클린턴(Hillary Clinton)이 주요 연사로 등장하여 버락 오바마(Barack Obama)를 대통령으로 선출하자고 참석한 대의원은 물론 모든 민주당 유권자들에게 감동 어린 연설로 촉구한 장면[4]을 들어보라.

루스벨트(Roosevelt)의 명연설이다. "어제, 1941년 12월 7일, 이 날은 치욕의 날로 기억될 것입니다. 미합중국은 일본 제국에 의해 고의적인 기습침공을 당했습니다." 루스벨트 대통령은 일본에 대한 전쟁 선전포고를 하면서 '치욕'이라는 표현을 썼다. 그의 6분짜리 연설은 70년이 지난 지금까지 사람들의 기억 속에 깊이 각인되어 있다.

본래 초안에는 "어제, 1941년 12월 7일은 세계의 역사에 길이 남을 날입니다"라고 되어 있었다. 그러나 퇴고과정에서 루즈벨트는 '세계의 역사'라는 말 대신 '치욕'이라는 단어를 사용했다. 치욕이란 단어는 쉽게 사용할 수 있는 단어는 아니다. 자칫 연설의 몰입을 방해할 수도 있는 강한 표현이다. 그럼에도 불구하고 그는 '치욕'이란 단어를 적절히 사용함으로써 당시 일본의 침공에 대한 분노와 앞으로의 의지를 아주 간결하게 표현할 수 있었다.

우리나라에도 이처럼 위기의 상황에서도 적절한 표현과 간결한 문장으로 전쟁의 위기를 승리로 바꾼 위인이 있다. 바로 '충무공 이순신 장군'이다. "신에게는 아직 12척의 배가 남아 있습니다", "필사즉생 필생즉사, 죽고자 하면 살 것이고 살고자 하면 죽을 것이다", "독버섯처럼 퍼진 두려움이 문제지, 만

4 http://www.youtube.com/watch?v=268ncnoitEc&hl=ko

일 그 두려움을 용기로 바꿀 수만 있다면 그것은 백 배, 천 배 큰 용기로 나타날 것이다". 말 한마디로 사람들은 위기를 기회로 바꾸고 말 한마디로 적을 동료로 바꿀 수 있는 것을 보면 언어의 가치가 얼마나 중요한 것인지를 깨달을 수가 있다.

세상를 주름잡은 리더의 명연설은 어떻게 탄생되었는가? 오래도록 기억에 남는 스피치는 어떤 법칙이 있는지 알아보자. 다음은 '경향미디어(2016)'에서 발췌한 내용이다.

제1법칙은 적절한 언어를 선택하는 것이다. 탁월한 문장가였던 영국의 소설가 조셉 콘라드(Joseph Conrad)는 "적절한 말 한마디로, 세상을 움직일 수도 있다"고 했으며 미국의 풍자 작가이며 뛰어난 웅변가였던 마크 트웨인(Mark Twain) 역시 "적절한 단어로 그와 비슷한, 그런 느낌의 단어가 아니라 바로 그 단어를 사용하라. 비슷한 말과 적절한 말의 차이는 반딧불과 번갯불의 차이와 같다"라고 말한 바 있다.

제2법칙은 청중의 이목을 집중시킬 수 있는 말을 하는 것이다. 쉽게 이해할 수 있거나 뭔가 중요한 말을 하는 것 같은 표현들은 기억하기도 쉬우며 주목을 끄는 것 또한 가능하게 한다. "우리가 두려워해야 할 대상은 바로 두려움 그 자체이다."

제3법칙은 우아한 결론을 맺는 것이다. 미국 시인 제임스 러셀(James Russell)은 "아무리 깊은 식견을 가지고 있고, 오랜 시간을 이야기한다고 해도, 결국 가장 마지막에 한 말이 기억에 남을 뿐이다"고 하였다. 연사의 마지막 말은 무엇보다 그 인상을 강하게 남긴다. 때문에 우아한 결론이야말로 연설을 오래도록 기억에 남길 수 있는 방법이다. 패트릭 헨리(Patrick Henry)의 '나에게 자유가 아니면 죽음을 달라!'라는 표현은 누구나 한 번쯤은 들어보았다. 그러나 이것은 무려 1775년 3월 23일의 연설이다. 200년이 넘는 시간 동안이나 회자되고 있는 것이다. 불꽃놀이의 절정처럼 연설을 마무리해야 한다. 물론 모든 명연설의 절대적인 조건이 있다면 그건 '진심'이 담겨야 한다는 것이다.

추가적으로 지금 들어도 가슴이 뜨거워지고 뭉클한 노무현 대통령의 연설[5]과 유명인의 명연설 사이트를 꼭 감상하기 바란다.[6]

리더의 꿈과 스피치에 대한 느낌을 기록해 보고 자신의 아이디어와 느낀 감정을 적은 '기록 시트'를 서로 보여주거나 발표하고, 소통과정을 마쳤으면 이 프로그램을 통해서 느낀 점을 피드백하라.

출처 : 김재득(2009). 리더십 워크북, p. 299 재수정.

09 산울림 법칙과 거울 셀프토크(Self-talk)

'산울림 법칙'이란 산에 올라가서 소리를 지르면 소리가 그대로 다시 되돌아오는 것인데 이것이 '대화의 법칙'이다. 내가 "야! 이 나쁜 놈아!"라고 소리치면 곧바로 반대 방향에서도 "야! 이 나쁜 놈아!"라고 되돌아온다.

바닷물이 파란 것은 바다가 다른 색은 모두 흡수하지만 파란색만은 거부하기 때문이다(김수동, 2008). 거부하는 그것이 묘하게도 자신을 규정하는 것이다.

5 https://www.youtube.com/watch?v=lkUjticObV8

6 http://tvcast.naver.com/v/907070

그래서 성공인은 긍정어법을 사용한다. "눈을 감으면, 이렇게 편한 세상, 눈을 뜨면 이렇게 좋은 세상"이 되는 것이다.

많은 사람들이 "어떻게 하여야 성공할 수 있습니까?"라고 묻는다. '산울림의 법칙'을 사용하면 성공할 수 있으리라 믿는다. 이것은 단순하면서도 실천하기 어려운 것이다. 그러나 이 법칙을 사용하여 성공한 사람들이 있다.

미국에서 백만장자가 된 강철 왕 카네기(Carnegie)의 성공담은 유명하다. 초등학교도 제대로 못나왔을 뿐 아니라, 스코틀랜드에서 미국으로 건너온 그는 고아와 같은 신세였다. 그러나 그는 수많은 고생을 겪으면서 강철 회사를 설립하기까지 산울림의 법칙을 잘 알고 있었다. 그는 많은 사람에게 직업을 창출해 주고 사원들마다 예금통장을 갖게 하는 것이 소원이었다. 그는 부의 목적을 '남에게 베푸는 것'에 두었는데, 이것이 산울림이 되어 결과적으로 그를 세기의 재벌 '강철 왕 카네기'로 만들었던 것이다.[7]

이처럼 위대한 리더가 되기 위해서는 무엇보다도 먼저 자기중심의 생활에서 벗어나야 한다. 내 물질을 가지고 다른 사람을 유익하게 하고 다른 사람을 복되게 하면, 그 복이 10배, 20배, 100배의 산울림이 되어 돌아올 것이다. 이 세상에 자기 것은 하나도 없으며 내게 있는 것으로 남을 이롭게 하면 그것이 되돌아와 나의 것이 되는 것, 이것이 바로 '산울림의 법칙'이다.

이제 전신 거울 앞에서 자신의 모습을 보면서, 특히 거울 속에 비친 자신의 눈과 정면으로 눈 맞춤(eye contact)하면서 대화하고, 자신에게 응원을 보내라. 나의 꿈과 나의 방향에 대해서 스스로 자문자답(自問自答)하면서 나의 내공을 키워나가라. 거울 속의 나는 먼저 웃지 않을 것이다. 내가 먼저 웃어야 웃는다. 타인과의 대화도 중요하지만 이처럼 자신과의 대화, 명상이 선결될 때 좋은 리더로 성장할 것이다. 매일매일 3분 정도 실시해 보라.

---

7 자동차 왕 헨리 포드(Henry Ford)도 산울림의 법칙을 잘 알고 있었다. 그의 사업 목적은 '어떻게 하면 저렴한 가격으로 자동차를 생산하여 모든 사람에게 편의를 제공해 줄까?'라고 하는 데 있었다. 모든 미국 시민의 발에 값싼 바퀴를 달아주려는 것이 그의 꿈이었다. 포드의 이와 같은 생각이 상상을 일으키고 그것이 산울림을 가져와 그로 하여금 백만장자가 되게 하였던 것이다. 미국의 석유왕 록펠러(Rockefeller)도 사업에 성공해서 그의 재산을 사회에 환원하여 미국의 존경받는 경제인이 되었다. 현재의 세기의 갑부 빌 게이츠(Bill Gates)도 그의 재산을 사회에 기부하여 환원시켜 많은 불우시설과 장학금으로 희사하고 있다.

아래 기록해 보고 자신의 내용 중 3~4가지만 서로 소개한다. 소통과정을 마쳤으면 이 프로그램을 통해서 느낀 점을 서로 토의하라.

(1) 여러분은 자신과의 대화를 자주 합니까? 예( ) 아니요( )

(2) 어떤 식으로(어떻게) 자신과 대화합니까? 긍정적이나 지원적인 말을 합니까, 아니면 자신을 질책하고 부정하는 말을 합니까? 만약 후자라면(습관적으로 그러하면), 귀하는 귀하의 자긍심을 자꾸 떨어뜨리는 행동을 하는 것이다. 이는 마치 매일 꾸짖기만 하는 상사나 부모를 둔 격이다.

(3) 여러분이 일상적으로 하는 자기대화의 내용(부정적인 것)을 열거하라. 내가 자주 사용하는 나의 부정적 자기대화(자아비판) 내용을 적어라.

(4) 정상적인 사람의 자기대화의 80% 정도가 부정적인 것이라고 한다. 스스로 기분 나빠하고, 격분하고(분통터져 하고), 자기부정에 빠지는 경우가 얼마나 많은가?

(5) 이제 거울 속에 비친 나의 눈을 쳐다보면서 부정문을 긍정문으로 바꾸어라. 동시에 자신에 대한 '자기 긍정문'을 암시하면서 자신의 운명을 예찬하라.

10 자신이 쓰는 말투를 분석해 보라

옛 속담에 '말이 씨가 된다'는 말이 있다. 평상시 하는 말이 바로 결과를 암시하는 중요한 씨앗이 된다. 이런 광고가 있다. "국물이… 국물이 끝내줘요." 당신도 누군가가 "요즘 어떠십니까?"라고 물으면 "끝내줘요!" 바로 이렇게 답해보라.

영화 <슈퍼맨>의 주인공 크리스토퍼 리브(Christopher Reeve)의 일화를 소개한다. 크리스토퍼 리브는 슈퍼맨(1978)을 시작으로 슈퍼맨 2(1981), 슈퍼맨 3(1983), 슈퍼맨 4(1990)까지 네 작품에 출연하며 '슈퍼맨 = 크리스토퍼 리브'라는 공식을 만들어 냈다. 크리스토퍼 리브는 큰 키와 덩치, 그리고 잘생긴 얼굴로 누구보다 슈퍼맨에 어울렸지만 안경을 쓰고 클락 켄트가 되면 여리고 착해 빠진 순둥이가 되어버리는 변신연기에 누구보다 슈퍼맨을 이해하고 연기한 배우라는 찬사를 받았다.

평소 승마를 즐기던 그는 1995년 5월 승마 대회에 참가했다가 낙마해 척추를 다쳤다. 그는 전신마비가 되었고 얼굴을 제외한 모든 부분을 움직일 수 없게 되었다. 그는 고민 끝에 어머니에게 "어머니 나에게 남은 건 아무 것도 없습니다. 그냥 죽게 해주십시오"라고 말하면서, 산소호흡기를 떼어달라고 부탁했다.

결국 어머니는 그렇게 하겠노라고 울며 약속했다. 어머니께 승낙을 받은 크리스토퍼는 아내에게 이 제안에 동의해 줄 것을 요청하고, "차라리 지금 죽는 게 낫다"고 고백했다. 그러나 그의 아내는 그 말을 듣고 이렇게 말했다. "당신은 당신일 뿐이다." 그러니까 '당신이 하반신을 못 쓰는 불구자든 아니든 간에 당신은 나의 남편이다'라는 것이다.

이 이야기에 감명을 받은 크리스토퍼 리브는 생각을 바꾸었다. 마침내 무엇으로 남은 인생을 살 것인가 생각한 뒤 자신과 같은 척추불구자를 위해 척

추재생 연구에 헌신할 것을 다짐했다. 다시 살기로 결심한 후 그는 모금운동을 벌여 2억 불을 모금했다. 아내가 해준 말 한마디가 그의 인생을 바꿔놓은 것이다.

말은 어떻게 하느냐에 따라 남에게 미움을 받을 수도 있고, 천 냥 빚을 갚을 수도 있다. 자신이 주로 사용하는 말을 분석해 보라. 그리하면 자신의 미래를 예측해 볼 수 있다. 성공하는 사람은 말투가 다르다. 그럼 성공하는 사람은 어떻게 말할까? 우선 이런 질문으로 테스트해 보겠다. 이 질문은 당신이 자주 듣는 질문이다. "요즘 어떻게 지내십니까?" 이런 질문을 받으면 보통 긍정형 · 평범형 · 부정형의 세 가지 형태로 응답한다.

'부정형'의 사람은 입버릇처럼 이렇게 말한다. "죽겠습니다", "피곤해요", "죽을 지경입니다", "묻지 마세요", "별로예요", "그저 그래요" 그리고 '평범형'의 사람은 이렇게 이야기한다. "그저 그래요", "대충 돌아갑니다", "밥은 먹고 삽니다", "늘 똑같죠", "거기서 거깁니다" 하지만 '긍정형'이 하는 말에는 열정과 힘이 가득 실려 있다. "끝내줍니다", "아주 잘 돌아갑니다", "죽여줍니다", "좋습니다", "대단합니다", "환상적입니다" 당신은 어떤 유형의 말투가 제일 마음에 드는가?

성공자 그룹과 실패자 그룹은 말하는 습관부터 다르다. 성공자는 '지금 당장'이라고 하지만, 실패자는 '나중에'라고 한다. 성공자는 '왜, 무엇'을 묻지만, 실패자는 '어떻게, 언제'를 묻는다. 성공자는 '해보겠다'고 하지만, 실패자는 '무조건 안 된다'고 한다. 성공자는 '난 꼭 할 거야'라고 말하지만, 실패자는 '난 하고 싶었어'라고 말한다. 성공자는 '지금까지 이만큼 했다'고 하지만, 실패자는 '아직 이것밖에 못했다', 성공자는 남의 말을 잘 들어주지만, 실패자는 자기 이야기만 한다. 성공자는 '너도 살고, 나도 살자'고 하지만, 실패자는 '너 죽고, 나 죽자'라고 한다.

그렇다면 성공자 그룹의 말투를 분석해 보면 첫째, 남을 탓하기 전에 자신을 탓한다. 둘째, 상대방을 신나게 호칭한다. 셋째, 성취를 다짐한다. 넷째, 화를 내기보다는 유머를 즐긴다. 다섯째, 부정문보다는 긍정문으로 말한다. 여섯째, 상대방의 장점에 초점을 맞춘다. 일곱째, 작은 성공도 서로 축하해 준다. 당신도 성공하려면 무엇보다 지금 쓰는 말투부터 바꿔야 한다. 당신의 말투는 어떠한가? 당신이 주로 쓰는 말투를 적어보라.

기록을 마쳤으면 자신의 말투를 소개하고 느낀 점을 서로 토의하라.

11 플레시-킹케이드(Flesch-Kincaid) 테스트

사람이 쓰는 말과 글의 난이도를 측정하는 방법으로 플레시-킹케이드(Flesch-Kincaid) 테스트가 있다. 문장과 단어 길이를 조사해서 쉬운지 어려운지 판별하는 것이다. 2015년 12월 미국 공화당 TV 토론에 참가한 경선 후보 9명이 이 테스트의 분석대상이 됐다.

제45대 미국 대통령으로 당선된 도널드 트럼프(Donald Trump)는 후보들 중 가장 쉬운 어휘를 쓰는 것으로 나타났다. "우리는 그 어느 때보다 위대한 나라를 가지게 될 것이다(we will have a great, great country, better than before)." 3음절이 넘는 단어는 거의 없었다. 9~10세 수준 초등학생도 이해할 정도의 쉬운 말들이었다. 카네기 멜런대 언어연구소가 힐러리 클린턴(Hillary Clinton), 버니 샌더스(Bernie Sanders)를 포함한 주요 후보의 어휘, 문장을 분석한 결과도 마찬가지였다.

다른 후보는 대체로 중학생 수준이었지만, 트럼프만 '초등학교 6학년'이었다. 끔찍한(terrible), 좋은(good), 나쁜(bad), 거대한(huge), 위대한(great)…. 트럼프는 이런 단순한 표현을 반복함으로써 유권자들의 귀를 파고들었다. 시리아 민간 학살 책임이 있는 바샤르 알 아사드(Bashar al-Assad) 대통령에 대해서는 '나쁜 남자(bad guy)'라는 한마디로 평가했다.

영국 주간지 이코노미스트는 단순함 · 반복성 · 즉흥성을 트럼프 연설의 키워드로 꼽는다. 특히 그가 원고 없이 옆 사람과 쉬운 말로 대화하는 듯한 연설이 효과를 발휘했다고 분석했다. 2016년 9월 워싱턴 DC에서 열린 유세에서도 그는 오바마(Barack Obama) 대통령을 강하게 비난한 뒤, 단문(短文)으로 청중의 환호를 유도했다. "오바마 대통령, 듣고 있소?" 이와 함께 카메라 기자들이 나타나는 곳에선 양손 엄지와 검지를 둥글게 말아 올리는 독특한 몸짓으로 사람들의 경계심을 해제했다.

트럼프는 미국 대통령 당선인 자격으로 박근혜 대통령과 통화하면서 한국인에 대해 '아주 멋진 사람들(fantastic people)'이란 말을 여러 차례 사용했다. "100% 당신과 함께한다(I am with you)"라고도 했다. 영어를 배운 지 몇 개월 정도면 누구나 쉽게 이해할 수 있는 듣기 좋은 말이다. "놀라운(amazing)", "아름다운(beautiful)" 등의 표현은 그가 유세 때 수없이 사용한 말이다.[8]

그럼 당신은 얼마나 쉬운 말로 상대방에게 다가가는가?

출처 : https://commons.wikimedia.org/wiki/File:Donald_Trump_by_Gage_Skidmore_3.jpg

출처 : 연합뉴스.

8 조선닷컴. 이하원(2016. 11. 12)의 만물상.

12 '말'로 그림 그리기

우리는 상대방에게 내 의사를 전달하기 위해 '말'을 사용하지만, 사실 그 모든 말들을 그림으로 떠올리고 있다는 사실을 알고 있는가? 한마디의 말, 그것이 모든 것을 변화시킨다. 그래서 '혀'와 '펜'은 강하다.

부정적인 단어와 긍정적인 단어가 주는 느낌을 말로 서로 주고받으면서 느낌을 그림으로 그려보라. 소통과정을 마쳤으면 이 프로그램을 통해서 느낀 점을 서로 토의하라.

1 부정적인 단어가 주는 느낌은?

질식시키다	비 극	질 병	파 멸
침을 뱉다	비열하다	복수하다	고통을 받다
긴 장	위 협	고발하다	금지하다
깨뜨리다	거짓말	죽 음	폭발하다
비난하다	부랑자	고 뇌	유치장
경 고	고통스럽다	폐 암	상처를 주다
경멸하다	속이다	비 판	죽이다
마 약	짱난다	폭 동	파괴하다
당황하다	불 지르다	훔치다	바 보
전 쟁	자 해	우울하다	어리석다
살 인	미워하다	찌르다	실직하다
독 약	강 간	감 옥	손해를 입히다

(1) 위의 단어 중에서 나에게 가장 부정적인 느낌을 주는 단어 3개는?

① ______________________

② ______________________

③ ______________________

2 긍정적인 단어가 주는 느낌은?

깨달음	평 화	기 도	사 랑
이 해	포 용	자 유	중 용
용 서	미 소	칭 찬	이 익
좋 다	포 옹	축 하	웃 다
주 말	보 상	공 평	편안함
친 절	키 스	즐거움	초 대
강아지	고 요	희 망	긍 정
휴 가	승 리	엄 마	안 전
친 구	신 뢰	성 공	열 정
파 티	믿 음	평 화	살아 있다
따뜻함	동 의	놀 다	멋지다
배 려	용 기	여 행	엄지 척

(1) 위의 단어 중에서 나에게 가장 긍정적인 느낌을 주는 단어 3개는?

① ____________________

② ____________________

③ ____________________

13 내 이름 앞에 위대한 수식어 만들기

바른 말, 정직한 말, 고운 말은 사람을 행복하게 만들지만 욕설, 이간질, 거짓말, 꾸밈말은 사람을 불행하게 한다. 그러나 조사(弔辭)나 호소문 또는 설득을 목적으로 하는 연설문은 꾸밈말을 적절히 사용하는 것이 효과적이다. 언론은 '수식어' 붙이기를 좋아한다. 수많은 수식어 가운데 가장 대표적인 것은 '국민'이라는 타이틀이다. '국민 여동생' 김연아, '국민 배우' 안성기, '국민 가수' 조용필 등이다. 그렇다면 나에게는 어떤 수식어가 어울릴까? 사람들이 세뇌당할 만큼 매력적인 나의 특징들을 자기 이름 앞에 간략한 '꾸밈말'로 만들어 보자! 다음 낱말들을 참고해도 좋고, 사례 문장에 없는 것을 사용하여도 무방하다. 자신에게 위대한 수식어를 만들어 자기 브랜드를 만들고 스스로 그러한 리더가 되자!

자신의 수식어를 아래 기록해 보고 서로 발표한다. 소통과정을 마쳤으면 이 프로그램을 통해서 느낀 점을 서로 토의하라.

작성사례

1) 저는 (애착이 강한, 감정기복이 심한, 정직한, 소심한, 성실한, 낙천적인, 비밀이 많은, 수다쟁이인, 잡지식이 많은, 단순한, 둔한, 건망증이 심한, 털털한, 샘이 많은, 소극적인, 고지식한, 순종적인, 우유부단한, 겁이 많은, 로맨틱한, 공상적인, 예의 바른, 낯을 가리는, 호기심이 많은, 게으른, 한번 시작하면 집요한, 고집이 센, 덜렁거리는, 엄살이 심한, 동정심이 많은, 눈물이 많은) 남자, 김재득입니다.
2) 저는 (고귀한 혈통과 제왕의 기품, 천상의 미와 악마의 지혜, 그 어떤 수식어와 빛나는 찬사도 그 앞에선 빛을 바래고 마는, 존재를 넘어선 전설, 역사를 넘어선 신화가 된 남자, The Masterpiece of God) 남자 김현성입니다.
3) 저는 (유능하고, 성격이 좋고, 자기절제력이 뛰어난 사람이자, 많은 사람들에게 호감을 주고, 사람들을 잘 리드할 수 있는 동시에 매력적이고 아름다운) 여자 박은미입니다.
4) 저는 (잔정이 많지만 공과 사는 구분할 줄 알고, 사람을 좋아하지만 나쁜 사람도 존재한다고 믿으며, 컴퓨터 공학이 적성에 맞지 않는다고 생각하지만 어느새 컴퓨터 공학적인 사고를 하고 있고, 커피를 좋아하지만 잠자는 것도 좋아하며, 학점은 낮지만 공부에 소홀한 만큼 더 값진 경험을 하고 살았다고 생각하고, 매사에 게으르고 느리지만 매일 운동하며, 소심하지만 그래도 할 말은 하고 사는 솔직하고 다정한) 여자 라파엘라입니다.
5) 저는 (수다스럽고, 친구를 잘 믿는, 낯을 가리기도 하지만 친해지면 숨기는 것이 없는, 너무 솔직해서 직설적인, 그래서 속기도 많이 속고, 짜증도 심하고, 질투심도 강하고, 안 좋은 일 있으면 혼자 끙끙거리다가 털어놓고, 아프면 아무것도 못 먹고, 덜렁거리기도 심하고, 내 멋대로 하는 게 특기인데다가, 잘 웃고, 실속이 없으며, 엘레강스하고, 도도하고, 순수하며, 지적이고, 귀여운, 말은 이렇게 하지만 전혀 아닌 걸 잘 알고 있는) 여자 설 현입니다.

저는 ______________________________

____

____

______________________________ 여자(남자) ○○○입니다.

14 내 인생을 바꾼 그때 그 한마디는?

나태해진 나의 삶에 있어서 결정적 순간의 강렬함으로 나의 시선과 귀를 솔깃하게 자극하고 또 나의 심장을 뛰게 한 말은 무엇이었는가? 좌절하거나 희망이 보이지 않을 때 나를 일으켜 세운 '금쪽같은 말' 한마디는 무엇이었는가? '지혜로운 삶'의 밑거름이 된 금쪽같은 언어는 인생의 전환점이 되기도 하고, 반성의 기회를 제공하기도 하고, 생각을 송두리째 바꿔놓을 수도 있다.

찰나의 순간에 들은 결정적인 말(the right words at the right time)을 찾아서 다시 한 번 청량제로 삼으라. 만일 없다면 평생 간직할 나만의 한마디를 만들어 보아라.

아래 기록해 보고 '기록 시트'를 서로 보여주거나 발표하고, 소통과정을 마쳤으면 이 프로그램을 통해서 느낀 점을 피드백하라.

[찰나의 순간에 들은 결정적인 말]

- 강수진 : 훌륭한 발레리나가 되려면 먼저 네 자신과의 싸움에서 이겨야 한다.
- 김연아 : 노력하는 사람은 즐기는 사람을 이길 수 없단다.
- 손연재 : 지금이 끝이 아니니까 계속 끝까지 갈 거예요.
- 김재득 : 준비가 기회를 만나면 운명이 된다.
- 이종덕 : 뚜렷한 목표가 성공을 좌우한다.
- 루치아노 파바로티 : 아빠, 정말 최고였어요. 전 아빠를 믿어요.
- 마틴 루터 킹 : 스스로 땀을 흘리며 열심히 수레를 끌고 있었기 때문이네.
- 미야자키 하야오 : 인생은 짧고, 그중에 조용한 시간은 더욱 짧단다. 조용한 시간이 나면 꼭 책을 읽으렴.
- 박지성 : 지금의 너를 뛰어넘기 위해 노력해 봐라.
- 빌 게이츠 : 인생은 원래 불공평한 것이다.
- 성룡 : 이소룡과 똑같은 스타일로는 절대 성공할 수 없네.
- 스티븐 스필버그 : 네게 꿈이 있다면 그 꿈이 이루어졌을 때의 네 모습을 생생하게 그려보렴.
- 안성기 : 이봐! 연기가 왜 그래?

- 엄홍길 : 성공하는 사람이 즐겨 쓰는 말은 '다시 한번 해보자'이고, 실패하는 사람이 즐겨 쓰는 말은 '해봐야 별 수 없다'이다.
- 오프라 윈프리 : 있는 그대로의 당신 모습을 보여주세요.
- 펠레 : 저기, 저 아이는 언젠가 브라질을 대표하는 최고의 축구선수가 되겠어.
- 트럼프 : 남이 나를 예측할 수 없게 만든다.
- 한비야 : 왜 아무도 알아주지 않는 이런 일을 하냐고요? 이 일은 내 가슴을 몹시 뛰게 하기 때문이에요.
- 테오 엡스타인 : 우리는 뉴욕 양키스가 아니다. 양키스의 성공방식은 무시하라. 그리고 우리만의 성공방식에 집중하라.

내 인생을 바꾼 그때 그 한마디는?

(1) ______________________________

(2) ______________________________

(3) ______________________________

15 나의 대화스타일은?

당신의 대화스타일은 어떠한가? 말투와 감정에 관련된 문항을 읽고 해당하는 쪽을 골라보자. '딱 내 스타일이야' 싶은 사람이 있고, 어딘가 마음에 안 들고 잘 통하지 않을 것 같은 느낌이 드는 사람이 있다. 대화스타일의 차이 때문이다. 각 유형의 장단점을 알고 대화에 임하면 훨씬 더 편안하고 자연스러워진다.

당신의 대화스타일은? 말투를 나타내는 A와 B, 감정을 나타내는 a와 b의 문항에서 단 하나라도 당신이 많이 해당하는 쪽을 골라보세요.

A문항 ('나의 상사는~' or '나의 동료는~')		Check	
		Yes	No
1	다른 사람의 말을 잘 따르는 편이다.		
2	말수가 적은 편이다.		
3	말이 느린 편이다.		
4	말할 때 주위에 맞춰주는 편이다.		
5	비밀을 감추는 편이다.		
6	상대의 말에 호응해 주는 편이다.		
7	자기주장을 자제하는 편이다.		
8	질문하는 편이다.		
9	하고 싶은 말을 자제하는 편이다.		
관련 의견			

B문항 ('나의 상사는~' or '나의 동료는~')		Check	
		Yes	No
1	다른 사람에게 지시하는 편이다.		
2	단정적으로 말하는 편이다.		
3	말싸움에서 이기려고 하는 편이다.		
4	말이 빠른 편이다.		
5	자기주장을 내세우는 편이다.		
6	말하기를 좋아하는 편이다.		
7	비밀을 개방하는 편이다.		
8	주도권을 쥐고 말하는 편이다.		
9	하고 싶은 말은 하고 마는 편이다.		
관련 의견			

a문항 ('나의 상사는~' or '나의 동료는~')		Check	
		Yes	No
1	결과를 중요하게 여기는 편이다.		
2	날카롭게 지적하는 편이다.		
3	냉정한 편이다.		
4	느낌을 나타내지 않는 편이다.		
5	말할 때 침착한 편이다.		
6	업무적으로 말하는 편이다.		
7	이론적으로 대화하는 편이다.		
8	조용히 말하는 편이다.		
9	차분하게 말하는 편이다.		
관련 의견			

b문항 ('나의 상사는~' or '나의 동료는~')		Check	
		Yes	No
1	감성적으로 대화하는 편이다.		
2	감정에 좌우되는 편이다.		
3	과정을 중요하게 여기는 편이다.		
4	느낌을 표현하는 편이다.		
5	말할 때 쉽게 흥분하는 편이다.		
6	상대방을 배려하며 말하는 편이다.		
7	열정적으로 말하는 편이다.		
8	인간적으로 말하는 편이다.		
9	활기차게 말하는 편이다.		
관련 의견			

결과 분석

당신이 Aa의 조합이면 분석형이다. Ab라면 우호형이고, Ba이면 주도형, Bb라면 표현형이다. 각 유형이 지닌 특징과 개선해야 할 스피치(대화)의 습관은 다음과 같다.

(1) **분석형 리더(Aa)** : 상대와 대화를 나누는 데 더 많은 시간을 할애하고 감정을 표현하려 애써야 한다. 냉담하거나 예의 바르지 못한 자세를 보여 거리를 두는 것처럼 비치지 않도록 주의하길 바란다.

(2) **우호형 리더(Ab)** : 더 많이 표현하고 활발하게 행동하며 세부사항에 대해 꼬치꼬치 따지는 걸 자제해야 한다. 너무 고집 센 사람으로 보이지 않도록 유의하며 의사소통 과정에서는 결과 중심적 태도를 갖길 바란다.

(3) **주도형 리더(Ba)** : 적게 말하고 많이 듣는 연습을 하는 게 좋다. 직설적인 표현이나 배려 없는 언행을 조심하지 않으면 거만한 사람으로 여겨질 위험이 있다는 걸 명심하길 바란다.

(4) **표현형 리더(Bb)** : 적게 말하고 많이 듣도록 애쓰고, 세부사항과 사실적인 내용에 초점을 맞춰 이야기해야 한다. 주제에 집중하고 지나치게 감정적이 되지 않도록 노력하길 바란다.

출처 : 공문선(2005). 통쾌한 대화법. 서울 : 흐름출판.

16 나의 유머 잠재능력은?

요즈음 가장 인기 있는 배우자는 유머감각이 있고, 요리 잘 하는 사람이라고 한다. 돈 없는 사람과는 살 수 있어도, 재미없는 사람과는 살 수 없다고 한다. 이러한 현상은 리더의 자격으로 엄격하다. 성공한 사람들에게 돋보이는 것은 바로 '유머감각'이다. 유머는 단순한 우스갯소리를 하는 차원이 아니다. 상대와의 대화를 원활하게 풀어나가고 좋은 인상을 남길 수 있는 중요한 양념이다. 부드러움을 나타낼 수 있는 리더십이다.

유머감각이 있는 리더에게는 적이 드물다. 설사 적이 있다 해도 유머를 활용하여 적을 자기편으로 만든다. 유머가 없는 상사는 부하가 해고를 요구할 수 있어야 하고, 유머 없는 리더는 출근하지 말아야 한다. 왜냐하면 조직분위기를 망치는 것을 넘어서 과거의 틀에 갇혀 현재의 자리나 지키려 안절부절 못한다. 직원의 열정과 창의성까지 침체시킬 수도 있기 때문이다. 이런 리더라면 각성해야 한다. 당신의 유머력 수준을 체크해 보라.

다음 질문을 읽고 '예', '아니요' 중 한 가지에 ✔ 표시하시오.

	당신의 유머력 ('나의 상사는~' or '나의 동료는~')	Check	
		Yes	No
1	나는 다소 엉뚱하거나 변덕스러운 행동도 즐기는 사람이다.		
2	날마다 신문, 인터넷 등의 유머코너를 꼭 챙겨서 본다.		
3	내 자신이 바보 같은 실수를 했더라도 얼마든지 웃어넘길 수 있다.		
4	시사만화를 비롯한 각종 만화책들을 즐겨보는 편이다.		
5	아이들과 같이 노는 것이 좋다.		
6	유머만화, 농담 시리즈 등을 기억해 두거나 수집하는 편이다.		
7	재미있는 영화는 반드시 보려고 한다.		
8	재미있는 이야기를 기억해 두었다가 동료, 친구, 가족에게 이야기해 준다.		
9	친구나 동료들과 함께 있을 때 간혹 당황스러운 순간도 유머감각을 발휘하여 편안하게 받아넘긴다.		
10	하루 종일 자주 웃는 편이다.		
관련 의견			

결과 분석

(1) 'No'라고 응답한 문항 수가 3개 이하라면 당신의 유머감각은 대체로 낮은 편이다. 주위 사람들은 당신을 다소 심각한 사람으로 볼 것이다. 여러 가지 방법을 통해 유머감각을 키우는 것이 필요하다.

(2) 'Yes'가 4~6개라면 당신의 유머감각은 대체로 양호한 편이다. 그러나 주위 사람들을 편안하게 대해주고 그들을 즐겁게 해줄 수 있을 만큼 적극적으로 유머감각을 발휘하는 수준은 아니다.

(3) 'Yes'가 7개 이상이라면 당신의 유머감각은 대체로 높은 편이다. 주위 사람들은 당신을 쾌활한 사람으로 생각하고 있으며, 그들은 당신과의 관계를 통해서 대체로 즐거운 감정을 경험하게 될 것이다.

〈표 5-2〉 종합진단 비교표

진단내용	본인 진단점수	팀 진단점수	타인 진단점수			본인-타인 최대 차이
			상 사	동 료	부 하	
유머 스킬						

- 본인과 타인 간의 점수 차이가 클수록 원인을 잘 점검하고 개선할 필요성이 있다.
- 보다 신뢰성 있는 평가를 원한다면 진단표에 제시된 문답 중에서 자신이 더욱 개선되기 위해 노력해야 하는 항목을 조직(집, 학교, 공동체, 직장)에서 가장 신뢰하는 사람이나 정직한 피드백을 줄 것 같은 사람을 선정하여 경청한다.

17 스피치의 최전선, 술자리 건배사

마음을 따뜻하게 하는 나만의 독특한 건배사를 하나쯤 만들어 보라. 오늘날 소통의 현장인 술자리에서 건배사는 누구도 피할 수 없다. 한때 '스토리 건배사'라고 외운 건배사가 아니라 현장과 상황에 맞게 즉시에서 행하는 스토리 건배사가 유행한 바 있다.

어쨌든 우리는 생일, 결혼, 가족모임, 격려의 장소, 회식, 송년 및 신년 모임, 부부모임, 친목모임에서 갑자기 건배사를 요청받으면 당황하게 된다.

그 순간 준비된 이는 큰 소리로 건배구호를 외치며 분위기를 띄우지만, 준비가 미비한 이들은 쉽게 당황하고 만다. 하지만 모임의 성격과 분위기를 파악하고, 하고 싶은 이야기를 찾아내고, 그걸 축약해서 구호로 외치면 된다.

술자리에서 말단 직원이 눈에 띄기는 쉽지 않다. 그러나 의외로 술자리에서 대표, 또는 팀장 외에 말단 직원도 건배사를 제안받을 때가 종종 있다. 그럴 때 멋진 건배사로 화답한다면 리더에게 멋진 사람으로 각인시킬 기회도 오는 것이다. 때로는 재미있고 때로는 마음을 따뜻하게 하는 진짜배기 건배사를 익혀두어라.

건배사를 공들여 준비했지만 우물쭈물하는 경우가 있다. 이러한 상황을 피하기 위해선 평상시 스피치 연습도 중요하다. 아무리 멋진 표현과 어휘들로 머릿속이 꽉 차 있다 해도 그것을 입 밖으로 내뱉는 연습을 하지 않으면 절대로 실전에서 빛을 발할 수 없게 된다.

건배사는 품위와 인격을 반영한다. 너무 길면 듣기 부담스러우며, 판에 박힌 건배사는 싱거울 수 있다. 전체적인 뜻은 좋아도 축약어의 어감이나 의미가 좋지 못하면 그 또한 무안할 수 있으니 주의하도록 하자. 술자리에서 건배사를 멋진 말로 해봐야지 생각하고 소리지른 건배사는 호응이 신통찮을 수 있다. 반면 숨을 들이켜고 한 템포 쉬며 내 진심을 담자는 생각에서 뱉어 낸 건배사는 반짝이는 눈빛이 되어 큰 호응이 되어줄 때도 있다.

진심은 참 예쁘다. 각종 모임이 많아지는 연말연시에 누구에게나 찾아올 수 있는 건배사, 때와 장소, 상황에 맞는 적절한 건배사는 그 어떤 장문의 연설보다도 강한 메시지를 전해줄 수 있다. 분위기를 한껏 살리며, 자신을 제대로 표현할 수 있는 방법은 무엇일까? 건배사의 내용에 대해 무슨 말을 해야 할지 고민이 된다면,

가장 먼저 주의집중이다. 보통 술자리는 시끄럽고 옆사람끼리 대화를 하는 등 집중력이 떨어지므로 큰 소리나 박수 유도 등 주의집중을 시킨 후 시작한다.

그 다음에는 건배를 제의한 사람에게 전하는 감사의 인사말로 시작해 보자.

회사 대표, 모임의 회장인 경우는 참석한 분들에 대한 고마움으로 당일 모임취지와 관련된 멘트를 하면 된다. 뒤이어 앞자리에 술잔이 비었는지 확인하고 만일 비어있다면 잔을 채우도록 권한다. (필히 점검 필요) 그 다음 건배 구호를 선창하고 마신 다음 박수를 유도한다.

특히 주의할 점은 잔을 들고 길게 진행하는 것은 금물이다. 이럴 경우 잔을 들기 전에 하고 싶은 말을 한 후 잔을 들게 하면 된다.

건배사로는 대표적으로 "위하여!"라는 말은 기원을 담고 있는 경우가 많다. 따라서 모임 취지 관련 멘트는 칭찬과 희망에 찬 말로 전하는 것이 좋다. 특히 건배 구호 제창은 전체가 하나임을 확인하는 순서인 만큼 구령하듯이 크고 힘차게 하는 것이 중요하다. 건배사는 모인 이들의 건강과 행복과 발전을 염원한다는 점은 비슷하지만, 쓰이는 단어는 시대를 반영해 수시로 변한다.[9]

소통의 중요성을 강조한 '통통통 · 쾌쾌쾌(의사소통 · 만사형통 · 운수대통, 유쾌 · 상쾌 · 통쾌)'가 있는가 하면 '불광불급(미치지 않으면 미치지 못한다)', '적선여경(선을 쌓는 집안에 경사가 있다)' 같은 사자성어도 있으며 '하쿠나 마타타(괜찮아 다 잘

9 '오바마(오로지 바라옵건대 마음먹은 대로 이루소서)'와 '소녀시대(소중한 여러분의 시간에 잔 대보자)'가 유행한 것도 하나의 사례다.

될 거야)' 같은 스와힐리어도 쓰인다. 알아두면 유용한 건배사로는 다음과 같은 것이 있다. 멋진 건배사로 스타가 되어보라.

첫째, 단합과 감사, 발전을 다짐할 때 사용하는 건배사는 다음과 같다.

▲나가자 : 나라를 위하여, 가정을 위하여, 자신을 위하여. ▲당나귀 : 당신과 나의 귀한 만남을 위하여. ▲진달래 : 진하고 달콤한 내일을 위하여. ▲변사또 : 변함없는 사랑으로 또다시 만나자. 변치 마라 사내놈아 또 만날 때까지. ▲오징어 : 오늘도 징하게 어울리자. 오래도록 징그럽게 어울리자. ▲위하여 : 위기를 기회로, 하면 된다, 여러분 힘내세요.

둘째, 부부 동반 모임에서의 아부용 건배사로는 다음과 같은 것이 있다.

▲당신 멋져 : 당당하게, 신나게, 멋지게, 져주며 살자. ▲남존여비 : 남자가 존재하는 이유는 여자의 비위를 맞추기 위해 있다. 남자의 존재이유는 여자를 밤새도록 비명(?) 지르게 만드는 것. 남자의 존재이유는 여자의 비밀을 지켜주기 위해서. ▲사우나 : 사랑과 우정을 나누자. ▲소취하당취평 : 소주에 취하면 하루가 즐겁고 당신에게 취하면 평~생이 즐겁다.

셋째, 1차로만 끝내자는 실속파를 위한 건배사로는 다음과 같은 것이 있다.

▲119 : 한 가지 술로만 1차로 끝내고 9시까지 집에 가자. ▲초가집 : 초지일관 가자 집으로. 2차는 없다. ▲마돈나 : 마시고 돈 내고 나가자. 이런 사람들에게 가장 미움을 받는 사람들이 바로……. ▲노틀카 : 놓지도 말고 트림도 말고 (다 마신 후) 카 하지도 말고…….

넷째, 특이한 건배사로는 다음과 같은 것이 있다.

▲마음을 달래며 (선창) ~웃으며 살리라 (전체) 이 구호는 가요가사를 인용한 것으로 사전설명을 통하여 "여러분 아무리 힘들고 어려운 일이 있더라도 우리는 마음을 달래며 웃으며 살기를 바라는 마음으로 제가 선창으로 "마음을 달래며"를 하면 여러분은 큰 소리로 "웃으며 살리라"를 불러주시기 바랍니다"로 주문(참고로 필자가 학교졸업 때 은사님의 건배였음)

01 적극적 경청(Active Listening)

리더는 '듣는 참을성과 태도'를 지녀야 한다. 나의 생각과 다르더라도 모두의 말을 듣고 최상의 선택을 찾는 게 바로 리더이다. 이처럼 경청(傾聽)의 리더십은 상대방을 편하게 만들고 존경과 호감을 갖도록 만든다. 자신의 이야기를 경청해 줄 때 상대는 자신이 관심받고 있다고 생각하기 때문이다.

소통은 '말하기'가 아니라 '듣기'에서 시작된다. '최강의 설득'은 경청에서 시작된다! 잘 들어주기만 해도 충분히 내 편을 만들 수 있다. 왜 설득에 능한 사람일수록 적게 이야기하고 많이 듣는 것일까? 말 많은 사람은 싫어해도 경청하는 사람에게는 감을 넘어 자신도 모르게 '신뢰'해 버리는 인간 심리 때문이다.

동서양을 막론하고 옛사람은 듣기를 지혜의 으뜸으로 여겼다. "귀가 둘이고 입이 하나인 것은 많이 듣고 적게 말하기 위한 것"이라고 그리스 철학자 제논(Zenon Kyprios BC 335~263?)이 말했지만 그만큼 어려운 일도 없을 것 같다. 공자(孔子)도 40세 불혹(不惑), 50세 지천명(知天命) 다음에 비로소 60세를 이순(耳順)이라고 했다. 미국 작가 올리버 홈스(Oliver Wendell Holmes, 1809~1894)는 "말하는 것은 지식의 역할이고 듣는 것은 지혜의 특권"이라고 말했다. 지식보다 지혜를 얻기가 힘들기는 예나 지금이나 마찬가지다.

우리들은 '경청'을 상대의 기분을 맞춰주는 예의 정도로 여긴다. 또한 충분히 많은 것을 들으며 산다고 생각한다. 소음, 잔소리, 거짓말, 짜증, 변명 등등… 하지만 그 이면을 뒤집어 보면 '경청 = 침묵' 또는 '듣는 것 = 내 말을 못하고 기다리는 것'이라는 편견이 도사리고 있다. 즉, 우리는 아직도 '듣는 것 = 상대의 생각과 감정을 정확히 이해하는 것'으로 받아들이지 않는다. "남의 말을 들어주면 손해"라는 편견과 "내 목소리를 낮출 경우 모두 잃는다"는 두려움에 사로잡힌다. 설득 대신 말싸움을 벌이던 시대의 낡은 편견이 아직도 통용되는 것이다.

경청기술의 수준을 다음처럼 분류하기도 한다. 그것은 바로 Level 1 : Listen to your sound, Level 2 : Listen to your mind, Level 3 : Open your mind의 3단계이다. (1)번 '기본 테스트'는 저자의 강의를 들어야만 가능하므로 생략한다(카페나 이메일로 질문하기 바란다). (2)번의 질문에 대답하고 자신의 적극적 경청능력이 어느 정도인지 점검해 보라.

(1) 기본 테스트

① "김재득은 송도에서 ______________을(를) 샀다."

② "나는 마포대교를 건너서 ______________에 갔다."

③ "나는 캐나다에서 ______________을(를) 보았다."

(2) 상대의 불만에 대한 적극적인 경청법의 사례

상대의 불만		적극적인 경청
1	너무 바빠서 못하겠다.	너무 독촉받는 것 같아서 못 마땅하다는 말이군.
2	나보고 어쩌란 말입니까?	답답하고 불만스럽다는 말이군.
3	끼리끼리 놉니까?	편파적으로 논다는 말이군.
4	왜 나만 미워합니까?	상당히 억울한 모양이구나.
5	왜 나만 해야 합니까?	차별대우를 받는 것 같아서 억울하다는 말이군.
6	월급 더 주는 것도 아니잖아요?	업무 외의 일이란 말이지.
7	꼭 그런 식으로 해야 합니까?	
8	너무 일방적으로 생각하십니다!	
9	그렇게는 못하겠습니다!	
10	오늘 또 야근입니까?	
11	결재만 하시면 끝입니까?	
12	말로만 하면 다 잘 됩니까?	
13	짜증나서 못 해 먹겠네!	
14	이 일은 오늘 내로 다해야 됩니까?	
15	이 의자에는 도저히 더 앉아 있을 수가 없다. 새것으로 바꿔주시면 좋겠다!	
16	팀장님은 결재가 왜 이렇게 늦습니까?	
17	드릴 말씀이 있습니다.	

추천답

7. 그런 식으로 하는 것이 못마땅하다는 것이지.
8. 일방적으로 하는 것 아니냐는 말이군.
9. 부당하다는 말이지.
10. 야근하는 것이 못마땅하다는 말이군.
11. 계급 가지고 누른다는 말이지.
12. 말보다는 실천이 더 중요하다는 소리구나.
13. 못마땅하고 불쾌하다는 말이군.
14. 오늘 내로는 무리라는 말이지.
15. 몹시 불편한 모양이구나.
16. 업무에 차질이 많은 모양이군.
17. 불만이 있거나 할 이야기가 있는 모양이지?

02 나의 경청(傾聽)능력은?

'듣는 사람'보다 '말하는 사람'이 더 많은 우리 사회에서 가만히 상대에게 귀 기울여 듣는 것은 리더가 지녀야 할 지혜다. 훌륭한 리더는 훌륭한 경청을 한다. 경청이야말로 훌륭한 리더가 지녀야 할 배우는 자세이기 때문이다. 삼성의 이병철 회장은 3남 이건희 회장에게 삼성을 승계하면서 가장 강조했던 가치가 '경청'이었으며 이건희 회장도 이재용 상무에게 이어서 강조한 것이 '삼고초려와 경청'이었다고 한다. 정보를 독점하고 지시하는 리더의 시대는 지나갔다.

진정한 리더십은 소통이다. 팀원의 능력을 극대화하는 작업을 리더십이라고 정의한다면, 그 리더십의 처음과 끝은 소통이다. 그중 경청은 소통의 시작이며 인간관계의 시작이다. 경청(傾聽)만 잘해도 훌륭한 소통이 된다. "경청해라!", "잘 들어라!" 많이 들어왔던 이야기지만, 현실적으로 얼마나 상대방의 의견에 귀 기울여 듣는지 궁금하다. 인간관계에서 경청처럼 중요한 기술(skill)

도 없다. 단지 듣기만 하면 되는데 말처럼 쉽지 않기 때문이다.

사랑+존경=경청이다. 사랑은 관심이기에 사랑의 의무인 인내를 가지고 듣고, 존경은 사람들이 내 말을 잘 경청해 줄 때 느낀다.

경청에는 3단계의 수준이 있다. Hearing→Listening→Active Listening의 단계이다. Active Listening은 이청득심(以聽得心)의 단계로서 귀를 기울여 들으면(以聽), 사람의 마음을 얻는다(得心)는 것이다. 소통기법이 좋은 사람도 2단계인 Listening까지는 잘 구사하지만 3단계의 Active Listening은 사랑하는 애인이나 배우자에게도 어려운 것 같다. 가까운 사이일수록 진정한 소통을 위해 경청의 3단계는 꼭 필요하다.

나의 경청능력은 어느 정도일까?(각 항목별로 5점 만점으로 테스트해 본다) 70점 이상이면 매우 훌륭한 경청자이지만 40점 이하라면 낙제점수이다.

경청능력 테스트 ('나의 상사는~' or '나의 동료는~')		Check 전혀 아니다-확실히 그렇다
1	나는 메시지를 더 효과적으로 전달하기 위해 사용하는 말, 목소리, 어조, 비언어적 요소를 항상 조절한다.	1 2 3 4 5
2	남에게 소개될 때 주의를 기울여서 상대의 이름과 신상 등을 기억하려고 하는가?	1 2 3 4 5
3	당신은 사람들의 말을 주의 깊게 듣고, 상대의 견해를 이해하고자 노력하는가?	1 2 3 4 5
4	당신은 사람들의 말을 중간에서 끊지 않고 끝까지 차분히 듣는가?	1 2 3 4 5
5	당신은 사람들의 말에 잘 맞장구치고, 상대가 말하기 쉬운 분위기를 만들 수 있는가?	1 2 3 4 5
6	만일 내용을 이해하지 못하면 그 사실을 인정하는가?	1 2 3 4 5
7	당신의 동료, 친구, 가족 등은 당신과의 대화를 즐거워하는가?	1 2 3 4 5
8	다른 사람들이 말하는 내용을 판단하지 않으며, 그들이 대화를 끝낼 때까지 결론을 내리지 않는다.	1 2 3 4 5
9	다양한 의견, 특히 나와 다른 의견을 열린 마음으로 듣는다.	1 2 3 4 5

10	대화가 끝나고 1시간 후에도 내용을 정확하게 기억할 수 있다.	1 2 3 4 5
11	나는 모든 중요한 대화를 메모한다.	1 2 3 4 5
12	나는 산만해지지 않고 집중하여 들을 수 있다.	1 2 3 4 5
13	나는 상대방의 말, 제스처, 표정 등에 주의를 기울여 듣는다.	1 2 3 4 5
14	상대방이 말을 끝낼 때까지 참을성 있게 듣고 나서 내 생각을 말하거나 대답한다.	1 2 3 4 5
15	일치하는 부분을 찾으려 하고, 그렇지 않은 부분은 중요시하지 않는다.	1 2 3 4 5
관련 의견		

〈표 6-1〉 **종합진단 비교표**

진단내용	본인 진단점수	팀 진단점수	타인 진단점수			본인-타인 최대 차이
			상 사	동 료	부 하	
나의 경청능력						

본인과 타인 간의 점수 차이가 클수록 원인을 잘 점검하고 개선할 필요성이 있다.

03 참된 대화 : 눈높이식 '말하기'와 '듣기'

참된 대화를 하기 위해서는 상대가 이해할 수 있도록 상대의 입장에서 대화를 하여야 하고, 또한 상대의 입장에서 들어야 한다. 우리는 모든 일에 있어서 상대편과의 대화를 잘 이해한다고 생각한다. 그러나 자신의 주관에 얽매여 '공감적 이해'가 안 되고 있음을 체험해 보기 위해 다음과 같은 방법을 시도해 보기 바란다.

첫째, 두 사람이 한 팀을 만들고 가위바위보를 하여 리더(전달자)와 부하 역할을 정한다. 전달자는 말로만 [모형 1]을 최대한 자세하고 정확하게 설명한다. 둘째, 부하역할을 맡은 사람은 설명에 따라 그림을 A4에 그리도록 한다. 셋째, 질문은 한 번만 가능하며, 질문이 모형도의 결정적인 부문일 경우는(혹은 발표자의 판단에 따라) 답변을 하지 않아도 무방하다. 문제의 설명은 단 한 번만 가능하다. 단, 그림을 보여주어서는 안 된다. 넷째, 그림을 다 그리고 나면, 전달자에게 나머지 학생들이 얼마만큼 이해했는지 질문한다. 그리고 나머지 사람들에게는 전달자의 의도를 얼마만큼 파악했는지를 질문한다. [모형 2]를 반복해서 설명하고, 그려볼 수도 있다.

아래 기록해 보고 자신의 아이디어와 느낀 감정을 적은 '기록 시트'를 서로 보여주거나 발표한다. 과정을 모두 마쳤으면 이 프로그램을 통해서 느낀 점을 피드백하라.

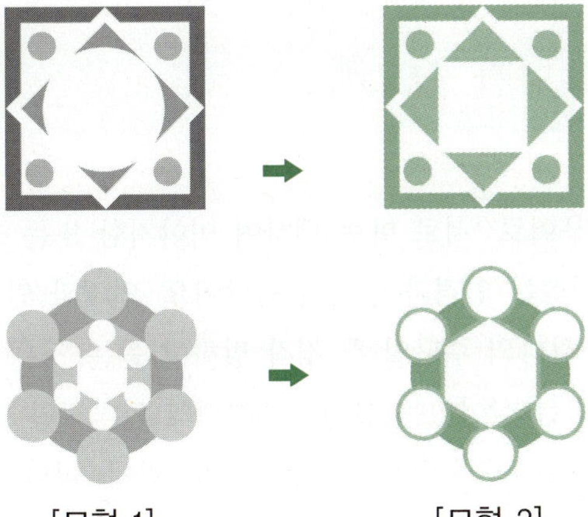

[모형 1] [모형 2]

(1) 전달자도 충실히 전달했고, 그리는 사람도 열심히 그렸지만, 실제 그림과 차이가 날 것이다. 왜 이러한 차이가 생겼을까?

____

____

(2) 혹시 전달자나 나머지 학생들 모두 자신의 주관에 따라 행동하지는 않았는가?

(3) 짧은 시간 동안이었으나, 본 실습을 통해서 다른 사람의 말을 듣고 이해한다는 것이 얼마나 힘들고 어려운 일인지를 체험할 수 있었을 것이다. 우리는 언어능력을 과신한다. 그런데 이것이야말로 대단히 위험하다는 것을 본 실습을 통해 알 수 있다. 말만 가지고 상대를 리드한다는 것이 얼마나 어려운가를 학습한 셈이다.

04 대화가 중요해

대화란 사전적 용어로 '서로 마주 대하여 이야기함 또는 그 이야기'라고 적혀 있다. 그래서 대화는 인격과 인격의 만남이요, 인격과 인격의 교류이다. 따라서 입이나 귀는 하나의 수단일 뿐 정작 말하고 듣는 것은 바로 사람의 인격인 것이다. 즉, 대화는 살아있는 실재(實在)끼리의 인격적인 만남이 이루어지고 관계 맺음이 드러나는 자리이다. 우리는 '누가, 언제, 어디서, 무엇을, 어떻게, 왜'라는 '육하원칙(六何原則)'에 의해 말을 한다. 그런데 대화에는 '누구에게'라는 하나의 요소가 더 필요하다. 즉, 대화가 성립되기 위해서는 대화 상대자가 있어야 한다.

같은 말이라도 '아' 다르고 '어' 다르다. 실제로 살아가면서 '아' 다르고 '어' 다른 말의 묘한 뉘앙스 때문에 크고 작은 갈등을 겪는다. "전쟁으로 인한 상처보다 더 치명적인 것은 한 사람의 입에서 나온 말이다"라는 서양 격언이 있다. 그것은 사람의 세 치 혀가 총칼보다 잔혹한 살인의 도구로 쓰일 수도 있음을 경계하라는 뜻이다. 그래서 구체적이고 진솔한 대화야말로 살아 있는 인격적 존재의 만남이며, 이를 통해 참된 만남이 실현되는 것이다.

아래 기록을 해보고 자신의 아이디어와 느낀 감정을 적은 '기록 시트'를 서로 보여주거나 발표한다. 과정을 모두 마쳤으면 이 프로그램을 통해서 느낀 점을 피드백하라.

(1) '대화'란 말을 들으면 떠오르는 것 또는 느낌을 적어보라.

___

___

(2) 자신의 인생을 바꿔놓을 만큼 중요한 만남의 대화가 누구와 언제 있었는가?

___

___

(3) 일상생활 중에 대화가 가장 잘 되는 사람의 이름을 1~2명 적어보라.

___

___

(4) 일상생활 중에 대화가 가장 잘 안 되는 사람의 이름을 1~2명 적어보라.

___

___

(5) 자신과 대화가 잘 되는 그 사람의 특징은 무엇인가? 즉, 그 사람과 대화가 잘 되는 이유는 무엇일까? 그 사람에게 어떤 특징이 있기에 대화가 잘 되는지를 간단히 기록하도록 한다.

___

___

(6) 자신과 대화가 잘 안 되는 그 사람의 특징은 무엇인가? 즉, 그 사람과 대화가 잘 안 되는 이유는 무엇일까? 그 사람에게 어떤 특징이 있기에 대화가 잘 안 되는지를 간단히 기록하도록 한다.

05 열린 질문과 닫힌 질문

자녀에게 무조건 공부를 잘 해야 한다고 훈계하는 것보다는, "나중에 어떤 사람이 되고 싶니?", "무엇을 가지고 싶고, 무엇을 하고 싶니?", "미래에 그렇게 되기 위해 지금 무엇을 해야 할까?"로 질문하는 것이 훨씬 효과적이다. 사람은 누구나 남이 시키는 대로 하기보다는 스스로 생각하길 좋아하며, 자신의 생각과 말에 가장 강력하게 설득된다.

질문은 생각을 자극하고, 스스로 답을 찾도록 촉구하므로 상대방을 성장시킬 수 있는 좋은 스킬이다. 또 질문은 상대방을 존중하고 있다는 강력한 표시이기도 하다. 나의 의견에 관심을 표명하며 질문하는 사람에게 마음을 열게 되지 않겠는가? 고객(친구, 선후배)에게 친절해야 한다고 일방적으로 훈계하는 대신 "어떻게 하면 단골고객(친구, 선후배)을 늘릴 수 있을까?" 하고 질문하고 그의 의견을 잘 경청해 보자.

아마도 직원은 손님에게 '친절하게 대해야 한다'는 가장 보편적인 방안 외에도, 아주 구체적이고 실질적인 의견을 만들어 낼 수 있을 것이다. 왜냐하면 그가 바로 그 문제를 가장 잘 아는 사람이며, 해결책을 스스로 만들어 낼 수 있는 잠재력을 지녔기 때문이다.

예를 들어, 덧셈을 배우는 아이가 있다고 하자. 아이에게 "2+7=□"라고 묻는다면 아이는 생각 끝에 "9"라고 대답한다. 그러나 "□+□=9"라고 묻는다면 아이는 이미 알고 있는 답으로부터 '1+8, 2+7, 3+6 등' 가능한 답을 계속 찾아낼 것이다. 쉬운 것 또는 익숙한 것부터 찾아내면서 생각을 더해 여러 개의 답을 찾아내도록 하는 것이 열린 질문이다.

다양한 생각을 이끌어 내는 좋은 질문은 열려 있다. 질문했을 때 대답이 '예' 또는 '아니요'로 나오는 것이 닫힌 질문이라면, 열린 질문은 상대방이 다양하게 탐색하고 자유롭게 의견을 말할 수 있게 한다. 예를 들어, 영업실적이 낮은 영업사원에게 "고객(친구, 선후배) 방문은 자주 했나?"라고 물어보았다고 하자. 이것은 전형적인 닫힌 질문으로, 영업사원은 '예' 혹은 '아니요'라는 선택밖에 없다. 게다가 닫힌 질문은 '고객(친구, 선후배) 방문을 자주해야 하는데 왜 제대로 안 하고 있느냐'는 질책으로 들린다. 이 상황에서 어떻게 열린 질문으로 전환할 수 있겠는가? 그것은 "영업성과를 높이려면 어떤 노력이 필요하다고 생각하나?", "지난 분기와 무엇을 다르게 해야 하겠나?"라고 하면 열린 질문이 된다.

열린 질문을 받으면 방어적이 되기보다는 생각을 하게 되고 평소의 생각을 정리해서 말하게 된다(진짜로 말하기 싫은 사람은 귀찮아하거나 눈을 피하는 경우도 있으니 유념하라). 그리고 자신이 말할 것에 대한 실행의지는 상사의 일방적인 지시에 의한 것보다 훨씬 효과적이다. 열린 질문은 가능성, 감정, 원인을 따지는 '왜' 또는 '어떻게'로 시작되어 사고와 대화를 자극한다. 반면에 닫힌 질문은 대상, 시간, 장소 등의 정보에 치중한다. 닫힌 질문은 간단한 대답을 요구하기 때문에 쉽고 빠르게 끝난다. 아래의 질문을 열린 질문으로 연습해 보라.

기록을 해본 후 자신의 아이디어와 느낀 감정을 적은 '기록 시트'를 서로 보여주거나 발표하고, 소통과정을 마쳤으면 이 프로그램을 통해서 느낀 점을 피드백하라.

[예] "후반전엔 경기 좀 풀려야 할 텐데, 안 그런가요?" (×)
⇨ 후반전은 어떻게 될 것 같아요? (○)

(1) "저곳에 텐트를 치는 게 낫지요?" (×)

⇨ ______________________________

(2) "아직도 수영 연습하니?" (×)

⇨ ______________________________

(3) "누가 캐나다에 갔다 왔니? 지은이? 아니면, 현미?" (×)

⇨ ______________________________

(4) "한국 정치가 제대로 되고 있다고 생각하세요?" (×)

⇨ ______________________________

(5) "순목씨 의견이 좋은가요, 종덕씨 의견이 좋은가요?" (×)

⇨ ______________________________

06 나-표현법(I-message)으로 소통하기

"너 같은 바보와 같이 프로젝트를 하게 되다니… 내가 너라면 차라리 혀 깨물고 죽어버릴 것이다." 만일 당신이 누구로부터 이런 말을 들었다면 당신의 기분은 어떨까? 모욕당했다는 생각에 분노가 치밀 것이다. 이럴 때 나는 어떻게 해야 할까?

대화전문가들은 '번역'의 기술을 익히라고 충고한다. 절대로 흥분하지 말고, 그 말의 진정한 의미가 무엇인지 파악하라고 한다. 친구는 정말로 내가 혀 깨물고 죽기를 원할까? 물론 아니다. 이 말을 '번역'하면 다음과 같다. "너는 어설프고 불성실하게 과제를 한다. 그러니 이번에는 정말 제대로 꼼꼼하게 해주었으면 좋겠어"라는 의미일 것이다.

말투 자체, 팩트 그대로만 주목하여 해석했다면, "너는 그따위로밖에 말을 못하니? 네 인간성이 의심스럽다!"라는 식의 거친 반격이 튀어나오기 쉽다. 끝없는 '말꼬리 잡기'는 이렇게 시작된다. 그러나 욱하는 감정을 참고 상대의 속상하고 불안한 마음을 바라보면, 흥분한 친구의 말 속에서 본심을 짚어낼 수 있다.

그러면 나는 어떻게 답변해야 할까? 이렇게 해보자. "내가 프로젝트를 제대로 못할까 봐 불안하구나?(상대방 감정 읽어주기) 너의 마음은 알겠지만 그렇게 말하면 나도 마음이 상해(나의 감정 표현). 나도 잘 하고 싶어. 그러니 어떻게 함께 프로젝트를 잘 할 수 있을지 같이 이야기하지 않을래?(발전적 제안 및 요청)" 어떠한가? 훨씬 부드럽지 않은가?

반격하기보다는 상대의 마음을 읽고 나의 속상한 마음을 표현하라. "너는 그따위로밖에 말을 못하니?"는 공격이지만, "네 마음은 알겠지만 그렇게 말하면 나도 마음이 상해"는 내 감정의 '표현'이다. 상대가 나를 이해해 주고 나 때문에 받은 상처를 보여주며 이해를 구할 때 논쟁은 어느덧 이해와 화해로 바뀌게 된다.

이처럼 '나-표현법(I-message)'은 단단하게 맺힌 마음의 응어리를 풀어내는 좋은 대화방법이다. 이제 상대의 마음을 아프게 하는 다음의 말들을 주어진 공식에 따라 바꾸어 보기 바란다.

기록을 해본 후 자신의 아이디어와 느낀 감정을 적은 '기록 시트'를 서로 보여주거나 발표한다. 과정을 모두 마쳤으면 이 프로그램을 통해서 느낀 점을 피드백하라.

[예] "이렇게 늦게 오면 어떡해? 넌 정말 구제불능이구나."

⇨ "네가 이렇게 늦게 올 때마다"〈사실〉

"나와 동아리 아이들이 모두 기다려야 하는 데다가, 이야기할 시간도 짧아서 많이 당황스러워."〈감정〉

"그러니 네가 좀 더 빨리 와주었으면 좋겠어!"〈요청〉

(1) 내가 어린애예요? 왜 엄마는 남의 책상을 뒤지고 그래요?

⇨ "나는 엄마가 ______________________________ 하면,〈사실〉

______________________________ 해.〈감정〉

엄마가 ______________________________ 좋겠어요."〈요청〉

(2) 내가 말하면, 왜 다른 곳을 보니? 그런 식으로밖에 못하겠어?

⇨ "나는 네가 ______________________________ 하면,〈사실〉

______________________________ 해.〈감정〉

네가 ______________________________ 좋겠어."〈요청〉

07 질문이 없으면 답도 없다

'왜' 내가 말할 때 상대방이 집중하지 못할까? '왜' 무대에만 올라가면 손발이 떨리고, 머릿속이 하얗게 되는 것일까? '왜' 대화를 주도적으로 이끌어 가지 못할까? 어떤 상황에서도 자신 있게 대화를 잘 풀어나가는 사람의 비결은 무엇일까? 바로 '질문'을 잘 한다는 점이다.

모든 대화는 '왜'라는 질문에서 시작된다. 질문이 없다는 것은 아는 것도 없다는 뜻이다. 대화에 자신 없는 사람들은 질문하기도 두렵다. 질문을 두려워하는 사람들은 상대방이 어떤 생각을 하고 있는지에 대해 지나치게 많은 생각을 한다. 또 어떤 질문을 했을 때 실수하지 않을까 하는 두려움이 있다. 그리고 가장 중요한 것은 호기심이 없다는 점이다. 대화를 나누거나, 강의를 할 때 청중의 의도를 파악하지 못하면 이야기를 풀어나갈 수 없다. 멈칫거리거나 우물쭈물하지 말고, 무엇을 원하는지 가볍게 질문을 던져보자.

질문을 할 때는 상대의 감성을 자극하여 호기심을 유발해야 한다. 질문에서

힌트를 얻었다면, 풍성한 콘텐츠로 이야기를 풀어나간다. 이때 상대방의 몸짓 언어도 민감하게 살펴야 한다. 나 혼자 신나서 이야기하고 있는 것은 아닌지, 상대방도 나에게 집중하고 내 말에 공감하고 있는지를 알려면 몸짓 언어를 해독하는 능력을 길러야 한다. 그리고 상대의 마음을 공감하며 뜻을 소통하는 것으로 마무리한다면, 어떤 어려운 문제도 해결해 나갈 수 있을 것이다.

어떤 일에서도 시작이 중요하다. 그런 대화의 시작은 바로 질문이다. 이런 점에서 레오나르도(Leonardo)는 어떤 사물이든 항상 캐묻고 질문하는 습관이 몸에 배어 있었다.

> "인간이 보여주는 변화무쌍한 행동은 얼마나 많은가?
> 또 이 세상에는 얼마나 많은 동물들이 있는가?
> 얼마나 많은 나무와 화초가 있는가?
> 얼마나 많은 산과 평원이 있는가?
> 얼마나 많은 샘물과 하류와 도시와 공공건축물과 개인건축물이 있는가?
> 또 인류가 사용하는 기계들은 얼마나 많은가?
> 복장과 장신구와 예술품이 얼마나 많은가?"

이처럼 그는 세상 모든 사물에 지대한 관심을 가지고 질문을 던졌다.

> "나는 시골길을 산책하며 전혀 해답을 찾을 수 없던 문제를 해결한 적이 있다. 조개껍데기나 산호나 해초는 왜 높은 산 정상에 있는 것일까? 천둥소리는 왜 번개가 친 다음에 들리는 것일까? 돌멩이를 물에 던지면 왜 원을 그리며 퍼져 나가는 것일까? 새는 어떻게 공중에서 오랜 시간 머무르는 것일까?
>
> 나는 일생 동안 이러한 문제들은 물론 다른 기이한 현상에 대해서도 심각하게 고민해 왔다."

그럼 당신이 던지는 질문은 어떤 것이 있는가?

08 소통능력 자기진단(Ⅰ)

의사소통의 사전적 의미는 “가지고 있는 생각이나 뜻이 서로 통함”이다. 커뮤니케이션(communication)이란 말도 “공통적으로 나눠 갖는다”라는 의미를 지닌 라틴어 ‘communis’에서 비롯된 것으로, 일방적인 의사전달이 아니라 상호 소통까지 포함한다. 즉, 커뮤니케이션의 목적은 일방적으로 이야기하는 것이 아니라 공유하는 것이다. 커뮤니케이션은 의사전달, 의사소통, 소통, 정보전달 등으로 번역되지만 그 영어의 포괄적 의미를 담을 만한 번역 용어는 아직 발견하지 못했다.

커뮤니케이션을 잘 한다는 것은 ‘마음을 담아서 말하는 것’이다. 그러므로 다른 사람과 소통할 때는 항상 마음이 오가는 대화를 나누어야 한다. 소통의 목적은 ‘공감대 형성’이다. 소통에 대한 필자의 견해를 표현하면, 소통이란 “한 사람의 영혼이 상대의 흩어진 머릿결과 심오한 감정선을 타고, 심장에 울림을 주는 것”이라고 말하고 싶다.

아래 문제들은 내가 상대의 이야기를 어떻게 듣는지 알아보기 위한 것이다. 만약 다음과 같은 말을 상대가 나에게 해온다면 어떻게 반응을 보일 것인지 가장 가깝다고 생각되는 것에 ○표 하라.

1. “퇴근시간만 다가오면 일거리를 많이 주니 저는 퇴근하지 말라는 것입니까?”

① 직장일이 다 그런 것 아닌가, 자네가 좀 참아줘야지.

② 오늘 무슨 약속이 있는가?

③ 이봐, 여기가 퇴근하러 다니는 곳인가?

④ 남의 사정은 알아보지도 않고 무리하게 일을 시킨다는 말인가?

2. "저는 매일 같은 일만 되풀이하고 있습니다. 더구나 그 일은 중학생 정도면 할 수 있는 일입니다."
   ① 불평도 소용없네. 업무가 본래 그런 것인데 어떻게 하겠나!
   ② 일을 좀 더 재미있게 할 수 있는 방안이 있으면 이야기해 보게.
   ③ 조금만 더 참고 하면 위에서도 무슨 배려를 해주시겠지.
   ④ 너무 단순히 작업을 반복하려니 지루하지?

3. "제가 맡은 일의 진전도 별로 없고 그것 때문에 두 번씩이나 실장님께 심한 꾸중을 들었습니다. 그래서 저는 어떻게 해야 좋을지 모르겠습니다."
   ① 그러니까 열심히 노력하게!
   ② 왜 일의 진척이 없는가?
   ③ 당신이 맡은 일이 중요하니까 그러시겠지. 가능하면 빨리 마칠 수 있도록 최선을 다해보게.
   ④ 일의 성과가 좀처럼 없고 또 꾸중까지 들으니 의기소침해졌군!

4. "이 부서에 왔을 때 승진을 기대하고 열심히 일했습니다. 그런데 4년이나 지난 지금까지 저는 같은 자리에 머물러 있습니다."
   ① 당신에게 무엇인가 문제가 있어서 그런 것 아니야?
   ② 인사과에서 당신이 왜 승진이 안 되었는지 이야기하던가?
   ③ 조금만 더 참게. 인사체증이 있지만 이번에는 승진하겠지.
   ④ 승진이 되지 않아 무척 실망하고 있군.

5. "과장님은 다른 사람에게는 쉬운 일을 맡기면서 왜 저한테만 항상 어려운 일을 맡기십니까?"
   ① 무슨 말이야! 쉬운 일을 시켰다는 것을 모르나?
   ② 어째서 자네한테만 힘든 일을 시킨다고 생각하는가?
   ③ 그렇게 어려운 일을 잘 해낼수록 조직에서 유능한 사람이라는 인상을 주네.
   ④ 업무의 할당이 불공평한 것 같아 기분이 상했군!

〈응답지 1〉

구 분	자신의 반응	토의 결과	바람직한 반응
1			
2			
3			
4			
5			

〈응답지 2〉

구 분	비 판		정보의 요구		충 고		공 감	
	자 신	팀	자 신	팀	자 신	팀	자 신	팀
1								
2								
3								
4								
5								

결과 분석

응답문항 중에서 ①번은 비판, ②번은 정보의 요구, ③번은 충고, ④번은 공감을 의미한다.

(1) **판사형** : 상대방의 이야기를 듣고 평가하고, 판단하고, 지적해 주는 반응, 주로 ①번이 많다.

(2) **형사형** : 반응을 하기 전에 이해하기 위하여 더 많은 정보를 요구하는 일. 상대방은 심문당하는 것처럼 느낄 우려가 있다. 자신이 중요하다고 여겨지는 방향으로 대화를 끌고 간다. 주로 ②번이 많다.

(3) **해결사형** : 상대에게 어떻게 하는 것이 좋은가를 조언해 주는 반응, 주로 ③번이 많다.

(4) **도사형** : 상대방이 말한 내용을 해석해 준다. 자신에게 중요한 것에만 반응, 관심, 상대방이 말하고자 하는 내용 왜곡, 설명거리를 찾는다. 주로 ③번 유형이다.

(5) **로저스형**[1] : 상대방의 입장에서 그의 기분을 수용하며 이야기의 내용을 이해하는 반응. 친밀감을 조성하고 상호 이해를 돕는다. 주로 ④번 유형이다.

(6) **꽃장수형** : 지지적 대답, 상대방 격려, 위로, 보상, 동정하는 형이다. 주로 ④번 유형이다.

1 칼 로저스(Carl Rogers)는 미국의 심리학자로서 내담자(來談者) 중심의 상담요법 또는 비지시적(非指示的) 카운슬링의 창시자이다. 치료적 변화를 위하여 필요한 치료자의 태도를 중시했다. 치료자 자신의 자기일치, 환자에 대해 무조건적인 긍정적 관심, 일치된 공감적 이해를 중시했다.

09 소통능력 자기진단(II)

자신의 행동에 가장 가까운 것을 찾는다. 각 질문마다 두 가지의 가능한 행동(A와 B)이 있다. 주어진 상황에서 평소 자신의 행동과 관련하여 판단하라. 즉, 당신의 응답은 두 행동에 대한 상대적인 선택을 나타내게 되는데, 각 항목마다 두 가지의 가능한 행동에 대하여 다음과 같이 6가지 유형 중 하나로 배점하면 된다.

■ **6가지 배점 유형**

A	B
5	0
4	1
3	2
2	3
1	4
0	5

• 참고사항

5는 "나는 항상 이렇게 행동한다"를 의미하는 것이고 0은 "나는 절대로 이렇게 행동하지 않는다"를 의미하는 것이다.

※ 두 항목의 합은 항상 5가 되어야 한다.

1. 동료와 그의 문제에 대한 의논을 하고 있을 때 갑자기 그 동료가 자기 문제뿐만 아니라 내 문제도 같이 이야기하자고 제안한다면, 나는?

( ) A : 내 문제는 다음에 이야기하고 그의 이야기를 중점적으로 살펴보자고 하겠다.

( ) B : 내 문제에 대한 동료의 의견을 들을 수 있는 좋은 기회이므로 그렇게 하자고 적극적으로 동의하겠다.

2. 친한 동료와 그의 대인관계에 대하여 이야기할 때에, 나는?

( ) A : 감정을 상하지 않게 하기 위해서 그 동료의 인간관계상의 단점이나 약점을 이야기하지 않도록 주의한다.

( ) B : 그의 대인관계가 향상되도록 도와주기 위해서 주로 그의 인간관계상의 단점이나 약점을 지적해 준다.

3. 만일 두 사람에게 다 중요한 어떤 문제에 대한 여러 번의 충돌로 인하여 내 동료와 나의 관계가 나빠졌다면, 나는?

( ) A : 그 동료와 이야기할 때 의견이 다른 문제를 언급하지 않도록 노력해서 관계가 더 악화되는 것을 피하겠다.

( ) B : 우리 관계를 해결하기 위하여 먼저 의견충돌이 일어난 문제를 해결하자고 이야기하겠다.

4. 만일 내 동료나 부하가 나를 회피하는 이상한 행동을 보인다면, 나는?

( ) A : 그 사람에게 행동이 이상하다고 말하고 왜 그러는 것이냐고 물어보겠다.

( ) B : 그냥 덮어두고 그 사람이 하는 대로 내버려 두겠다.

5. 다른 일로 기분이 상해 있을 때 부하나 동료가 내가 너무 화가 나 있어서 같이 있기가 불편하다고 이야기한다면, 나는?

( ) A : 내가 지금 신경이 날카로우니 당분간 그냥 두라고 이야기한다.

( ) B : 잘 알겠다고 이야기하지만 내가 왜 화가 나 있는지에 대해서 굳이 설명하지는 않는다.

6. 만일 회사 내에서 나에 대한 부정적인 소문이 떠돌고 있고 내 동료 중의 한 사람이 그 소문을 잘 알고 있다고 생각되면, 나는 그 동료에게?

( ) A : 소문에 대한 이야기는 일부러 피하고 그 동료가 먼저 스스로 나에게 이야기를 하도록 기다려 준다.

( ) B : 소문에 대해서 그 동료가 아는 것이 무엇이냐고 직접적으로 물어보겠다.

7. 만일 한 동료가 다른 어떤 동료에 대하여 모든 사람에게 거만하게 행동한다고 부정적으로 이야기하고 나도 전적으로 동의하는 경우라면 나는?

( ) A : 그 이야기를 들은 후에 나도 똑같이 느끼고 있다고 확실하게 내 입장을 밝힌다.

( ) B : 이야기를 잘 듣겠지만 그 동료가 내 생각을 다른 사람에게 퍼뜨릴 위험이 있으므로 내 생각은 전혀 말하지 않겠다.

8. 만일 내가 생각하기에 자신의 능력으로 감당할 수 없는 직무를 내 부하가 맡기를 원하고 있고, 인사부서에서도 그 부하를 그 자리에 잠정적으로 발령했다면, 나는?

( ) A : 내 생각을 인사부서나 그 부하에게 이야기하지 않고 자신들이 알아서 처리하도록 한다.

( ) B : 일단 그 부하와 인사부서에 내 생각을 이야기하고, 최종 결정은 서로 알아서 내리도록 한다.

9. 만일 내 동료가 다른 사람을 상대할 때 나쁜 인상을 줄 수 있는 행동을 하는 것을 보았다면, 나는 동료에게?

( ) A : 그가 내 생각을 받아들이지 않을 수도 있겠지만, 내 생각을 그에게 이야기하고 고치는 것이 어떻겠냐고 제안한다.

( ) B : 남의 일에 참견하는 것으로 보일지도 모르니까, 그냥 모른 척한다.

10. 과거에 야단을 친 일로 해서 나와 편치 못한 관계에 있는 부하나 후배에 대해서, 나는?

( ) A : 불러다가 그 행동을 이야기한다면 상황이 더 나빠질 것이므로 그냥 둔다.

( ) B : 불러다가 야단을 친 것이 나와의 관계에 영향을 미친 것이냐고 직접적으로 물어본다.

11. 만일 내 동료나 부하가 일을 효과적으로 하기 위해서 같이 잘 지내야 할 다른 동료나 부하와 개인적인 문제로 충돌을 일으키고 있다면, 나는?

( ) A : 그 사람에게 다른 사람과의 문제에 대해서 부분적으로 책임이 있다고 말하고 그 문제로 다른 사람이 나쁜 상태에 처해 있는 것을 알게 한다.

( ) B : 이 문제를 언급하게 되면 추후에 두 사람과 잘 지내기가 어렵게 되기 때문에 관여하지 않는다.

12. 만일 내 동료가 나와 다른 사람들에게 부당하게 행동하고 있다고 생각하는 경우에, 나는?

(　　) A : 다른 사람들에게 나처럼 그 동료의 행동을 부당하게 느끼고 있는지를 물어본다.

(　　) B : 내가 먼저 물어보지 않고, 다른 사람들이 그 이야기를 꺼낼 때까지 기다린다.

집계표 및 자가 진단

Feedback 항목에 대한 반응		
항목번호		응답결과
1	B	
4	A	
6	B	
8	A	
10	B	
12	B	
합 계		

자기노출 항목에 대한 반응		
항목번호		응답결과
2	B	
3	B	
5	B	
7	A	
9	A	
11	A	
합 계		

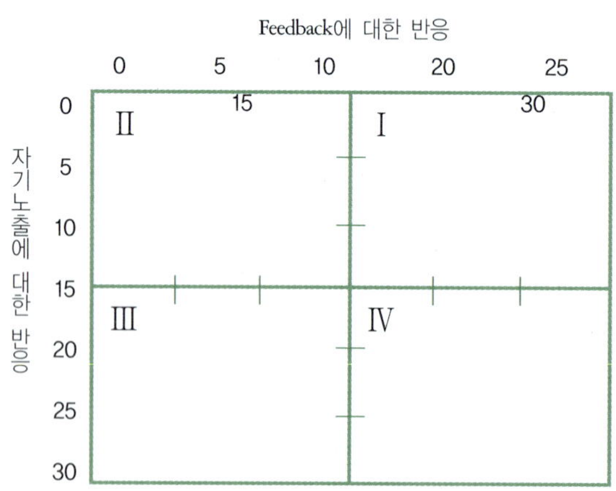

결과 분석

(1) Ⅰ**분위** : 자기노출은 낮지만, 피드백에 대한 반응은 큰 편이다. 자기노출에 대해 보다 관심을 두어야 한다.

(2) Ⅱ**분위** : 피드백과 자기노출의 정도가 낮으므로 소통능력이 빈약한 리더이다.

(3) Ⅲ**분위** : 피드백은 낮지만, 자기노출 정도는 강한 편이다. 자기 피드백에 보다 더 큰 관심을 두어야 할 것이다.

(4) Ⅳ**분위** : 자기노출과 피드백이 모두 강하며, 소통능력이 뛰어난 리더이다.

CHAPTER

07

설득과 협상

『정조 치세어록』

“사람이란 낡은 것에는 무덤덤하고 새것이라야
귀가 솔깃하고 눈이 번쩍 뜨이는 법이다.”
“새로운 관직을 만들고 인선에 최선을 기하여
나라와 사람 모두가
이 사람이라야 이 자리에 적임자라고 인정해야 한다.”
“뽑힌 사람이라고 해서 과연 모두가 뽑히기에 부끄러움이 없는
사람인지 사람의 눈을 번쩍 뜨이게 할 인물인지 모르겠다.
백성의 눈을 번쩍 띄게 할 점이 없다면 틀림없이
비아냥거림과 비판이 뒤따를 것이다.
그것이 또 내가 몹시 두려워하는 일이다.”

– 정조대왕의 인선원칙 中에서 –

01 일상 속의 설득사례 찾기

세종대왕이 이루어 낸 위대한 업적을 보면 비슷한 의견을 가진 동조자들과의 협의 속에서 이루어진 순금식(純金式) 결과물이 아니다. 언제나 반대자들과의 격렬한 토론 속에서 아이디어를 모아 이루어 낸 '설득의 힘'이었다. 나아가 투쟁의 와중에서도 합의와 결정으로 이루어진 강력하고 단단한 연금술(鍊金術)의 창조물이었다.

나를 설득하고, 동료를 설득하고, 상사와 부하, 애인, 이웃을 설득하지 않고 이 세상에서 얻을 수 있는 것은 아무것도 없다. 설득력을 가진 사람은 일상생활과 직장생활에서 탁월한 힘을 창출한다. 항상 다른 사람들에게 영향을 주어 합의를 이끌어 내고 자신의 생각에 찬성하게 하거나, 자신이 원하는 대로 상대가 행동하도록 만든다.

우리는 살아가면서 끊임없이 설득의 기로에 선다. 어떤 사람은 원하는 것을 얻고, 어떤 사람은 원하는 것을 얻지 못한다. 이렇게 결과가 다른 이유는 무엇일까? 바로 설득력의 차이 때문이다.

문학, 철학, 정치, 사회 등과 관련된 글들 중 타자를 설득하는 부분을 선택하여 아리스토텔레스의 설득의 방식을 적용하여 분석해 보고 자신의 입장을 제시해 보시오.

지금까지 혹은 미래에 자신이 설득할 목표와 대상 등을 설정하여 실제로 도전하여 실패나 성공한 경험을 '실험 보고서'식으로 작성해 보라. 기록을 마쳤으면 자신의 경험과 느낀 감정을 적은 '기록 시트'를 서로 보여주거나 발표한다. 과정을 모두 마쳤으면 이 프로그램을 통해서 느낀 점을 피드백하라.

____

____

____

02 세종과 정조의 설득과 협상술

세종대왕이 '뒤에서 밀어주는' 방식의 리더였다면, 정조대왕은 '앞에서 이끄는' 스타일의 왕이었다. 두 임금은 회의 운영 방식에서부터 달랐다. 세종은 신하들에게 발언의 기회를 최대한 주고 이를 '경청'하는 리더십으로 회의를 진행했다. 반면에 정조는 어전회의를 시종 주도하면서 신하들의 과도한 발언을 견제하는 데 주력했다.

세종대왕은 백독백습(百讀百習)으로 일찍이 15세기에 '지식사회'를 이루었고 과제를 집현전 학사들에게 던져놓고 결과물이 나올 때까지 기다렸다. 그러나 정조대왕은 규장각에서 신하들을 직접 가르치기까지 했다. 세종은 좀처럼 속마음을 드러내지 않는 내향적 성격이었지만 정조는 신하들보다 더 말을 많이 해 비판을 받을 정도로 '다변(多辯)'이었고 격정적인 성격을 지닌 것으로 전해진다.

두 임금 간의 설득력 차이가 컸던 이유는 집권 당시 상황의 차이를 들 수 있다. 세종은 부왕인 태종이 공신과 외척을 모두 제거해 준 덕택에 개혁을 추진하는 데 장애가 없었다면, 정조는 사도세자의 아들이라는 핸디캡을 안고 있었고, 세종 시대와 비교할 수 없을 정도로 심각한 붕당(朋黨) 간 대립구도 속에서 왕권을 지켜야 했다.

두 임금은 말투와 성격에서도 차이를 보였다. 세종은 신하들의 비판이 날카로워도 일단 긍정하면서 대화를 시작하는 스타일이었지만 정조는 다소 논쟁적이었다. 기록을 보면 "그렇지 않다", "경들이 하는 일이 한탄스럽다"는 정조의 말이 자주 등장한다.

이처럼 설득과 협상술에서 차이를 보였지만 국정 운영의 목표는 다르지 않았다. 두 임금 모두 신하와 백성의 소리를 잘 듣는 것으로부터 국정의 출발점을 두었고 '백성을 편안하게 하는 것'을 정치의 궁극적인 목적으로 삼았다.

그렇다면 대왕 세종과 정조 이산의 리더십 스타일에 대해 보다 자세히 분석하여 그들의 차이점과 공통점을 찾아보라.

출처 : 김재득(2012). 리더십, pp. 350-351 재수정.

03 조조와 제갈량의 설득과 협상술

최근 명분보다는 실리를 추구하는 사회로 변해감에 따라 『삼국지』에서 간웅의 전형적 모형인 조조가 다시 주목받고 있다.

조조(曹操, 155~220)는 유비에 비해 전략 면에서 훨씬 뛰어났다. 그의 권모술수는 당대에 따를 자가 없었다. 조조는 시기를 잘 파악해 기민하게 대처해 나갔으며, 과단성 있고, 부하의 옳은 말을 잘 들어주었다. 참다운 무사를 보면 아군이든 적군이든 가리지 않고 등용했다. 관우가 오관참육장(五關斬六將)을 벌릴 때 적장 관우를 융숭하게 대접해 무사히 돌려보낸 일, 세 살 된 어린 아두(阿斗)를 품에 안고 단기필마로 사투하는 조자룡에게 매료되어 화살촉을 제거한 화살을 쏘도록 명령한 것과 같은 행동은 영웅이 아니고서는 도저히 흉내도 낼 수 없는 모습이었다(설령 실화가 아니다 해도…).

냉철한 판단력으로 정세를 주도했던 조조는 문무(文武)를 겸비한 위대한 행정가이자 정치가, CEO였다. 조조는 명분보다 능력 우선으로 인물을 기용하고, 준법으로 기강을 세웠으며, 풍부한 인재와 탄탄한 시스템을 유산으로 남겼다. 후에 위나라가 삼국을 통일한 것도 이런 유산 덕분이다.

제갈량(諸葛亮), 자는 공명(孔明), 그는 만고의 지략가다. 그뿐만 아니라 탁월한 행정가이며 상식을 뛰어넘는 발명가였고 뭇사람들의 심금을 울리는 명문장가였다. 특히 그의 일관된 신념과 도덕성에 바탕을 둔 리더십은 자리 잡지 못한 유비 진영을 어엿한 삼국의 하나로 일어설 수 있게 했다. 그는 원칙에 충실한 리더로서 인재 기용 시에 도덕성에 큰 비중을 두었다. 조조가 유재시거(唯才是擧)라 하여 능력만을 중요시했던 데 비해 그는 신의과 도덕성을 갖춘 인물을 기용했다. 공명이 발탁했거나 등용시킨 인물들을 보면 모두 한결같이 도덕성을 갖춘 인물들이다.

그래서 위(魏)의 진영에는 인재가 많았지만, 촉(蜀)의 진영은 인재에 항상 갈급증을 느꼈다. 좁은 익주 한곳에서만, 그것도 도덕성을 갖춘 인재를 등용하다 보니 정작 인재는 늘 부족했다.

이상과 같은 사실은 능력과 품성 사이에서 오는 딜레마이기도 하다. 조조와 제갈량의 인재 채용 방법은 비교할 만한 요소는 많다. 그것이 무엇인지 찾아서 비교해 보자. 그리고 오늘날과 비교하여 당신이라면 어떠한 인재를 선호하는지 토론해 보자.

출처 : 김재득(2012). 리더십, pp. 351-352.

04 처칠과 히틀러의 설득과 협상술

소통에는 크게 두 가지 유형이 있다. 권위적인 '히틀러식 소통'과 선견지명과 영감을 주는 '처칠식 소통'이다. 히틀러(Hitler)의 가장 최고의 능력은 대중을 선동하는 웅변술이다. 히틀러는 독일 국민이 민주주의를 포기하고, 기회가 있을 때마다 옛 영토 수복정책을 부르짖는 지도자를 선택하도록 최면 상태로 만들었다. 이러한 최면술의 비밀은 바로 웅변술과 설득력이 밑바탕이 되었다.

반면에 처칠(Churchill)은 '눌변(訥辯)'에 가깝다. 처칠은 연설을 몇 번 하지도 않았을 뿐 아니라 특수효과도 동원하지 않았다. 그가 좋아하는 장소는 의회나 라디오 방송국처럼 대중과 직접 마주칠 기회가 적은 곳이었다. 처칠은 대중연설의 취약점인 말더듬과 혀 짧은 소리로 고통을 겪었다. 하지만 처칠에게는 상대를 설득시키는 토론능력이 있었다. 사실 처칠은 남의 일에 잔소리를 하고 참견하기로 악명 높았다. 또한 자신이 임명한 사람이 기대를 충족시키지 못할 경우 아무리 가까운 친구라도 무자비하게 대하였다. 개인적 친분보다 국가의 미래가 먼저였다. 어찌보면 처칠이 이처럼 학연과 지연을 벗어나 국익을 앞세웠기 때문에 그의 리더십은 더욱 확고해질 수 있었다.

하지만 처칠은 감정이 풍부하고 눈물이 많은 리더였다. 제2차 세계대전 동안 눈물로 보내는 날이 많았고 국민들 앞에서 감상적이 되는 것을 꺼리지 않았다. 오늘날 강조되는 감성적 리더라고 볼 수 있다. 또한 처칠은 모든 상황이 자신에게 불리할 때에도 순순히 인신공격을 받아들였다. 의회 비공개 회의에서도 처칠은 자신의 실수를 인정했다. 하지만 히틀러는 끊임없이 남의 탓으로 돌렸다.

히틀러식 설득력에서 특이한 것은 그가 권력을 행사하지 않아도 부하들이 그를 만족시켜 줄 만한 업무를 자진해서 수행하는 '총통에 대한 충성' 개념을 주입시킨 것이다. 나치 독일에서 유태인 반대운동이 벌어졌을 때, 그의 부하들은 경쟁적으로 유태인을 학살할 '좋은 방법'을 내놓으며 히틀러에 대한 충성을 맹세했다. 히틀러에게 인정받기 위해 그의 부하들은 자발적으로 더 잔혹한 방법으로(예를 들면, 수용소에 가스를 주입해 싼 비용으로 효율을 높이는 등) 유태인 학살에 앞장서게 된다.

이런 과정에서 부하들은 자연스레 갈등이 쌓이게 되었고 히틀러는 갈등의 중심에 서서 중재자의 역할을 하면서 더욱 강력한 리더십을 확보할 수 있었다. 히틀러가 부하들에게 리더십을 확보할 수 있었던 또 다른 중요한 요인은 자신은 전체적인 목표를 설정하고, 정치나 행정의 자세한 부분은 전적으로 부하에게 위임했다는 점이다. 하지만 그는 혼돈의 시대가 낳은 위험한 리더십을 지닌 영웅이었다(김재득, 2008; 2012).

이 외에도 히틀러와 처칠의 리더십은 비교할 만한 요소가 너무나 많다. 그것이 무엇인지 좀 더 조사하여 그들의 소통과 설득 스타일을 비교하라.

출처 : 김재득(2012). 리더십, pp. 358-360.

05 일본 3대 바쿠후(幕府)의 설득과 협상술

"울지 않는 새는 새가 아니리니 그 목을 칼로 치겠다"라고 일본 통일의 기반을 다진 오다 노부나가(織田信長)는 말했다. "울지 않는 새는 울 때까지 때려서라도 울게 하겠다." 일본의 천하 통일의 첫발을 디딘 도요토미 히데요시(豊臣秀吉)의 말이다. "새는 반드시 우는 법, 울지 않는 새는 울 때까지 기다리겠다." 일본의 천하 통일을 완성시킨 도쿠가와 이에야스(德川家康)의 말이다. '울지 않는 새'에 대한 일본 3대 바쿠후(幕府)의 설득과 협상술을 알 수 있는 대목이다.

울지 않는 새는 "죽인다", "울게 만든다", "울 때까지 기다린다"라고 각각 다르게 답했고, 실제 그들의 행동도 그러했다. 노부나가는 성격이 급하고, 히데요시는 자신감에 넘치며, 도쿠가와는 인내심이 강하다고 말할 수 있다. 그리고 권력행사의 방법을 최소한의 말만 해야 한다는 노부나가, 상대의 마음을 유혹하라는 도요토미, 그리고 의도를 드러내지 말라는 도쿠가와의 협상술을 떠오르게 하는 장면이다.

일본인이 가장 좋아하는 역사 인물 1위인 오다 노부나가는 자신의 군단을 최강의 군단으로 이끈 리더십을 지니고 있었다. 그가 실제로 천하 통일 직전까지 갈 수 있었던 것은, 신분에 상관없이 무공에 따라 공정한 논공행상을 했던 그의 뛰어난 인재활용술 때문이었다. 즉, 인재 확보만이 난세의 승자가 되는 열쇠이며 지도자로서 과감하고 혁신적인 면모는 현대의 지도자가 모델로 삼기에 충분하다. 하지만 빛이 강하면 그림자가 짙어지듯 이런 그의 태도는 부하들의 반발을 불러왔다. 특히 노부나가의 현실개혁 의지를 부하 아케치 미쓰히데(明智光秀)는 쉽게 받아들이지 못했다. 그래서 결국 반란을 일으키고 만다. 노부나가는 그가 평소 부르던 '아쓰모리(敦盛)'의 한 구절[1]처럼 49세의 젊은 나이로 죽게 된다.

오다 노부나가의 명언[2]과 설득술 이외에 도요토미 히데요시, 도쿠가와 이에야스의 명언과 설득술은 무엇인지 좀 더 연구하고 심층조사하여 토론해 보라.

---

1 인생 오십 년 / 천하에 비한다면 / 덧없는 꿈과 같은 것 / 한 번 태어나서 / 죽지 않을 자 그 누구인가! / 죽지 않을 자 그 누구인가!

2 "넌, 정작 필요할 때 쓸모가 없구나", "일은 찾아서 하는 것이다. 자신이 만들어 내는 것이다. 남이 시킨 일만 하는 자는 잡병이다".
– 오다 노부나가 –

출처 : 김재득(2012). 리더십, pp. 353-356.

06 삼성家와 현대家의 설득과 협상술

삼성가에서 故 이병철 회장은 스케일이 크면서도 일정한 방향으로 '흐르는 강'과 같다면 이건희 회장은 스케일이 클 뿐 아니라 구상의 방향이나 범위가 정해져 있지 않다. 이병철 회장의 경우 술도 마시고 대인관계가 활발했던 반면 이건희 회장은 와인 외에는 술을 입에 대지 않고 대외활동이 거의 없어 '은둔의 경영자'로 통한다. 두 사람을 비교하여 누가 더 능력이 있고 훌륭하다고 말하기 어렵다. 이병철 회장이 삼성의 초석을 이루었다면 이건희 회장은 삼성의 꽃을 피웠다.

인재관(人材觀)의 비교에서 이병철 회장은 유교적 바탕을 가진 반듯한 인재를 선호했다. "의심 가는 사람에게 일을 맡기지 말고, 일단 맡긴 사람은 의심하지 말라"는 '의인불용 용인불의(疑人不用 用人不疑)'라는 기준에서 전문경영인에게 경영업무를 과감히 위임했다. 이에 반해 이건희 회장은 '끼' 있고 창조적인 인재를 선호한다. 계열사 최고 경영자(CEO)들에게 '실패의 자산화', 즉 실패를 두려워하지 말고 과감하게 도전할 것을 주문한다. 이건희 회장 본인은 경영의 큰 그림과 미래 변화 대비책을 구상하는 데 전념한다. 그럼 두 부자 간의 리더십을 보다 더 자세히 비교해 보고 차이점과 공통점을 찾아보라.

> "오만 분지 일 지도, 그 다음에는 조선소를 짓겠다는 백사장 사진, 그걸 들고 가서 당신이 배를 사주면 사줬다는 증명을 가지고 영국 정부의 승인을 받아서 영국 정부에서 차관을 얻어서 기계를 사들이고, 그래서 여기다 조선소를 지어서 네 배를 만들어 줄 테니까 사라."

현대중공업 CF에서 광고한 정주영 회장의 말이다. "아무 것도 없는 맨 손으로, 지도와 오백 원짜리 지폐에 그려진 거북선을 보여주고 선박을 수주했다"는 유명한 일화 '무데뽀 정신'과 불후의 명언 "이봐, 해봤어?"는 정주영의 리더십 스타일이다. 시련을 두려워하지 않은 정주영처럼 오늘도 무엇인가를 시도해 보라. 그래야 후회가 없을 것이다. 이들의 일대기와 신언서판을 짚어가며 거인의 인생과 철학을 통해 설득과 협상의 중요성을 밝혀보라.

출처 : 김재득(2009). 리더십의 정글에서 길 찾기, pp. 166-167.

07 스포츠 스타가 전하는 설득과 협상

최근에는 스포츠 스타가 소통과 리더십의 대명사로 자리 잡고 있다. 실제 경기내용을 사례로 소개하면 누구라도 관심이 있어 설명하기도 쉽기 때문이다.

성공하기 위해 개인의 자질도 중요하지만 팀워크와 리더가 필요하다. 이런 점에서 가장 부각되는 것이 현대 스포츠다. 현대 스포츠는 혼자 하는 것이 아니다. 그렇기에 리더의 소통과 설득은 팀의 승리와 개인의 승리에 큰 영향력을 발휘한다. 리더의 말과 설득력에 따라 팀의 응집력과 성적에 중요한 영향을 미치고, 그것이 팀과 개인의 승리로 연결되는 것이다.

믿음과 경험의 리더 김인식 리더십, 열정과 집중력 그리고 노력과 근성을 지닌 마이클 조던(Michael Jordan)의 리더십, 냉정함과 통찰력의 알렉스 퍼거슨(Alex Ferguson) 감독,[3] 2002년 월드컵 대표팀 감독 거스 히딩크(Guus Hiddink)[4] 등 스포츠 명장에게 배울 수 있는 리더십을 찾아보자. 그리고 스포츠 스타인 김연아, 차유람, 손연재, 박지성, 세계 축구감독 중 뛰어난 업적을 남기고 있는 조세 무리뉴(Jose Mourinho),[5] 호셉 과르디올라(Josep Guardiola)[6]로부터 배울 수 있는 꿈과 도전, 열정, 자신감, 연습, 습관, 10년의 법칙에 대해 알아보자.

---

3 오늘을 위해 싸우고, 내일을 위해 생각한다. 모르는 척 넘어갈 것이라면 애초에 감독 따위는 하지 말아야 한다. 빠르게 불타올랐다가 순식간에 꺼져버리는 성과로는 만족할 수 없다.

4 너희들의 의지로 감독이 바뀐 지금, 너희가 무엇인가를 보여줘야 할 때가 아니겠는가? 일단 공이 구르기 시작하면 감독이 할 수 있는 일은 세 번의 선수 교체밖에 없다. 먼저 그 나라가 왜 그런 축구를 하는지 본질적인 기원을 알아야 한다.

5 단순히 '경기에 이긴다'가 아니라 '이겨야 할 경기를 반드시 이긴다'. 전술 자체가 중요시되는 시대는 끝났다. 전술을 실현하기 위한 트레이닝에서 감독의 성향이 구분된다. 그러므로 불안감이나 압박감을 입 밖에 내서는 안 된다. 절대로.

6 승리한 뒤에도 변화는 필요하다. 길은 험할 것이다. 하지만 나는 이 도전에 성공할 수 있다고 느낀다. 안 그랬으면 지금 이 자리에 있지도 않았다. 이기는 방법은 수백 가지이지만, '바로 이거다!' 하고 느낌이 오는 스타일을 찾지 못하면 계속 승리할 수 없다.

출처 : 김재득(2012). 리더십, p. 349 재수정.

08 동식물이 전하는 설득과 협상

동식물 세계에도 리더가 있다. 원숭이 집단, 사자 집단, 코끼리 집단에도 리더가 있다. 여기에서는 기러기, 늑대, 앨버트로스, 펭귄, 연어의 리더십과 연꽃이 상징하는 리더십의 의미에 대해 알아보도록 한다.

기러기는 머나먼 여행을 떠나면서 목적지까지 가기 위해 진심으로 서로를 격려하고 응원한다. 기러기의 정신은 조직원들에게 따뜻함과 희망을 가져다준다. 기러기가 떼 지어 나는 이유는 우선 먼 거리를 가는 데 안전을 위한 것이며, V대형으로 날아갈 때 혼자 날 때보다 71%의 효율이 증가되기 때문이라 한다.

늑대는 우두머리가 정탐을 나섰다가 실패했을 때 무리들은 우두머리에게 실망하고 공격하는 대신 격려하고 위로한다. 그것은 우두머리가 진정으로 공동체의 생존을 위해 최선을 다했다는 것을 믿기 때문이다. 늑대는 자신의 새끼를 위해 목숨까지 바쳐 싸우는 유일한 포유류이다. 사냥을 하면 암컷과 새끼에게 먼저 음식을 양보한다.

앨버트로스(albatross)는 다음의 세 가지 능력이 탁월하다. 첫째, 알타비스타(alta vista)는 높은 곳에서 전체를 보는 안목, 다시 말해서 시스템적 사고(systemic thinking)를 말한다. 둘째, 레호나 비스타(lejona vista)는 멀리 내다보는 안목으로 전략적 사고(strategic thinking)를 의미한다. 셋째, 그랜드 비스타(grande vista)는 큰 안목, 다시 말해서 비전에 바탕을 둔 큰 그림을 보는 안목을 말한다.

펭귄은 영하 40도의 차가운 눈보라를 이겨낸 아빠 펭귄이 앞으로 태어날 알을 지키기 위해 혹독한 추위와 눈보라 속에서 힘겹게 견뎌낸다. 새끼 펭귄이 쑥쑥 커갈수록 아빠 펭귄은 점점 야위어 가고, 극성스러운 도둑 갈매기와 포악한 바다표범에게 온몸이 만신창이가 된 아빠 펭귄은 새끼에게 마지막 한 방울의 소화액까지 먹인다. 그리고 혹한의 추위를 견디기 위해 펭귄은 무리를 형성하여 극복한다. 수천 마리의 수컷 펭귄은 서로 몸을 움츠리고 서로의 체온에 의지해 냉혹한 추위를 이겨내듯, 무한 경쟁사회에서 팀워크는 생존을 위한 필수조건이다.

역류하는 강을 따라 몸부림치는 연어는 그야말로 처절함 자체이다. 연어는 역류하는 강을 오르면서도 절대로 포기하거나 낙담하지 않는다. 오르지 못할 강이라고, 이건 할 수 없는 일이라며 포기하지 않는다. 행여 오르지 못할 강이라 하더라도 그곳에서 마지막까지 최후의 몸부림을 친다.

인생길에서 어떤 어려움이 닥쳤을 때 그 자리에서 주저앉고, 자포자기하고, 모든 것이 끝났다며 눈물짓고, 스스로 희망을 무너뜨리는 이들이 있다. 리더는 감당할 수 없을 정도의 위기에 직면하더라도, 포기하거나 희망을 버려서는 안 된다.

연꽃은 한자로 부용(芙蓉), 연화(蓮花), 하화(荷花)라 한다. 연꽃은 어떤 곳에 있어도 푸르고 맑은 줄기와 잎을 유지한다. 비록 뿌리에 오물이 그득해도 그 오물에 뿌리를 내린 연꽃은 줄기와 잎에서 청정함을 절대 잃지 않는다. 그래서 항상 청정한 몸과 마음을 간직한 사람은 연꽃처럼 사는 사람이라고 표현하며 이런 사람을 연꽃의 본체청정(本體淸淨)의 특성을 닮은 인재라 할 것이다.

연꽃이 피면 물속의 더러운 냄새는 사라지고 향기가 연못에 가득하다. 마치 한 사람의 인간애가 사회를 훈훈하게 만드는 것처럼 우리는 이렇게 사는 사람을 연꽃처럼 사는 사람이라고 한다. 연꽃은 오랜 수행 끝에 '번뇌의 바다'에서 벗어나 깨달음에 이르는 수행자의 모습으로 비유되기도 한다. 고결한 인품은 그윽한 향을 품어서 사회를 정화한다. 한 자락 촛불이 방의 어둠을 가시게 하듯 한 송이 연꽃은 진흙탕의 연못을 향기로 채운다. 이런 사람을 연꽃의 계향충만(戒香充滿)의 특성을 닮은 리더라 할 수 있다.

연꽃은 진흙탕에서 자라지만 진흙에 물들지 않는다. 주변의 부조리와 환경에 물들지 않고 고고하게 자라서 아름답게 꽃피우는 사람을 연꽃같이 사는 사람이라고 한다. 이런 사람은 연꽃의 이제염오(離諸染汚)의 특성을 닮은 인재라 할 것이다.

기러기-늑대-앨버트로스-펭귄-연어-연꽃이 전해주는 인재의 자격요건을 좀 더 찾아서 서로 나눔을 가져보라.

출처 : 김재득(2012). 리더십, pp. 400-402.

스스로 모른다고 생각하면
이미 지혜를 얻은 것이나,
스스로 안다고 생각하면
어리석음 중의 어리석음이다.

– 법구경 –

09 영화 속 리더십 배틀

영화는 우리 주변을 객관적으로 둘러보게 만든다. 나를 응원해 주고 지지해 준 주변 사람을 떠올리게 한다. 영화의 광고 문구처럼 "언제나 나를 최고라고 말해준 당신이 있어 행복합니다"라고 말해줄 대상을 찾게 만든다. 그들이 지금의 나를 있게 만든 주인공이기 때문이다. 살다 보면 있을 때는 몰랐는데 떠난 자리가 유난히 크게 느껴지는 사람들이 있다. 알게 모르게 내 삶에 커다란 영향을 미치면서 내 삶의 버팀목이 되어준 사람들이다.

'영화 속의 명대사'를 통해서 리더십을 살펴보는 것도 훌륭한 '팁(tip)'이 될 수 있다. 다음 소개하는 영화 속 주인공의 리더십을 통해 그들의 차이점을 비교, 분석, 평가해 보라.

영화 『미션 임파서블(Mission Impossible)』의 이단 헌트(톰 크루즈 역), 영화 『알렉산더 대왕(Alexander the Great)』의 알렉산더, 영화 『트로이(Troy)』의 아킬레스(브래드 피트 역), 영화 『캐리비안의 해적(Pirates of the Caribbean)』의 잭 스패로우 선장(조니 뎁 역), 만화영화 『슬램덩크』의 농구 선수 채치수, 영화 『*300*』에서 레오니다스(Leonidas) 왕은 영화 초반부에 페르시아에서 항복을 권유한 사신이 왔을 때 항복을 거절하면서 사신을 발로 우물에 빠뜨려 버릴 때 이곳은 스파르타라고 외치던 대사가 있다. "스파르탄~~~(This is spartan)"이다. 그는 멋들어진 함성과 함께 부하들에게 등을 내주고 그들의 등을 지키며 함께 싸운다. 이러한 레오니다스 왕의 모습은 병사들에게 신뢰를 심어주고 사기를 높여 그들의 선전을 이끌어 낸다.

말뿐인 리더, 힘으로만 강요하는 카리스마 리더는 현대 조직의 다양한 조직원들의 개성을 인정하지 못하고 부하의 신뢰를 받을 수 없다. 이상 6개의 영화를 통하여 꿈·깡·끼·꾀·꼴·끈·꾼 등 일곱 개의 쌍기역(ㄲ)과 함께 신언서판으로 주인공들의 리더십을 분석해 보라.

출처 : 김재득(2012). 리더십, pp. 384-399.

PART

04

서(書) : 쓰기 · 필력과 프레젠테이션

초보자에게 주는 조언

시작하라, 다시 또다시 시작하라
모든 것을 한 입씩 물어뜯어 보라
또 가끔 도보여행을 떠나라

자신에게 휘파람 부는 법을 가르치라
거짓말도 배우고,
나이를 먹을수록 사람들은
너 자신의 아야기를 듣고 싶어 할 것이다
그 이야기를 만들라

돌들에게 말을 걸고
달빛 아래 바다에서 헤엄도 쳐라
죽는 법을 배워두라
빗속을 나체로 달려보라

일어나야 할 모든 일은
일어날 것이고
그 일들로부터 우리를
보호해 줄 것은 아무것도 없다.
흐르는 물 위에 가만히 누워 있어 보라

그리고 아침에는 빵 대신 시를 먹으라
완벽주의자가 되려 하지 말고
경험주의자가 되라

– 엘렌 코트(Alan A'Court) –

CHAPTER

08

필력 · 선언문 · 십계명

성공하면 나쁜 친구도 생기고 적도 생길 수 있다.
그래도 성공하라.

If you are seccessful,
you will false friends and true enemies.
Succeed anyway.

– 켄트 키스(Kent M. Keith) –

01 아름다운 댓글 달기

읽어보기조차 끔찍한 악플들이 지금도 인터넷에 수없이 떠돌고 있다. 악플은 소리 없는 총과도 같아서 무고한 생명을 해칠 수 있으며 심각한 정신적 피해를 안겨줄 수 있는 치명적인 무기다. 입에 담기조차 부끄러운 온갖 욕설과 비방으로 인터넷 세상이 얼룩지고 있고 이런 악플에 어린이와 청소년들이 무방비로 노출되어 있다는 것은 우리 사회의 크나큰 문제이다.

따뜻한 말 한마디, 아름다운 댓글이 아름다운 인터넷 세상, 아름다운 사회를 만든다. 악플 대신 선플을 달아서 인터넷 공간을 화목하고 아름답게 만들어 나가도록 해야 한다. 댓글은 곧 나의 인격 그 자체를 대변한다. 선플을 다느냐 악플을 즐기느냐를 보면 그 사람의 인격이 가장 적나라하게 드러난다. 그러므로 이제부터 우리 함께 노력하여 악플이 발을 붙일 수 없는 '청정공간'을 만들어 가야 한다. 악플은 그릇된 사회풍조를 반영하며 민주적 사회의 존립을 가로막는 행동이다. 그러나 '선플'은 사람을 춤추게 한다. 이제 선플을 통해 '긍정적인 감정'을 공유해 보자.

[보기] 아름다운 댓글 나누기 : 긍정적인 감정 나누기
_________야! 너는 소중하다. 사람이니까 실수할 때도 있단다.
_________야! 너를 믿는다. 자꾸 노력하고 연습하면 더 잘 할 거야.
_________야! 네가 자랑스럽다. 앞으로 더 잘 될 것을 믿는다.
_________야! 너도 알고 싶지? 생각해 보면 답을 찾을 수 있을 거야.
_________야! 너도 해보고 싶지? 너는 세상의 무엇과도 비교할 수 없는 소중한 존재란다.
_________야! 네티즌은 너를 사랑한다.

위와 같은 네티즌들의 표현은 글을 읽는 당사자에게 다음과 같은 의미를 전달하게 될 것이다.

네티즌들에게 정당한 평가를 받고 있구나. 나를 좋아하는구나.
나도 열심히 하면 가능성이 있는가 보다.
나에게 기대를 걸지만 부담을 안주려고 애쓰는구나.
나는 남에게 사랑받을 만한 가치가 있구나.
나는 소중한 사람이다. 나에겐 이런저런 장점이 많구나.
내가 무슨 일을 하든지 네티즌은 내 편이다.

그럼 지금부터 내가 속한 사이버 공간만이라도 악플 추방운동을 먼저 시작해 보면 어떨까? 구체적으로 보내고 싶은 상황을 찾아보고, 나의 선플을 구성해 보도록 하자. 그리고 일주일에 한 사람 이상에게 선플을 보내보자. 선플운동본부[1]와 하얀날개달기운동[2] 등에도 참가해 보자.

자신이 할 수 있는 댓글을 달아 기록해 보자. 감정을 적은 댓글에 서로 리플을 달아주거나 발표하고, 느낀 점을 공유해 보라.

1 http://www.sunfull.or.kr

2 http://club.cyworld.com/e-Ethic

02 리더의 러브레터

'노블레스 오블리주(noblesse oblige)'란 고귀한 신분에 따르는 도덕적 의무와 책임을 뜻한다. 정당하게 대접받기 위해서는 명예만큼 의무를 다해야 한다는 것이다. 즉, 지도층의 솔선수범을 말하며, 특권에는 반드시 책임이 따르고 고귀한 신분일수록 의무에 충실해야 한다.

리더십이란 "캄캄한 밤에 방향을 알 수 없을 때 무리를 이끌고 어둠을 건너는 것이다". 리더는 방향을 가리켜 주는 사람이다. 리더십이란 어떤 상황에서도 길을 잃지 않는 것이다. 그리고 리더는 마지막까지 책임진다. 당신이 리더가 된다면 이 땅에서 가장 소중하고 책임져야 할 사람은 누구인가? 그 사람에게 지금 '사랑의 편지'를 한번 써보라.

아래 기록해 보고 자신의 아이디어와 느낀 감정을 적은 '기록 시트'를 서로 보여주거나 발표하고, 소통과정을 마쳤으면 이 프로그램을 통해서 느낀 점을 피드백하라.

03 나를 이끌어 준 노래가사 적어보기

음악은 삶의 울림이며, 열정과 희망의 증거가 될 수 있다. 내 삶에서 그 시절 들었던 그 노래 속에서 치유를 받고, 만났던 사람들과 소통했던 수많은 경험 등을 음악과 함께 해보라. 음악이란 묘한 매력이 존재한다. 언어가 달라서 가사를 알지 못할지라도 마음속 깊이 전달이 되는 의미와 느낌이 있다. 때로는 희망을 전해주기도 하고 슬픈 마음을 위로해 주기도 한다.

음악에는 사람과의 관계에 대한 이야기 그리고 그들이 느끼는 여러 감정이 멜로디와 가사 또는 여러 음악적 요소들을 통해 표현되어 있다.

음악으로 삶의 희로애락을 느낄 수도 있지만, 삶이 또 음악이다. 한 잔의 차를 사이에 두고 강처럼 흐르는 음악은 곧 힐링이 되기도 하고 신과의 기도가 되기도 한다. 사랑으로 듣고, 사랑으로 이해하면, 사랑의 문이 열리듯, 낯선 사람들도 음악을 사이에 두고 있다면 바로 친구가 된다. 음악으로 가득 찬 마음에서 우리는 꽃 향기 날리며 고운 마음으로 서로 하나가 된다.

좋은 음악은 인간의 삶에 있어서 중요한 역할을 할 수 있다고 생각한다. 여기서 '좋은'의 범주를 정확히 정의할 수는 없지만, 모든 인간이 서로 다르기 때문에 각각의 다른 사람에게 긍정적인 영향을 끼쳤다면 좋은 음악이라고 생각한다. 따라서 논리적인 설득으로 어려운 상황도 감성적인 음악이 소통의 매개체로 더 유용할 수 있다는 것은 21C 감성적 리더십에 필요한 요소라고 생각한다. 희망과 꿈을 북돋워 주고 과거를 반성하거나 미래에 대한 용기를 불어넣어 주는 그런 음악 하나쯤을 서로 소개해 보라.

〈옥상달빛의 '수고했어, 오늘도'〉

세상 사람들 모두 정답을 알긴 할까
힘든 일은 왜 한 번에 일어날까

나에게 실망한 하루
눈물이 보이기 싫어 의미 없이 밤 하늘만 바라봐

작게 열어둔 문틈 사이로
슬픔보다 더 큰 외로움이 다가와 더 날

수고했어 오늘도
아무도 너의 슬픔에 관심 없대도
난 늘 응원해, 수고했어 오늘도

빛이 있다고 분명 있다고
믿었던 길마저 흐릿해져 점점 더 날

수고했어 오늘도 (수고했어)
아무도 너의 슬픔에 관심 없대도
난 늘 응원해, 수고했어 수고했어 수고했어 오늘도

옥상달빛의 '수고했어, 오늘도'는 2011년 4월 26일 발매된 옥상달빛의 1집 28에 수록된 곡이다. 이 곡은 20대, 30대 청춘들에게 진정성 있는 위로와 희망의 메시지를 전달한다.

자신만의 명곡에 대해 생각을 마쳤으면 자신의 선곡기준과 그 이유를 서로 소개한다.

04 비전의 명문화 : 사명 선언서

비전은 과거에도 없었고, 현재에도 없는 미래 상태를 말한다. 조직의 비전을 가지고 있는 리더는 현재에서 미래까지 길을 만드는 사람이다. 사명 선언서는 문서로 작성될 수도 있고 그렇지 않을 수도 있으나 글이나 문서로 작성될 때 더욱 효과적이다. 훌륭한 사명서는 다음의 요건을 갖추어야 한다.

첫째, 시공을 초월한 의미가 있어야 한다. 둘째, 목표와 수단을 포함해야 한다. 셋째, 모든 고객(친구, 선후배)들에게 호소력을 지녀야 한다. 또한 네 가지 기본 욕구를 충족시킬 때 사명서의 결의는 더욱 확고해진다. 네 가지 욕구란 신체적(살기 : to live), 감정적(사랑하기 : to love), 지적(배우기 : to learn), 영적(유산 남기기 : to leave a legacy)으로 구분해 볼 수 있다.

1 사명 선언서(Personal Mission Statement)의 작성

인생의 목표를 확립하고 행동하는 가장 좋은 방법은 사명 선언서(personal mission statement)에 자신의 '인생철학'과 '신조'를 작성하는 것이다. 사람은 누구나 나름대로 다른 특성을 지니고 있기 때문에 자기 사명 선언서의 형태나 내용 역시 각자의 독특성을 반영하게 된다. 따라서 이것은 '개인 헌법'이라 할 수 있다.

사명 선언서는 그 이름 때문에 간혹 서양문화의 유산으로 오해받기도 하지만 우리 조상들도 비록 이름과 형식은 다를지라도 일찍이 이런 사명 선언서의 문화를 가지고 있었다. 한 집안의 '가훈'이나 개인의 '좌우명'이 바로 '한국형 사명 선언서'다. 예컨대 율곡 선생은 그의 나이 20세 되던 해에 외가인 오죽헌에 돌아가 공부를 시작하기에 앞서 자경문(自警文) 11조를 만들었다. 공부의 목적과 방법, 그리고 공부하는 사람이 지켜야 할 자세 등을 기록한 자경

문을 읽어보면 자경문을 만든 사람은 율곡이지만, 율곡을 만든 것은 바로 자경문이다.[3]

당신은 여러 가지 역할을 수행하고 있다. 예를 들면, 당신은 학생, 부모, 팀장, 교수, 지도자, 선생님 등과 같은 여러 가지 역할을 수행하고 있는 것이다. 또한 개인 생활에서도 여러 역할을 수행하고 있다. 형제, 자매, 남편 혹은 아내, 부모, 손자로서의 역할을 할 것이다. 당신은 자원봉사자 또는 사회단체의 리더역할을 할 것이다. 이러한 역할들에서 당신이 어떤 사람이 되고 싶어 하는지를 확인하고자 할 때 사명 선언서는 당신에게 '분석의 틀'을 제공해 준다.

개인 사명서를 작성하는 과정은 우선 다음과 같은 네 가지의 질문에 정확히 글로 표현할 수 있고 말로 답할 수 있어야 한다. 내가 중요하다고 생각하는 것으로서 가지고 싶은 것이 무엇인가? 나의 목적과 가치관에 따라 공헌하거나 성취하고 싶은 것은 무엇인가? 내가 갖추고 싶어 하는 품성은 어떤 것들인가? 내가 사회에 남기려고 하는 유산은 무엇인가?

1) 가지고 싶은 것 : 당신이 얻고자 하는 것

- **1단계** : 당신이 중요하다고 생각하여 가지고 싶은 것들의 목록을 아래에 작성하라. 당신이 "가지고 싶은 것"은 유형적인 것(예 주택)일 수도 있고 무형적인 것(예 행복한 가족)일 수도 있다.
- **2단계** : 가장 중요하게 생각하는 것 세 가지를 선택하라.

3 "제1조, 성인의 위치에 이르기까지 끊임없이 노력한다. 제2조, 마음을 결정하는 데는 먼저 말을 적게 한다. 제3조, 놓아버린 마음을 거두어 들인다. 제4조, 공손하고, 삼가고, 조심한다. 제5조, 일보다 생각이 앞서야 한다. 제6조, 재산과 명예에 마음을 두지 않는다. 제7조, 할 만한 일이면 정성을 다해야 한다. 제8조, 온 천하를 얻기 위해 죄 없는 사람을 한 명이라도 희생시켜서는 안 된다. 제9조, 아무리 포악한 사람이라도 감화시킨다. 제10조, 때 아닌 잠을 경계한다. 제11조, 수양과 공부는 서두르지 않고 꾸준히 계속한다(이율곡, 자경문)."

2) 하고 싶은 것 : 공헌과 성취할 것

- "하고 싶은 것"은 당신의 목적과 가치관에 따라 공헌하거나 성취하고 싶은 것들을 말해준다. 이는 "나는 왜 존재하는가?"라는 질문의 답이 된다. 다음의 질문에 대해 생각해 보고 답하라.

(1) 만일 당신이 무한대의 시간과 돈을 가지고 있다면 어떤 일을 하고 싶은가?

(2) 당신의 조직(학교, 가정)에서 어떤 일들이 가장 가치 있는 것이었는가?

(3) 당신의 개인 생활에서 어떤 일들이 가장 가치 있는 것이었는가?

(4) 당신이 장차 사회를 위하여 할 수 있는 가장 중요한 공헌은 무엇이라고 생각하는가?

(5) 당신은 어떤 재능들(계발과 미계발된 것)을 가지고 있는가?

(6) 당신이 여러 가지 이유로 해내지는 못했지만 자신이 반드시 해야 된다고 생각하고 여러 번 시도했던 일들이 있는가? 그것들은 무엇인가?

3) 되고 싶은 것 : 가장 큰 영향을 준 사람

- 사람은 그들의 행동, 감정, 생활방식을 통해 다른 사람들에게 영향을 끼친다. 당신 주위의 여러 사람들도 당신에게 모범을 보여주고 귀감이 되었음은 틀림없는 사실이다. 다음의 연습은 당신이 가장 가치 있게 여기는 성품들을 발견할 수 있게 도와줄 것이다.

(1) 누가 내 인생의 긍정적인 모델이 되었으며, 나에게 커다란 영향을 끼쳤는가? 왜 그 사람이 나에게 그와 같은 영향을 끼쳤는가?

(2) 내가 갖추고 싶어 하는 품성(자세와 태도)들 중에서 그 사람은 어떤 자격(성품)들을 갖추고 있는가?

(3) 벤치마킹한 인물 이외에 다른 사람들의 훌륭한 품성 중에서 내가 꼭 본받고 싶은 것은 무엇인가?

2 팀(조직)의 사명 선언서의 작성

• 현재 자신이 속해 있는 팀(조직)의 목표가 달성되었을 때 자신의 미래 모습에 초점을 맞추어 팀(조직)의 비전을 적어보라. 다음의 질문은 사명을 명확히 하는 데 도움을 주려는 것이다. 자신의 현재 조직이나 팀을 생각하면서 다음 질문들을 자신과 접목하여 고려해 보라.

1) 팀의 존재이유

(1) 자신의 팀(조직)은 왜 존재하는가?

(2) 자신이 속한 조직의 역할과 목적은 무엇인가(조직의 존재이유)?

2) 고객(친구, 선후배)의 욕구

(1) 자신의 주요한 고객(친구, 선후배)들은 누구인가?

(2) 그들의 가장 큰 욕구는 어떤 것들인가?

주요한 고객(친구, 선후배)	고객의 욕구

3) 조직의 비전 파악

(1) 조직 속에서 어떤 방법으로 함께 일하고 싶은가?

(2) 다른 고객(친구, 선후배)들과는 어떤 방법으로 함께 일하고자 하는가?

4) 핵심 가치 파악

(1) 당신의 행동을 좌우하는 근본적인 가치는 무엇인가?

(2) 당신이 하지 않기로(결코 하고 싶지 않은) 마음먹은 것은 무엇인가?

기록을 마쳤으면 나의 사명선언과 조직의 사명선언을 요약하고 서로 일치하는 점은 어떤 것이 있는지 비교해 보라.

나의 사명선언	팀(조직)의 사명선언
1.	1.
2.	2.
3.	3.
4.	4.
5.	5.

05 자성예언(自成豫言) 30題 작성하기

필자의 리더십 훈련에서 빼놓을 수 없는 것이 자성예언 30제(題)를 작성하는 것이다. 자성예언이란 스스로 자(自), 이룰 성(成), 미리 예(豫), 말씀 언(言), 즉 스스로 이루고자 하는 바를 미리 마음속에 반복해서 심으면 언젠가는 그것이 이루어진다는 뜻이다.

이것은 자기달성 예언(self-fulfilling prophecy)의 약자로, 한마디로 "말이 씨가 된다!", "간절히 기대하라, 그러면 이루어질 것이다!"라는 것이다. 애국가를 작곡한 안익태 선생은 "나는 반드시 런던 교향악단을 지휘하겠다"고 마음먹었다. 당시의 우리나라 여건으로 세계적인 교향악단을 지휘한다는 것은 불가능한 일이었다. 그러나 단돈 100달러를 들고 미국 땅에 발을 디딘 선생은 온갖 어려움을 이겨내고 마침내는 세계적으로 유명한 교향악단을 무려 230여회나 지휘했다. 어릴 때부터 꿈꾸었던 자성예언을 마침내 이루어 내고 만 것이다. 사람은 마음 깊이 심어진 잠재의식을 향해 노력하게 된다. 여러분은 오늘 어떤 자성예언을 통해 꿈을 키우겠는가?

자성예언을 작성하면 꼭 이루어진다는 것보다 더 중요한 것이 있다. 작성 과정 속에서 내 인생의 '과녁'을 넓히고 '북극성'으로 삼을 만한 목표를 정하게 된다. 또 그것을 스스로 기억하며 노력할 것이 생겼다는 목표감을 가지는 것이 무엇보다 중요하다. 자신의 SWOT을 통해서 3,650일(10년) 이후의 자신을 생각하면서 지금 내가 할 일을 하고 있는지, 변화를 두려워하지 않고 비전을 실현시키려는 모든 사람들에게 이 과제를 직접 작성해 보길 권한다. 지금 바로! 자신이 꼭 이루고 싶은 것 30가지를 적어보라.

아래 기록해 보고 자신의 자성예언 중 5~7가지만 서로 소개한다. 소통과정을 마쳤으면 이 프로그램을 통해서 느낀 점을 서로 토의하라.

(1) 30가지 중에서도 가장 되고 싶고, 가지고 싶고, 하고 싶은 것 세 가지만 고른다면 무엇인가?

(2) 세 가지 중에서도 이것만은 꼭 이루어졌으면 하는 한 가지만을 선택해 보라.

(3) 마지막 이 한 가지를 이루고자 한다면 지금 내가 해야 할 일과 필요한 것은 무엇인지 적어보라.

06 나의 존재이유는?

나의 존재이유는 무엇이며, 무엇을 위해 살아야 하는가? 이 지구상에 속해 있는 무수히 많은 생물들과 사물들의 존재이유를 우리 인간의 지성으로 알기에는 너무 어렵다. 하지만 '명상 수행'을 통해 "진리를 보는 눈"이 열리면 직관적으로 알 수 있다. 참된 본성과 하나가 되면 누구나 직관적으로 그것을 깨달을 수 있다. 자신이 진심으로 원하는 것을 찾아라. 뜻을 확고히 세우고 노력할 때 주변은 그것을 도와주는 기운으로 감싸게 되고 힘이 솟구친다.

누구를 사랑하기 위해서? 누구를 지켜주기 위해서? 누구를 증오하기 위해서? 누구를 만나기 위해서? 아직 내가 이 세상을 떠날 수 없는 이유, 즉 아직 내가 살아 있어야 하는 이유에 대해 세 가지만 적어보기 바란다.

아래 기록해 보고 자신의 내용 중 1~2가지만 서로 소개한다. 소통과정을 마쳤으면 이 프로그램을 통해서 느낀 점을 서로 토의하라.

(1) ____________________

____

(2) ____________________

____

(3) ____________________

____

07 나만의 인간관계 십계명

인간이 사회생활을 하면서 제일 중요한 것은 무엇일까? 여러 가지가 있겠지만 그중에서도 인간관계의 중요성은 두말할 필요조차 없다. 세상은 혼자 살 수 없다. 성공적인 삶을 살아가는 사람들을 주의 깊게 살펴보라. 그들의 주변은 늘 '사람들'로 북적인다. 그들이 성공했기 때문에 사람들이 몰려온 것일까? 그들이 성공했기 때문에 사람들이 몰려온 것이 아니라 성공에 필요한 사람들을 끊임없이 불러 모은 것이다. 나를 지원해 줄 후원자, 나를 이끌어 줄 스승, 함께할 동료 등 '내 사람' 없이는 성공할 수 없다. 아무리 능력과 운을 겸비한 사람이라 할지라도 혼자서는 정상에 서지 못한다.

세월이 지나도 사람 사는 것은 변하지 않는다. 사람은 혼자서 살아갈 수 없기에 사회생활이든 개인생활이든 관계를 형성하는 건 중요하다. 하지만 중요하면서 어려운 것이 인간관계를 맺는 것이 아닐까? 인간관계를 잘 풀어가는 것만큼 어려운 일 또한 있을까? 또래집단과 어울리는 어린 시절부터 조직생활을 하며 끊임없이 새로운 사람과 만나야 하는 일생 동안 풀기 어려운 숙제가 인간관계이다.

아무리 친한 사이라도, 피가 섞인 가족 사이에서도 이런저런 다툼과 오해는 생기게 마련이다. 하물며 생판 모르는 남과의 관계, 이해타산에 얽매여 얽히게 된 관계, 예의와 격식을 차려야 하는 관계에서 생길지도 모르는 오해와 갈등에 대해 어떻게 대처해야 할까?

예를 들어, 노만 빈센트 필(Norman Vincent Peale)의 사람을 얻는 비결은 "미워하는 사람이 있으면 그 사람의 장점을 종이에 기록해서 날마다 읽어라. 사람들에게는 단점도 있고 장점도 있다"라고 하였다.

이와 같이 수없이 많은 인간을 만나고 대인관계를 형성할 때 나름대로 중요하게 여기는 원칙들을 가지고 있을 것이다. 나만의 인간관계 10계명을 적어보면서, 자신과 다른 사람의 인간관계 원칙을 분석하고 알아보자.

아래 기록해 보고 자신의 아이디어와 생각을 적은 '기록 시트'를 서로 보여주거나 발표한다. 과정을 모두 마쳤으면 이 프로그램을 통해서 느낀 점을 피드백하라.

번 호	나만의 인간관계 10계명	이 유
1		
2		
3		
4		
5		
6		
7		
8		
9		
10		
관련 의견		

08 자신의 성과 창출 공식 만들기

"Life is B. C. D.!"라는 말이 있다. 여기서 B는 탄생(Birth)을, D는 죽음(Death)을 뜻한다. 그렇다면 그 사이에 들어 있는 'C'는 무엇을 의미할까? 선택(Choice)이다. 즉, 인생은 선택(Life=Choice)인 셈이다. 사람들의 행동은 상황에 따라 결정되는 것이 아니라 자신이 직접 내린 선택에 의해 결정된다. 결국 나를 통제할 수 있는 것은 내 자신뿐이다. 제2의, 제3의 인생을 설계하고 준비하라. 준비가 안 된 상태에서 오는 '기회'는 '재앙'이다. 그러나 준비가 기회를 만나면 운명이 된다. 권투선수 홍수환의 '4전 5기 신화'는 신화(神話)가 아니라 철저한 준비에서 나온 사실(事實)이었음을 알아야 한다.

아래 기록해 보고 자신의 내용 중 3~4가지만 서로 소개한다. 소통과정을 마쳤으면 이 프로그램을 통해서 느낀 점을 서로 토의하라.

제1단계 자신이 간절히 원하는 성과(목표)가 무엇인가를 구체적으로 적는다.

____

____

제2단계 원하는 성과(목표)를 달성함에 있어서 결정으로 기여할 세 가지 요소를 적는다.

요소 1. ______________________________

요소 2. ______________________________

요소 3. ______________________________

제3단계 요소 1, 2, 3을 아래의 성공 공식에 기록한다.

나의 성과 창출 공식 = [ ] × [ ] × [ ]

〈표 8-1〉 나의 성과 창출 공식 실천 계획표

요 소	구체적 실천행동	기 한	문제점
요소 1			
요소 2			
요소 3			

출처 : 백기복(2006). 성취형 리더의 일곱 가지 행동 법칙. 서울 : 이지북.

제4단계 각 요인들을 어떻게 강화시켜 나갈 것인지를 위 표에 따라 계획한다.

____

____

____

CHAPTER

09

프레젠테이션 · 시간 · 습관

미래를 예측하는 최선의 방법은

미래를 창조하는 것이다.

The best way to predict the future

is to invent it.

– 앨런 케이(Alan Curtis Kay) –

01 주목받는 프레젠테이션 능력자

많은 사람들 앞에서 발표를 하는 것은 어려운 일이다. 그러나 프레젠테이션은 21세기 모든 이에게 필수 능력이다. 스티브 잡스(Steve Jobs)는 명쾌한 단어 구사와 직관적인 이미지를 활용한 프레젠테이션으로 유명하다. 하지만 잡스의 프레젠테이션도 그의 구부정한 걸음걸이를 포함해서 동작 하나하나가 잘 짜인 각본이다. 만약 그의 표정이나 동작을 보지 않고 말만 들었다면 감동이 반감됐을 것이다.

"구슬이 서 말이라도 꿰어야 보배"라는 말이 있다. 그러나 구슬을 더욱 빛나게 보이는 방법은 보석함에 넣어두는 것이 아니라 아름다운 사람의 목에 걸어주는 것이다. 표현력은 생생한 쇼다. 눈에 확 띄어야 하고 타인에게 잘 보여야 한다. 세련되고 감각 있게 매력을 느낄 수 있는 프레젠테이션 능력은 꼭 필요하다. 자신의 생각과 기획안을 누군가에게 설명하는 그 시간은 그야말로 '본질적인 소통'이다.

그러나 발표자의 대부분은 준비된 유인물을 마이크 앞에서 약간의 보충 설명을 곁들여서 읽기 바쁘고, 준비된 앞 단상에서 꼿꼿한 차렷 자세와 무표정으로 전형적인 발표회처럼 끝낸다. 최근 필자가 경험한 바람직하지 않은 PT의 예를 통해 PT의 바른 자세를 두 가지만 소개하겠다.

첫째, 슬라이드를 그대로 읽는 사람이다. 너무나 많은 내용을 슬라이드에 담아서도 안 되고 글자 그대로 또박또박 읽는 것도 좋지 않다. 슬라이드 읽는 것은 청중도 할 수 있다. 슬라이드에는 핵심적인 내용을 한 면당 여섯 줄 미만으로 요약하고 이야기나 일화, 사례를 적절히 덧붙여 청중에게 설명하면 된다.

둘째, 가만히 서 있는 사람이다. 지나친 손동작도 가만히 서 있는 것과 마찬가지이다. 경직된 모습은 마치 출동명령을 기다리는 군인처럼 보여 청중을 지루하게 만든다. 적당한 몸짓과 손동작을 이용하고 적절히 걷고 위치를 이

동하라. 유명한 프리젠테이션의 목소리와 몸동작을 흉내 내보는 것도 좋은 방법이다. 발표자의 동선과 제스처, 목소리 등의 발표기술 능력을 배양해야 한다. PT 동선 전략, 청중의 이해도와 몰입도를 극대화하는 구성법을 익혀야 한다. 그리하여 발표를 할 때마다 긴장한 나머지 전달하고 싶은 내용을 전달하지 못하거나 발표 구성이 미숙한 부분을 최대한 줄여나가야 한다.

02 나도 모르게 홀린 듯 끌려들어 가는 PT

각광받는 PT 자료 만드는 비법은 무엇일까? 뛰어난 프레젠테이션을 접할 때는 발표자의 생각에 나도 모르게 뭔가에 홀린 듯 끌려들어 가게 된다. 프레젠테이션 자료뿐 아니라 기획서, 보고서 등 모든 자료는 상대방에게 채택되어야만 성공한 것이다. 선택받지 못하면 자료를 준비하는 데 많은 열정을 쏟았거나, 시간을 소비했거나, 발표를 잘했든 간에 아무 소용이 없다.

그동안 열심히 준비한 자료를 화면 가득 채워서 보여주어도 "일단 설명부터 듣고 시작하자"는 상사의 멘트는 열심히 작성한 프레젠터에게 좌절감을 준다. 그렇다면 성공적인 PT가 되기 위해 어떻게 해야 할까?[1]

첫째, 자료를 구성함에 있어서 상대가 얻는 이점이 포함되어 있어야 한다. 즉, '이득 느낌'이 들도록 상대방을 공략해야 한다 .

둘째, 전달하려는 항목이 너무 많지 않아야 한다. 간략하게 마법의 숫자인 세 가지 정도만 전달하여도 무방하다.

셋째, 수강생이 자료를 보기에 불편함이 없어야 한다. 예를 들면, 백화점이나 E마트의 전단지처럼 분류하면 된다. 당신의 자료임을 단번에 눈치챌 수 있을 정도면 더욱 좋다. 즉, 나만의 템플릿으로 어필하면 좋다.

1 아마노 노부코(Nobuko Amano)는 '선택받는 자료 제작의 승부수로 GHOUS(가우스), 즉 Goal(목표의식), Hospitality(배려), Originality(독창성), Usability(가용성), Simple(간결함)을 제시하고 있다.

넷째, 청중이 읽을 수 있을 정도의 정보량이어야 한다. 단 몇 초 만에 훑어볼 수 있는 자료면 된다. 이해하기 쉬운 문장으로 '무엇이+어떻게 되었다'식으로 하면 된다. 이때 가독성을 높이기 위해 30%의 여백으로 포인트를 눈에 띄게 하면 좋다.

다섯째, 타이틀만으로 내용을 알 수 있어야 한다. 타이틀로 '무엇이 얼마만큼' 대단한지 전달하면 좋다. 제목이 그만큼 중요하므로 신문의 헤드라인처럼 잘 요약하라.

여섯째, 정확한 표현으로 전달해야 한다. 숫자가 지닌 임팩트를 100% 활용하라. 왜냐하면 문장자료보다 시각자료는 정확한 표현에 도움을 준다. 인간의 마음은 시각에 좌우되므로 시각자료는 남용하지 말고 1페이지에 1~2개로 요약하라. 이때 상대의 시선을 유도할 수 있는 위치는 왼쪽 위에 두면 좋다.

일곱째, 수집한 자료는 동적으로 편집하면 좋다. 즉, 상대방의 마음을 움직이는 색을 고른다거나, 전체 이미지가 떠오르는 폰트를 사용한다. 또 글자 크기는 강약과 리듬감을 준다면 금상첨화가 될 것이다.

여덟째, 신뢰성 있는 PT가 되기 위해 사실관계, 오탈자를 확인한다. 그래야 청자가 재활용할 수 있는 데이터가 되고 '활용하기 좋은 정보'로 제공될 수 있다.

아홉째, 내용 면에서 수강생이 무엇을 듣고 싶어 하는지 정확히 파악한다. "그래서 지금 뭐하자는 거야?", "그래서 네가 말하고자 하는 것 딱 한 가지만 말해봐?", "참 밋밋한 PT로세~", "제발 나를 설득시켜 봐, 느낌이 없잖아!"라는 소리를 듣지 않게 하라.

열째, 세련된 디자인으로 구성하라. "좀 세련되게 못 만들어?", "너도 저런 것을 보면 지루하지 않니?", "저런 유치한 색깔 좀 봐라" 등의 비판을 받지 않도록 많은 디자인을 검토해야 한다.

마지막으로 실전 발표에서 "사전연습도 안 했나?", "저렇게 발표할거면, 차라리 보고서를 직접 가져오지 시간 아깝게 왜 하냐?", "그만! 무슨 소리야? 계속 중얼중얼거리기만 할래?"라는 소리를 듣지 않으려면 철저한 연습만이 요구된다.

03 시간도둑을 체포하라

"만약 내가 사흘간 눈을 떠서 볼 수 있다면, 첫째 날에는 나를 가르쳐 준 설리번 선생님을 찾아가서 그분의 얼굴을 바라보겠다. 그리고 산으로 가서 아름다운 꽃과 풀과 빛나는 노을을 보고 싶다. 둘째 날엔 새벽에 일찍 일어나 먼동이 터오는 모습을 보고 싶다. 저녁에는 영롱하게 빛나는 하늘의 별을 보겠다. 셋째 날엔 아침 일찍 큰길로 나가 부지런히 출근하는 사람들의 활기찬 표정을 보고 싶다. 점심 때는 아름다운 영화를 보고 저녁에는 화려한 네온사인과 쇼윈도의 상품들을 구경하고 집에 돌아와 사흘간 눈을 뜨게 해주신 하나님께 감사의 기도를 드리고 싶다."

3중 장애를 가진 헬렌 켈러가 『3일 동안만 볼 수 있다면』이라는 책에서 고백한 하루의 가치가 얼마나 그녀에게 소중한 시간인가를 말해주는 글이다. 그런데 우리는 두 눈을 뜨고도 얼마나 많은 시간을 허송세월하면서 귀중한 시간을 낭비하고 있지 않은지 살펴보라. 이제는 나의 소중한 시간을 훔쳐가는 '시간도둑'을 체포하라. 불필요한 생각을 하게 하는 나의 '좀비시간'을 줄여야 한다. 여기에 자신의 시간관리를 측정할 문항이 있다. 잘 살피고 꼭 개선하라.

이 문항들은 자신의 시간관리 행동이 어느 정도인지를 측정하는 문항이다. 다음 문항들을 읽고 자신의 시간관리 행동이 무엇인지 Yes 또는 No로 체크하시오.

시간도둑을 체포하라		Check	
		Yes	No
1	출근시간을 잘 활용하려고 노력한다.		
2	사전에 계획하는 데 시간을 많이 할당하는 편이다.		
3	일을 혼자서 다 처리하기보다 권한을 위임하려고 하는 편이다.		

4	시간약속을 철저하게 지키려고 노력한다.		
5	시간이 남을 때 해야 할 일을 2~3가지 준비하고 있다.		
6	쓸데없다고 생각되는 요구는 쉽게 거절할 수 있다.		
7	일에 목표를 명확히 하려고 노력한다.		
8	업무를 할 때 스스로 마감시간을 정하는 편이다.		
9	업무와 관련된 다른 사람들의 스케줄에도 항상 관심을 두고 있다.		
10	일을 할 때는 우선순위를 정하는 편이다.		
11	가능하면 일찍 출근하려고 한다.		
12	5년 후, 10년 후의 내 모습을 쉽게 상상할 수 있다.		
13	하루나 일주일의 업무에 관한 시간 계획표를 짜는 편이다.		
14	회의를 하기 전에 많은 준비를 하는 편이다.		
15	컴퓨터 같은 IT기술에 대해 관심이 많다.		
16	일을 열심히 하기보다는 효율적으로 하려고 노력한다.		
17	다른 사람과 똑같이 출근하고 똑같이 퇴근하는 것을 바꾸고 싶다.		
18	다른 사람과 관련된 일에서는 항상 '타이밍'을 의식한다.		
관련 의견			

채점 : 'Yes'라고 응답한 문항의 개수가 자신의 점수이다.
16점 이상 : 우수 / 15~13점 : 양호 / 12~10점 : 보통 / 9점 이하 : 불량

〈표 9-1〉 종합진단 비교표

진단내용	본인 진단점수	팀 진단점수	타인 진단점수			본인-타인 최대 차이
			상 사	동 료	부 하	

◯ 본인과 타인 간의 점수 차이가 클수록 원인을 잘 점검하고 개선할 필요성이 있다.

◯ 보다 신뢰성 있는 평가를 원한다면 진단표에 제시된 문답 중에서 자신이 더욱 개선되기 위해 노력해야 하는 항목을 조직(집, 학교, 공동체, 직장)에서 가장 신뢰하는 사람이나 정직한 피드백을 줄 것 같은 사람을 선정하여 경청한다.

04 아침형·저녁형 인재 자기진단

아침형 인간이 주목받은 것은 일본인 의사 사이쇼 히로시(税所弘)가 쓴『인생을 두 배로 사는 아침형 인간』이 출간되면서부터다. 아침형 인간은 평균 새벽 4시에서 6시 30분 사이에 일어난다. 사람마다 개인차가 있겠지만 아무래도 영혼과 정신이 가장 맑은 시간은 아침이 아닐까? 따라서 아침형 리더들은 아침에 하루를 구상하고 가장 중요한 결정도 주로 아침에 한다.

그런 만큼 시간에 쫓기지 않고 여유가 있으며 자신만의 풍요로운 시간을 만끽할 수 있다. 그들은 대부분 아침에 일어나면 신문을 보면서 정치, 경제, 사회, 문화 전반의 이슈와 기사를 꼼꼼히 살핀다. 아침에 능률이 가장 많이 오르는 이유는 깊은 잠을 통해서 휴식이 이루어지고 뇌 속에 에너지가 재충전되어 있기 때문이다.

아침을 경영하듯, 인생을 경영하는 이 시대 아침형 리더들의 '불꽃 같은 삶'도 있지만, 이러한 트렌드를 무분별하게 쫓아가는 것 역시 바람직하지 않다. 우리는 시간활용에 있어 아침 또는 저녁이라는 시간대 구분의 효율성을 논하기보다는 사람마다 시간활용에 '차이'가 있다는 사실을 인정하고 출발하는 것이 바람직하다.

본인이 만일 저녁형인 사람이라면 억지로 아침형으로 바꾸려고 아침에 일찍 일어나는 것은 오히려 몸에 스트레스를 주게 되어 역효과가 있다. 따라서 아침잠이 많은 저녁형 리더는 아침형 리더와 다르게 시간을 활용하는 것이 좋을 것이다. 저녁시간에는 다양한 약속, 야근, 회식 등으로 자기만의 시간을 만들기 힘든 것이 사실이다. 따라서 저녁형 리더는 일정한 원칙을 세워 시간관리를 하는 것이 중요하다.

나는 아침형 리더인지, 저녁형 리더인지 아래의 8개 질문에 체크하고, 자신의 유형을 소개하라.

1. 아침에 일어날 때는 어떤 상태인가?

① 정신이 맑고 출근(등교) 준비에 지장이 전혀 없다.

② 기상 후 어느 정도 시간이 지나거나 커피를 마시면 잠이 깬다.

③ 거의 정신이 몽롱한 상태이다.

2. 아침식사는 무엇으로 하는가?

① 반드시 식사를 챙겨 먹는다.

② 시리얼이나 토스트를 먹는다.

③ 거의 먹지 않는다.

3. 휴일에는 언제 일어나는가?

① 평소처럼 일찍 일어난다.

② 평소보다 1~2시간 늦게 깬다.

③ 점심 때쯤 눈을 뜬다.

4. 중요한 시험의 시간대는 언제였으면 하는가?

① 오전 8시~오전 10시

② 오전 10시~정오

③ 초저녁~저녁

5. 수업(강의 수강)이나 출근이 새벽 5시에 시작된다면 어떻게 하겠는가?

① 일어나서 간다.

② 나중에 녹화 테이프나 동영상을 본다.

③ 전날 밤을 새웠다가 바로 간다.

6. 모임은 어떤 형태를 좋아하는가?

① 오전시간대의 커피숍 회동

② 저녁시간에 간단한 식사

③ 새벽까지 이어지는 술자리

7. 언제 가장 졸린가?

① 점심식사 후

② 밤 12시 이후

③ 아침 내내

8. 내일이 쉬는 날이라면 오늘 몇 시에 잠자리에 들겠는가?

① 평소처럼

② 평소보다 1~2시간 늦게

③ 잠이 올 때까지 안 잔다.

결과 분석

①이 가장 많은 경우 : 오전 9시에서 오후 4시까지 기분이 좋고 오후 2시 반경 가장 활발히 활동하며 아침식사는 반드시 챙겨 먹어야 하는 '아침형'

②가 가장 많은 경우 : 때에 따라 '아침형'이나 '저녁형'으로 변신할 수 있는 스타일로 일정한 수면과 기상 패턴을 유지하기 위해 신경써야 함

③이 가장 많은 경우 : 오후 8~10시에 기분이 좋고, 저녁식사를 거하게 차려 먹는 '저녁형'으로 지적 · 예술적 직업을 가진 사람이 많다.

출처 : 박미선(2004. 2. 11). 일간스포츠.

05 시간관리 매트릭스(Time Management Matrix)

일반적으로 사람들은 '중요성'과 '긴급성'으로 짜인 네 가지 중 하나의 방식으로 대부분의 시간을 보낸다. 그중 '중요성(importance)'은 가장 중요한 일, 소중한 것, 맡은 바 임무와 목표에 도움이 되는 활동이고, '긴급성(urgency)'은 급한 일, 목전에 놓인 일, 즉각적인 행동을 요구하는 활동이다.

스티븐 코비(Stephen Covey) 박사가 제시하고 있는 성공하는 사람들의 일곱 가지 습관 중 [습관 3]인 '소중한 것을 먼저 하라'는 [습관 1]인 '주도적이 되어라'와 [습관 2]인 '목표를 확립하고 행동하라'를 실질적으로 완성하는 것이다. 소중한 것이라 함은 우리가 개인적으로 가장 가치가 있다고 생각하는 일들로서, 그것들은 우리들에게 무엇을 먼저 해야 할 것인가를 제시해 준다. 사실 모든 사람은 네 가지 부류에 어느 정도씩 속해 있다. 그러나 가능한 한 두 번째 부류에 많이 속하려고 애쓰는 것이 중요하다. 그러기 위해서는 계획표를 만들어 주간계획을 세워야 한다. 계획표는 생활을 구속하는 것이 아니라, 생활을 편하게 하는 훌륭한 도구이기 때문이다.

제Ⅰ상한은 필수적 상한이기도 하지만 상당수의 사람들이 여기에 너무 많은 시간을 빼앗기고 피로해한다. 우리가 제Ⅰ상한의 활동에만 관심을 둔다면 이것들은 점점 늘어나서 마침내 우리를 지배하게 된다. 제Ⅱ상한은 아주 훌륭한 생활방식으로 우리는 이런 방식으로 생활하기 위해 애써야 한다. 하지만 급하게 해야 할 일들은 아니기 때문에 막상 하기가 망설여지기도 한다. 제Ⅲ상한은 다른 사람들을 즐겁게 해주려고 애쓰는 사람이고, 그들의 요구를 다 들어 주는 사람이다. 급한 일은 대부분 중요한 일인 것처럼 보이지만 항상 그런 것은 아니다. 제Ⅳ상한은 의미없이 시간을 낭비하는 소모적인 삶의 방식으로 무절제하고 무책임한 사람이다. 그 결과 직장에서 파면되고, 결국은 의식주를 다른 사람이나 보호시설에 의존하게 된다.

조직의 리더인 나는 시간을 어떻게 사용하고 있는가? 지난 주간에 한 일들을 각각의 중요성과 긴급성에 따라 가장 알맞은 상한에 기록하라. 당신이 각 상한의 일들에 사용한 시간의 %를 추정하여 써넣어라.

기록을 해본 후 자신의 내용 중 3~4가지만 서로 소개한다. 소통과정을 마쳤으면 이 프로그램을 통해서 느낀 점을 서로 토의하라.

구 분	긴급함	긴급하지 않음
중요함	Ⅰ 미루는 사람(위기의 장) • 내일이 시험 • 친구가 다침(가족 경조사) • 오늘까지 내야 할 과제물 • 오늘까지 내야 하는 보고서 • 지각	Ⅱ 순서를 정해 일하는 사람(성공의 장) • 계획, 목표 설정 • 리더십, 인맥관리, 인간관계 구축 • 예방, 새로운 기회 발굴 • 독서, 운동, 건강관리, 신앙생활 • 가족대화, 중장기 여행
중요하지 않음	Ⅲ 무조건 '그래'라고 하는 사람(유혹의 장) • 중요하지 않은 전화 • 쓸데없는 참견 • 다른 사람의 사소한 문제 • 눈도장, 인기 위주의 활동 • 불필요한 회의나 보고서	Ⅳ 게으른 사람(낭비의 장) • TV를 아주 많이 보기 • 끝없는 전화와 문자 보내기 • 밤새도록 컴퓨터 게임하기 • 길거리 배회 • 과도한 쇼핑이나 음주 가무

구 분	긴급함	긴급하지 않음
중요함	Ⅰ 긴급, 필수의 상한 • 짜증과 스트레스 • 피로와 탈진 • 중간 정도의 성적	Ⅱ 리더십, 준비의 상한 • 여유 • 행복 • 높은 성과
중요하지 않음	Ⅲ 선택, 거절의 상한 • 속임수의 영역 • 자제력 상실 • 남의 뒤치닥거리만 함	Ⅳ 낭비, 폐인의 상한 • 책임감 없음 • 죄의식 • 자포자기

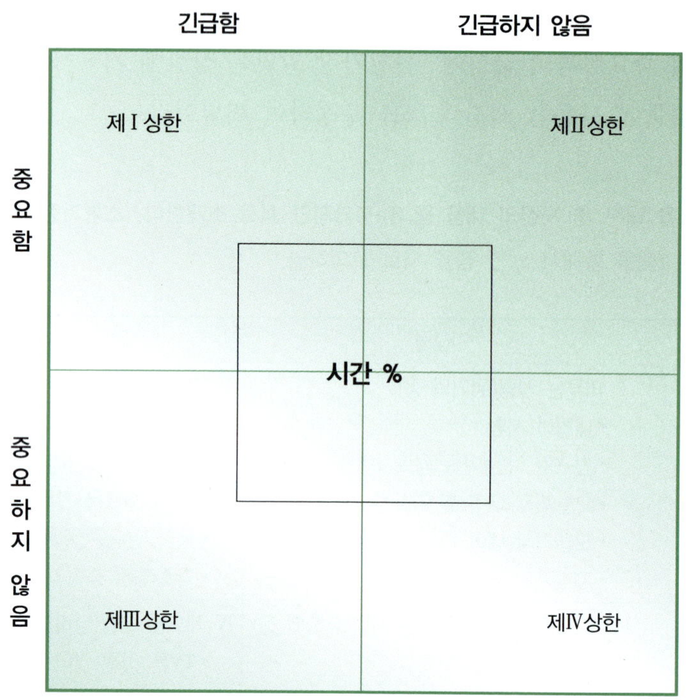

출처 : 김재득(2012). 리더십 워크북, p. 93.

(1) 당신은 그동안 어느 영역의 일들에 가장 많은 시간과 노력을 들였는가?

(2) 제Ⅰ상한에 너무 많은 시간을 쓴다면, 당신의 신체 · 정신 · 조직에 어떤 일이 일어나겠는가?

(3) 제Ⅰ상한의 일들을 하지 않을 때는 어느 상한의 일들에 시간을 사용하는가?

(4) 제Ⅱ상한에 무엇을 적었는가? 이제부터 그것이 이루어질 때까지 차근차근 준비하라.

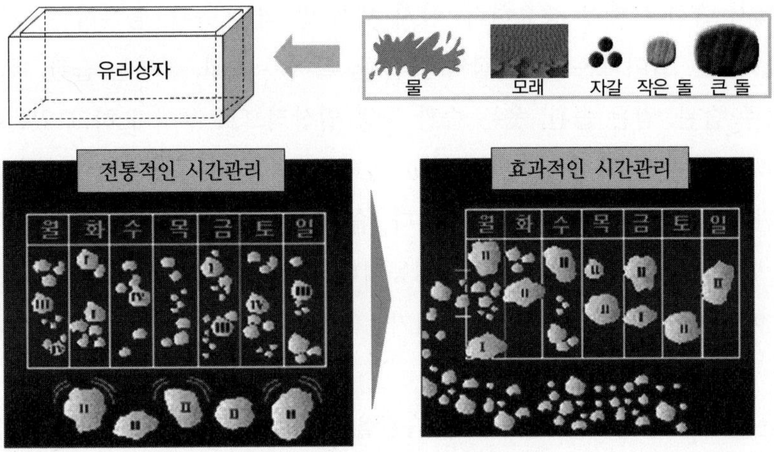

【그림 9-1】 소중한 것 먼저 하기

우리가 어느 날 마주칠 불행은
우리가 소홀히 보낸
지난 시간에 대한 보복이다.

– 나폴레옹 –

06 좋은 습관, 나쁜 습관

삶에서 습관은 매우 중요하다. 삼시 세끼 밥 먹는 습관, 공부하는 습관, 독서하는 습관, 일어나는 습관, 잠자는 습관, 말하는 습관, 살찌는 습관, 메모 습관, 음주 습관, 걷는 습관, 웃는 습관 등등 일상적으로 우리가 하고 있는 행동의 90%는 습관을 바탕으로 행동하고 있다.

습관이 없는 사람은 한 사람도 없다. 습관은 살아가면서 자신도 모르는 사이에 반복되는 버릇으로 형성된 행동이다. 무슨 일을 하든지, 어떤 습관을 몸에 배게 하느냐에 따라 일을 풀어가는 과정과 결과가 다르게 나타나는 법이다.

모든 사람들은 좋은 습관과 나쁜 습관을 동시에 가지고 있다. 대부분 성공한 사람들은 좋은 습관을 많이 가지고 있고, 실패한 사람은 나쁜 습관을 많이 가지고 있다. 바람직한 습관은 더욱 개발시켜 나아가야 하고, 그렇지 않는 습관은 고쳐야 할 것이다. 그렇다면 여러분은 어느 쪽 습관을 가지고 있는가? 좋은 습관, 나쁜 습관 다섯 가지를 각각 적어보고 이 과정을 통하여 자신의 습관을 분석해 보고 내 삶을 변화시켜 보자. 아주 작은 습관의 차이가 인생과 조직의 운명을 결정한다.

자기의 습관 중에서 남에게 가장 자랑하고 싶은 습관이 있다면 다섯 가지를 동료나 옆 사람과 친구에게 자랑해 보라(현재 진행형의 습관). 나쁜 습관 다섯 가지는 OTL(좌절)하지 말고 즉시 Del키를 눌러 에 버려라.

아래 기록해 보고 자신의 내용 중 3~4가지만 서로 소개한다. 그리고 프로그램을 통해서 느낀 점을 서로 토의하라.

좋은 습관		습관을 갖게 된 동기	순 위
1			
2			
3			
4			
5			

나쁜 습관		습관을 갖게 된 동기	순 위
1			
2			
3			
4			
5			

07 나의 파레토(Pareto) 법칙(80 : 20 법칙)

역사의 긴 시간 속에서도 그대로 재현되는 것이 파레토의 법칙(20/80의 법칙)[2]이다. 20%는 트렌드를 선도하지만, 80%는 트렌드를 좇아간다. 20%는 트렌드를 먼저 읽었지만, 80%는 말도 안 된다고 했다. 20%는 앞선 정보를 눈치채지만, 80%는 상식이 될 때 알아본다고 한다. 20%는 핵심과 본질을 이해 하고, 80%는 눈에 보이는 것만 본다. 20%는 정보분석력이 있지만, 80%는 주변 눈치만 살핀다. 언제나 그러했듯 20%는 언제나 앞서가고, 80%는 언제나 따라다닌

2 파레트 법칙은 흔히 8 : 2의 법칙이라고 한다. 경제, 경영학에서 주로 사용되는데 "상위 인구 20%가 전체 사회의 부에서 80%를 차지한다"라는 내용이다. 예를 들면, 내가 받은 메일의 80%는 스팸메일이라 필요없지만 나머지 20%가 더 가치를 지닌다는 내용이다.

다. 가난은 3대가 대물림된다고 생각한다. 정확히 말하면 가난이 대물림되는 게 아니라 가난한 마인드가 대물림되는 것이다. 설마가 사람 잡는다. 명심하자!

파레토 법칙을 인재판별법의 입장에서 해석하면, '20%의 인재가 팀 성과의 80%를 만들어 낸다'는 뜻이다. 스티븐 코비(Stephen Covey) 박사의 용어로 풀면 20%는 '영향력의 원'이고, 80%는 '관심의 원'이다. 영향력의 원에 집중하는 방법은 무엇일까. 핵심은 강점에 투자하는 것이다. 조직의 관점에서는 매출 기여도나 이익률이 큰 사업분야가 강점이고, 이 부분에 80%의 시간과 에너지를 집중해야 한다. 리더십 관점에서 보면 80%의 매출(이익)을 담보하는 핵심 인재 20%에게 80%의 노력을 집중해야 한다. 볼링을 잘하는 사람은 핀 전체를 맞히려 하기보다 1번, 2번 핀을 집중해 스트라이크를 할 수 있는 것과 같다.

필자가 강의를 하여도 초반 20분에 어떻게 분위기를 압도하느냐 하는 것이 강의 성패를 좌우한다. 일 잘하는 사람은 이처럼 중요한 길목을 지키고 집중해야 할 때를 안다. 시간관리는 '양'보다 '질'이다. 양적으로 아껴 쓰는 것도 중요하지만 질적으로 중요한 때에 집중하는 것이 필요할 것이다.

아래 기록해 보고 자신의 내용 중 몇 가지만 서로 소개한다. 다음의 질문에 따라 소통 과정을 마쳤으면 이 프로그램을 통해서 느낀 점을 서로 토의하라.

(1) 상위 20%가 결과의 80%를 차지한다는 '파레토 법칙'에 동의하는가? 본인의 의견을 밝히고, 그 이유를 말해보라.

(2) 당신은 무엇을 상위 20%로 선정하여 어떻게 집중할 것인가?

08 '타이밍의 법칙' 찾기

변화의 타이밍을 놓치지 않고, 조직환경의 변화에 맞는 변화관리를 시스템화하는 '타이밍의 승부사'만이 살아남는다. 주식이나 부동산에서 중요한 것은 '살 때'와 '팔 때'를 정확히 아는 것이다. 보통 사람은 이러한 상황이 혼란스럽겠지만, '타이밍의 법칙'을 아는 사람은 남보다 한 걸음 앞서 움직여야 할 때와 물러서서 기다려야 할 때를 정확히 안다.

건조하고 황량한 세상을 쉼 없이 살았다고 해서 누구나 혜안을 갖는 것은 아니다. 견고하고 치밀한 부조리를 복기하고 예언한다고 해서 모두가 지혜로운 것은 아니다. 진정 지혜로운 인재는 자신이 떠나야 할 때를 아는 사람이다. 세월호 사건이 그러하고, 최순실 사건이 그러했다.

그것은 책에 나오는 것도 아니고, 누가 가르쳐 주는 것도 아니다. 본능과도 같은 것이다. 그 본능을 체득했다면 그는 주어진 자신의 삶을 미련 없이 제대로 살아낸 것이며, 리더의 아름다운 퇴장을 아는 것이다. 예수 이전에도 이후에도 세상은 언제나 말세였다. 세상은 늘 버릇없는 새로운 세대들 때문에 번민했고, 기성세대는 그들의 싸가지 없음을 한탄했다. 하지만 자신의 세대가 이미 지나갔음을 깨닫고 후학, 후계자를 양성하고 조용히 떠나는 리더들은 흔치 않았다.

물 위를 흘러가는 배는 흔적을 남기지 않는다. 삶은 그런 것이다. 미련 없이 살다가 흔적 없이 사라지는 것, 악당이든 보안관이든 누구든 이 법칙을 벗어날 수는 없다. 그것을 깨달은 자는 지혜롭게 무대를 내려올 것이다. 지혜로운 자들은 담백하게 자신의 삶을 털고 일어난다. 물론 쓸쓸하다. 하지만 삶의 뒤안은 누구에게나 쓸쓸한 법이다. 그래서 타이밍이 중요하고, '줄탁동시(啐啄同時)'를 외치는 것이다. 어드벤처, 애정영화, 살인영화, SF, 액션영화를 보면 주인공은 가장 적절하고 중요한 시간과 장소에 배치되고 영웅은 절묘한 타임에 기막힌 행동을 함으로써 갈채를 받는다.

좋아하는 영화 한 편을 보고, 성공과 실패에 리더의 '타이밍의 법칙'이 어떻게 작용하는지 메모를 하라. 그리고 다음의 시트지에 자신의 생각을 기록하라.

기록해 본 후 자신의 내용 중 몇 가지만 서로 소개한다. 소통과정을 마쳤으면 이 프로그램을 통해서 느낀 점을 서로 토의하라.

(1) 영화에서 '타이밍의 법칙'이 적용되는 순간은 언제인가?(무슨 영화에서?)

(2) 만일 주인공이 그 시간에 다른 행동을 하였다면 어떤 결과가 일어났을까?

(3) 지금까지 당신은 어떤 의사결정을 할 때 타이밍을 염두에 두었는가?

CHAPTER

10

읽기 · 쓰기 · 책 쓰기

여러 해 동안 공들여 건설한 것이 하룻밤 사이에 무너지는 수도 있다. 그래도 쌓아 올려라.

What you spend years building may be destroyed overnight. Build anyway.

– 켄트 키스(Kent M. Keith) –

01 리더(Leader)가 되고 싶다면 먼저 리더(Reader)가 되라!

우리는 아무리 열심히 해도 배울 수 있는 지식과 경험은 한정되어 있다. 이때 독서는 시간적·경험적 한계를 극복하게 해주고 깊은 내공을 쌓는 데 매우 유용하다. 필자의 경험상 독서를 많이 한 사람의 눈은 흔들리지 않는다. 눈빛이 다르고, 표정이 다르고, 두려울 것이 없다. 그래서 책 밭의 크기가 리더십의 크기라 했다. 독서를 통해 저자의 삶을 훔친다면, 자신의 인생은 한층 풍부해질 것이다. 천 년의 역사와 철학을 만 원짜리 책을 통해, 하룻밤 독서를 통해 느끼는 행운을 누려보기 바란다.

좋은 책을 읽는 사람의 정신세계는 늘 풍성해서 타인과 나눌 수 있다. 책을 통해 정보와 지식뿐만 아니라 지혜와 용기를 얻을 수 있고 '성공의 실마리'도 발견할 수 있다. 그래서 서재에 꽂힌 책의 권수가 그 사람의 지식과 교양 수준이다. 내가 만나는 사람의 평균 연봉이 미래의 나의 연봉이 된다. 다양한 분야의 독서는 배경지식을 넓힐 뿐 아니라 통합적 사고와 문제해결력을 키워준다.

읽고, 배우고, 글 쓰는 리더가 되어보자. '항상 고정된 생각, 타성에 젖은 행동, 남을 의식한 언어들이 우리를 퇴보시키고 있지는 않은가?' 베이컨(Francis Bacon)은 "독서는 완성된 사람을 만들고, 담론은 기지 있는 사람을 만들고, 글쓰기는 정밀한 사람을 만든다"고 했다. 독서와 배움을 통해 전문가가 되는 것이다.[1]

전문가란 아마추어의 상대적 개념이다. 일반적으로 전문가는 프로라고 하여 운동선수들이나 예술인들에게 사용되는 상대적 개념이지만, 리더십에서도 이 개념은 그대로 적용된다. 잘 되는 조직의 리더를 벤치마킹하라. 탁월한 리

---

1 사람은 일생 동안 최소한 세 권의 책을 쓴다. 그 첫 번째 책은 '과거'라는 이름의 책이다. 두 번째 책은 '현재'라는 이름의 책이다. 이 책은 지금 현재의 태도와 습관, 언어 하나하나가 생생히 기록된다. 마지막 한 권은 '미래'라는 이름의 책이다. 이 세 권의 책 중에서 가장 중요한 책은 바로 두 번째 책이다.

더십 강사를 섭외해 코칭을 받아야 한다. 삼고초려(三顧草廬)하는 심정으로 그들에게 배움을 청해야 한다.

이런 점에서 나폴레옹(Napoléon Bonaparte)은 유럽 전역을 덮을 만큼 광대한 독서량으로 무한한 상상력을 지닌 리더였다. 링컨(Abraham Lincoln)은 거듭된 실패와 절망을 성경 읽기로 이겨냈고, 에디슨(Thomas A. Edison)은 도서관을 통째로 읽은 '벤처의 선구자'였으며, 헬렌 켈러(Helen A. Keller)는 육신의 장애를 극복한 '손가락 끝' 독서광이었다. 윈프리(Oprah Winfrey) 역시 인간 감정의 원초적 이해를 독서를 통해 얻게 된다.

동양의 마오쩌둥(毛澤東) 역시 독서로써 혁명의 씨앗과 결실을 이룬 인물로 평가되고 있다. 세종대왕은 백독백습(百讀百習)으로 15세기에 지식행정 사회를 이루었으며, 다산 정약용(茶山 丁若鏞)은 실천적 행동력을 지닌 독서광이었다. 이랜드 박성수 회장은 독서 경영으로 신실한 대기업을 이루었으며 김대중 전 대통령은 고난의 시절에 독서에서 배운 도전과 응전으로 결국 대통령이 되었다. 이처럼 성공한 리더는 상당수가 어떤 특정한 책을 손에 잡는 순간 인생의 전환점을 맞이했다.

02 필독하라~! 사마천의 『보임안서』

진시황이 중국 영토를 통일했다면, 사마천은 관념적 '통일 중국'을 처음으로 만들어 냈다고 일컬어질 정도로 사마천의 『사기』가 가진 영향력은 오늘날까지도 지대하다. 중국인으로서 『사기』를 모르는 사람은 없다. 비록 문맹자라 하더라도 『사기』에 등장하는 인물이나 사건은 훤하게 알고 있다.

리더를 꿈꾸는 자는 『사기』라는 책이 얼마나 재미있고 훌륭하며, 사마천(司馬遷)이란 인물이 얼마나 대단하고 훌륭한지 알 필요가 있다. 사마천은 '궁형'이라는 치욕적인 형벌을 당한 후 그 모욕을 딛고 『사기』를 썼는데, 그가 형을 당한 과정은 역사서를 읽는 데 중요한 배경이 된다.

사마천은 어릴 때 황제의 기록을 담당하던 관리 집안에서 태어났다. 사마천은 20세를 전후해서 스승이었던 공안국과 동중서를 만났는데, 이 위대한 스승과의 만남은 사마천의 일생에 결정적인 영향을 미치게 된다. 특히 동중서를 통해 역사에 대한 본질적인 인식을 하게 되고, 여행을 시작한 것이 후일 그가 위대한 역사가가 되는 데 결정적 역할을 했기 때문이다.

관리가 된 사마천은 아버지가 사망하자 아버지의 필생의 꿈이었던 역사서를 완성할 계획을 세우지만, 그의 나이 마흔일곱에 이능의 투항사건으로 홀로 이능 장군을 변호하다가 사형선고를 받는다.

그러나 이 사건이 『사기』 탄생의 결정적인 계기가 된다. 당시의 관습에서 사형선고를 벗어나려면 돈 오십만 냥을 내거나, 궁형을 택해서 환관이 되는 길뿐이었다. 그가 사형될 처지에 이르자 친구들은 그에게 돈을 내고 사형을 면할 것을 권유하여 그 길을 선택한다.

하지만 문제는 돈을 구하는 일이었다. 그는 지인들이 그의 목숨을 구하기 위해 그 정도의 돈은 충분히 모아줄 것이라고 생각했지만, 실제 그는 그 돈을 모으는 일에 실패한다. 그때 그가 인간에 대해 가진 좌절이 어떤 것이었을지 짐작해 보라. 그것이 바로 이 사기 저술에 대한 배경의 중요한 사건이다. 결국 그는 살아남기 위해 죽기보다 힘든 궁형을 선택하지만, 그가 선택한 궁형은 반드시 그렇게라도 살아야 할 이유가 있었다.

이러한 배경에서 탄생한 이야기가 바로 『사기』다. 역사는 사람이 만들지만, 그 사람들은 언제나 배신과 음모를 일삼는 존재라는 아이러니가 이 책에 담겨 있는 것이다. 그래서 『사기』는 위대하고, 우리가 중국을 알기 위해서가 아니라 역사 혹은 사람을 알기 위해 이 책을 읽어야 하는 것이다.

그럼 사마천의 <임안에게 드리는 답장(報任安書)>을 소개한다. 낭독하면서 읽기를 권한다. 이글은 한국외국어대학교 미네르바 교양대학의 교양서적의 필독서이기도 하다.

선친께서는 조정으로부터 '부부단서'[2]와 같은 표창을 받는 특별한 공적을 남기지 못하였습니다. 천문과 역법에 관한 일을 관장하였지만 점쟁이나 무당에 가까웠습니다. 주상께서는 악사나 배우처럼 희롱의 대상으로 여기셨고, 세상 사람들도 깔보기는 마찬가지였습니다.

그러니 제가 법에 굴복하여 죽임을 당한다 하여도 아홉 마리 소에서 털 오라기 하나가 없어지는 것과 같고, 땅강아지나 개미 같은 미물과도 하등 다를 것이 없습니다. 게다가 세상은 절개를 위하여 죽은 사람으로 대접하기는커녕 죄가 너무 커서 어쩔 수 없이 죽었다고 여길 것입니다. 왜 그렇겠습니까? 평소에 제가 쌓은 것이 그렇게 만듭니다.

사람은 누구나 한 번 죽지만 어떤 죽음은 태산보다 무겁고 어떤 죽음은 새털보다 가볍습니다. 이는 죽음을 사용하는 방향이 다르기 때문입니다. 사람으로서 가장 좋기로는 조상을 욕되게 하지 않는 것이며, 그다음이 자신을 욕되게 하지 않는 것이며, 그다음이 자신의 도리와 체면을 욕되이 하지 않는 것이며, 그다음이 자신의 언행을 욕되이 하지 않는 것입니다. 그다음은 몸이 속박되어 치욕을 당하는 것이요, 그다음은 죄수복을 입고 치욕을 당하는 것이며, 그다음은 손발이 묶이고 매를 맞는 치욕을 당하는 것이며, 그다음은 머리를 삭발당하고 쇠고랑을 차는 치욕을 당하는 것이며, 그다음은 발이 잘리고 신체를 훼손당하는 치욕이며, 가장 못한 것이 극형 중의 극형인 부형[3]을 당하는 것입니다.

"형벌은 위로는 대부에게 미치지 않는다"고 하였으니, 이 말은 선비가 지조를 지키기 위하여 힘쓰지 않을 수 없다는 뜻입니다. 사나운 호랑이가 깊은 산중에 있을 때는 모든 짐승들이 두려워하지만, 함정에 빠지게 되면 그 호랑이도 꼬리를 흔들며 음식을 구걸할 수밖에 없습니다. 이는 갈수록 위세에 눌리기 때문입니다. 그러므로 땅에 선을 긋고 감옥이라며 들어가라 하면 기세에 눌려 들어갈 수 없습니다.

나무 인형을 깎아 형리라고 하면서 심문을 한다 하여도 대답할 수 없습니다. 그래서 형벌을 받기 전에 결단을 내려야 합니다. 손발이 묶이고 맨살을 드러낸 채 매질을 당하면서 감옥에 갇혀 있으면 옥리만 보아도 머리를 땅에 처박게 되며, 심지어 감옥을 지키는 노예만 보아도 겁이

2 부부단서(剖符丹書) : 공이 있는 사람이나 집안에 내려주는 조정의 증서로 표창을 의미하는 용어

3 부형(腐刑) : 궁형(宮刑)을 말함

나서 숨이 막힐 지경입니다. 왜 그렇겠습니까? 기세가 위세에 눌리기 때문입니다. 이러고도 뻔뻔하게 치욕이 아니라고 하면 사람들이 어찌 그것을 인정하겠습니까!

서백은 백작으로 유리에 갇혔습니다. 이사는 재상의 몸으로 다섯 가지 형벌을 다 당하였습니다. 한신은 왕의 신분이었지만 진이란 곳에서 붙잡혔습니다. 팽월이나 장오도 한때 왕노릇을 하였으나 감옥에 갇혀 죄를 받았습니다. 강후는 여씨들을 타도하여 권력이 오패를 능가하였으니 청실에 갇혔습니다. 위기후는 대장의 몸으로 붉은 죄수복을 입고 목과 손발에는 쇠고랑이 채워졌습니다. 계포는 주가의 집에서 목에 칼을 쓴 노예가 되었습니다. 관부는 거실에서 치욕을 당하였습니다.

이 사람들은 모두 왕후장상의 몸으로 이웃 나라에까지 명성이 알려졌지만 죄를 짓고 판결이 내려졌을 때 자결이라는 결단을 내리지 못하였습니다. 감옥에 갇혀 더러운 꼴을 당하는 것은 예나 지금이나 마찬가지인데, 그러한 상황에서 어찌 치욕을 당하지 않을 수 있겠습니까?

이렇게 본다면 용기와 비겁은 기세이고, 강인함과 나약함은 형세에 따른 것으로 잘 살피는 것이 전혀 이상할 게 없습니다. 법에 따라 처벌받기 전에 일찌감치 스스로 결단하지 못하고 꾸물대다, 매질을 당하기에 이르러서야 절개를 지키려고 스스로 목숨을 끊는다 하여도 이미 늦은 일이 아니겠습니까? 옛 사람들이 대부에게 형벌을 함부로 내리지 못한 까닭도 이 때문입니다.

삶에 애착을 가지고 죽기 싫어하며, 부모를 생각하고 처자를 돌보려는 것은 인지상정입니다. 그러나 의리에 자극을 받으면 그렇게 되지 않는 것이 부득이합니다. 저는 불행히도 일찍 부모님을 여의었고 가까운 형제도 없이 홀로 외로이 살아왔습니다. 소경께서는 제가 처자식을 어떻게 대하는지 보셨습니까? 진정한 용사라 하여 명분뿐인 절개 때문에 꼭 죽는 것이 아니며, 비겁한 사람이라 하여도 의리를 위하여 목숨을 가볍게 버리는 경우가 왜 없겠습니까? 제가 비록 비겁하고 나약하여 구차하게 목숨을 부지하였지만 거취에 대한 분별력은 있습니다. 어떻게 몸이 속박되는 치욕 속에 스스로를 밀어 넣겠습니까?

천한 노복이나 하비도 얼마든지 자결할 수 있습니다. 하물며 저 같은 사람이 왜 자결하지 못하겠습니까? 고통을 견디고 구차하게 목숨을 부지한 채 더러운 치욕을 마다하지 않은 까닭은 제 마음속에 다 드러내지 못한 그 무엇이 남아 있는데도 하잘것없이 세상에서 사라져 후세에 제 문장이 드러나지 못하면 어쩌나 한이 되었기 때문입니다.

예로부터 부귀하였지만 이름이 사라진 경우는 헤아릴 수 없이 많았으며, 오로지 남다르고 비상한 사람만이 일컬어졌습니다. 문왕은 갇힌 상태에서 『주역』을 풀이하였으며, 공자는 곤경에 빠져 『춘추』를 지었습니다. 굴원은 쫓겨나서 「이소」를 썼으며, 좌구명은 눈을 잃은 뒤에 『국어』를 지었습니다. 손빈은 발이 잘리는 빈각을 당하고도 「병법」을 남겼으며, 여불위는 촉으로 쫓겨났지만 세상에 『여람』을 남겼습니다. 한비는 진나라에 갇혀서 「세난」과 「고분」 편을 저술하였습니다.

『시경』 300편의 시들도 대개 성현이 발분하여 지은 것입니다. 이 사람들은 모두 마음속에 그 무엇이 맺혀 있었지만 그것을 밝힐 길이 없었기 때문에 지난 일을 서술하여 후세 사람들이 자신의 뜻을 볼 수 있게 한 것입니다.[4]

좌구명과 같이 눈이 없고 손자와 같이 발이 잘린 사람은 아무런 쓸모가 없지만, 물러나 책을 저술하여 자신의 분한 생각을 펼침으로써 문장으로 자신을 드러내려 한 것입니다. 저도 불손하지만 가만히 무능한 문장에 스스로를 의지하여 천하에 이리저리 흩어진 지난 이야기들을 모아 그 사건들을 대략 고찰하고 그 처음과 끝을 정리하여 성공과 실패, 흥기와 멸망의 요점을 살핀 바, 위로는 황제 헌원부터 따져 지금에 이르기까지 10편의 표, 12편의 본기, 8편의 서, 30편의 세가, 70편의 열전, 총 130편을 저술하였습니다. 아울러 하늘과 인간의 관계를 탐구하고, 과거와 현재의 변화를 꿰뚫어 일가의 문장을 이루고자 하였습니다.[5]

그러나 초고를 마치기도 전에 이런 화를 당하였습니다만, 완성하지 못한 것을 안타깝게 생각하였기 때문에 극형을 받고도 부끄러운 기색을 드러내지 않았던 것입니다. 이제 이 일을 마무리하고 명산에 깊이 보관하여 제 뜻을 알아줄 사람에게 전하여 이 마을 저 마을로 퍼져나가 지난날의 치욕에 대한 보상이라도 받을 수 있다면 얼마든지 벌을 받는다 하여도 후회는 없습니다. 그러나 이런 말은 지혜로운 사람에게나 할 수 있지 아무에게나 털어놓기는 어렵습니다.

지세가 낮은 곳에서 살기란 쉽지 않고, 하류들은 비방이 많습니다. 제가 말을 잘못하여 이런 화를 당하여 고향에서 비웃음거리가 되었고, 돌아가신 아버지를 욕되게 하였으니 무슨 면목으로 부모님 무덤에 오르겠습니까? 백대가 흐른다 하여도 씻기지 않을 치욕입니다. 그러나 하루에도 아홉 번이나 장이 뒤틀리고, 집에 있으면 망연자실 넋을 놓고 무엇을 잃은 듯하며, 집을 나가도 어디로 가야 할지 모릅니다. 이 치욕을 생각할 때마다 식은땀이 등줄기를 흘러 옷을 적시지 않은 적이 없습니다. 중서령에 불과한 몸이지만 어떻게 자신을 깊은 동굴 속에 숨길 수

4 술왕사(述往事), 사래자(思來者) : 지난 일을 서술하여 후세 사람들이 자신의 뜻을 볼 수 있게 한다는 뜻

5 구천인지제(究天人之際), 통고금지변(通古今之變), 성일가지언(成一家之言) : 하늘과 인간의 관계를 탐구하고, 과거와 현재의 변화를 꿰뚫어 일가의 문장을 이루고자 하였다는 뜻. 사마천의 역사 서술 방법과 목적이 잘 나타나 있는 문장이다.

있겠습니까? 그러니 세속을 쫓아 부침하고 때에 따라 처신하면서 그럭저럭 어리석게 살아가고 있을 뿐입니다.

그러던 상황인데 소경께서 저더러 훌륭한 인물을 밀어주라고 충고하시니 어찌 제 뜻과 어긋나지 않겠습니까? 이제 와서 새삼 제 자신을 꾸미고 미사여구로 변명하여 보아도 세상에 무익하고 믿지도 않을뿐더러 부끄러움만 더할 따름입니다. 제가 죽고 나야 시비가 가려지겠지요. 이 글로 제 생각을 다 전할 수는 없지만 그래도 대략 저의 못난 생각을 말씀드렸습니다. 삼가 인사 올리는 바입니다.

우리는 『사기』를 통해 역경에 처해 좌절하고 실의에 빠져 있는 사람도 역경을 극복할 수 있는 힘과 지혜를 얻을 수 있다. 영광의 자리에 있는 사람은 그 영광을 지키는 이치를 깨달을 수 있다. 정치를 하는 사람은 치세의 도리(道理)를 터득할 수 있고, 경제를 하는 사람은 경제의 원리를 파악할 수 있다.

한편 불우한 처지에 놓인 사람에게 『사기』는 재기할 수 있는 용기를 줄 것이며, 인생의 처세를 알고자 하는 이들에게는 험난한 이 세상을 살아가는 사유방식에 대해 귀띔해 줄 것이다. 그러므로 리더를 꿈꾸는 자라면 반드시 읽어야 할 필독이다. 강추한다.

03 묵독과 음독을 병행하라

최근 김찬호 성공회대학교 교수의 글에 공감이 간다. 그도 필자와 같은 심정인 듯하다. 내용은 다음과 같다.

예전에는 대학 강의실에 수업하러 들어가면 늘 떠들썩했다. 강의를 시작하려 해도 시끄러운 소리가 그치지 않아 애를 먹었다. 하지만 요즘에는 그렇지 않다. 학생들이 조용해졌다. 강의에 임하기 위한 침묵이 아니다. 저마다 스마

트폰과 인터넷에 열중하기 때문에 말이 없는 것이다. 친한 친구들끼리 앉아도 그렇다. 강의실뿐 아니라 캠퍼스 전체가 예전보다 훨씬 조용하다. 학생데모도 없어진 지 오래고, 멀리서 친구를 큰 소리로 부르는 모습도 듣기 어렵다. 전화조차 하지 않고 문자나 카카오톡을 애용한다.

아파트나 학교 운동장에서도 아이들의 함성은 점점 사라진다. 바깥에서 어울려 놀지 않기 때문이다. 그런 성장환경 탓인지, 젊은이들의 목소리가 갈수록 작아지는 듯하다.

강의를 하면서 학생들에게 어떤 질문을 하면, 대답이 잘 들리지 않아서 크게 말해달라고 요청하는 일이 많다. 마찬가지로 대학생들은 강의를 듣다가 궁금한 것이 있어도 곧바로 손을 들고 질문하는 대신에 끝나고 개인적으로 조용히 다가와 질문하는 경우가 너무 많다. 모두가 공유하면 좋은 내용인데도 말이다. 자기 자신의 음성에 많은 사람들이 귀를 기울이는 것이 무척 부담되는 모양이다.

말이 서로 오가는 강의실이 되어야 한다. 말길은 여러 갈래로 뻗어나간다. 하지만 처음 말문 여는 것을 망설이고 어색해하는 친구들이 너무 많다. 그래서 필자는 하나의 방법으로 소그룹으로 나눠 간단하게 토론하고 결과를 발표하도록 하는데 그러면 낯가림이 서서히 누그러진다. 친밀하고 안전한 관계를 통해 경계심을 풀 수 있도록 유도한다. 사실 이조차도 꺼려하는 학생들이 많다.

이럴 때 낭독은 더욱 필요하다. 발성에 대한 두려움을 내려놓는 방법이 낭독이기 때문이다. 안중근 의사가 "하루라도 글을 읽지 않으면 입안에 가시가 돋는다"고 했듯이, 예전에는 동서양을 막론하고 글을 언제나 소리를 내서 읽었다. 한국의 전통적인 공부에서도 경전의 음독(音讀)이 필수였다. 인쇄술의 발달로 책이 보급되고 개인주의가 정착하면서 묵독(默讀)이 대세가 되어버렸다. 묵독은 자기만의 정신세계를 다지는 데 도움이 된다. 그러나 관계 속에서 배움과 성장을 도모하기 위해서는 음독이 병행되어야 한다.

필자는 강의를 할 때 수강생에게 돌아가면서 교재를 소리 내어 읽도록 한다. 여러 빛깔의 음성들이 어우러지는 가운데 학습 공동체를 실감할 수 있다.

시를 낭송시키는 경우도 있다. 시라는 것이 워낙 눈으로 빠르게 훑어내릴 것이 아니라, 입으로 천천히 읽으면서 그 내재율을 음미해야 한다. 그를 통해 마음의 속도를 늦추고 가지런히 정돈할 수 있다.

소리는 단순한 정보 전달의 수단 이상의 의미를 지닌다. 전통사회에서 종소리가 들리는 만큼의 거리가 어떤 마을이나 도시의 범위였다는 것에서 알 수 있듯이, 청각신호는 듣는 사람들의 마음을 집중시키는 힘이 있다. 합창을 할 때 가슴이 넓어지는 까닭도 그러하다.

똑같은 리듬과 호흡으로 몰입하면서 일체감을 갖게 되는 것이다. 낭독도 비슷한 효과를 자아낸다. 하나의 문장에 참석자들의 눈과 귀가 온전히 집중된 속에서 모두가 이 순간을 함께하고 있음을 확인할 수 있다. 일종의 공적인 공간을 창출함으로써 보다 넓고 높은 세계로 나가는 기쁨이 거기에 있다. 디지털 통신이 폭증하면서 아날로그적 관계는 점점 적막해지고 있다. 서로의 존재를 교감하는 시간이 우리에게 필요하다.

04 낭독의 시간을 가져보라!

조선시대에는 우리나라 사람들의 한자 실력이 중국과 일본보다 훨씬 우수했다. 그 이유는 '하늘 천 따지 검을 현 누를 황'과 같이 큰 소리로 낭독을 했기 때문이다. 책 읽기 방법에서 우리 조상들은 낭독의 효과를 알고 장점을 살려 사용할 줄 알았다. 하지만 지금은 낭독문화가 거의 사라졌다. 인간의 기억능력은 자극하는 감각이 많을수록 기억을 잘하는 경향이 있다. 혼자 조용히 눈으로 책을 보는 것은 시각적 자극만을 주게 되어 학습효과가 저하된다. 하지만 큰 소리로 낭독을 하면 시각과 청각을 동시에 자극하기 때문에 학습효과가 높아진다.

메이지대학교 교육학부의 사이토 다카시(斎藤隆) 교수는 『소리 내어 읽고 싶은 일본어』란 책에서 낭독을 하면 사려 깊게 되고, 임기응변에 대처할 수 있으며 언어생활도 윤택해질 수 있다고 말했다. 이 책은 150만 부 이상이 팔리면서 일본 사회에 낭독의 중요성을 일깨우고 낭독바람을 일으켰다. 도호쿠 대학교의 교수는 생각하기, 글쓰기, 읽기는 뇌 안에서 반응하는 장소가 다른데, 반응하고 있는 곳은 혈액순환이 좋아진다고 한다. MRI로 촬영해 보니 낭독을 할 때는 혈액량이 많아지고 뇌 신경세포의 70% 이상이 반응했다. 낭독할 때 뇌가 가장 활발하게 활동한다는 결과이다.

그럼 낭독을 하면 어떤 이점들이 있을까? 좋은 작품을 소리 내어 읽는 것은 무엇보다 자기 자신에게 친절하게 하는 것이다. 우리는 낭독을 통해 평소에 잘 듣지 못했던 자신의 목소리와 내면의 깊은 울림을 듣는 경험을 할 수 있다.

세상에서 가장 간단한 '심리 테라피'는 소리 내어 읽는 것이다. 혼자 힘으로도 나를 다독거리어 스스로 아픔을 치유하는 것이다. 뭉친 실타래처럼 실마리를 찾아낼 수 없을 때, 가슴을 두드리는 좋은 문장을 소리 내어 읽는 방법이다.

그동안 필자는 매일 수천 마디의 말을 하고 살았지만 내 목소리에 귀 기울인 적은 드물다. 하지만 낭독의 장점을 알면서 하루 종일 강의와 발표로 치이고 집에 돌아가서 혼자 있는 시간에 TV를 보지 않게 되었다. 오로지 나만을 위해 소리 내어 읽어주는 낭독의 시간은 그 어떤 것보다 큰 위로가 되었다. 건조한 삶 속에 잊고 살았던 감성이 깨어남을 느꼈다.

이런 다양한 감정들로 인해 나의 하루가 점점 행복해지고 마음이 편안해졌다. 책 속에 녹아 있는 주옥같은 문장을 읽으며, 오늘 하루도 수고한 나에게 박수와 위로를 보낼 수 있었다. 독자 여러분도 촛불 하나 켜놓고 낭독의 시간을 가져보라~!

05 메모는 기억보다 강하다

자기 변화를 위한 근원적인 태도는 비전과 시간을 기록하는 것이다. 바로 적자생존(籍者生存)[6]과 둔필승총(鈍筆勝聰)[7]이 던지는 의미이기도 하다. 많은 사람이 강의시간에 강의내용을 거의 기억할 것같지만 실상은 그렇지 않다. 에빙하우스(Hermann Ebbinghaus)의 망각곡선에 의하면 인간이 학습 후 20분이 지나면 58%를 기억하고, 1시간이 지나면 44%, 9시간이 지나면 36%, 6일이 지나면 25%, 한 달이 지나면 21%만 기억하고 있다는 것이다. 즉, 학습 후 한 달이 지나면 80%를 망각해 버린다고 한다.

인간은 '망각의 동물'이기 때문에 복습하고 기록하지 않으면 기발한 아이디어도 무용지물이 된다. 메모에는 글, 부호, 그림 등 다양한 내용을 적을 수 있다. 천재 화가이자 과학자, 발명가였던 레오나르도 다 빈치(Leonardo da Vinci)는 자신의 생각을 이미지와 단어를 사용해 입체적으로 기록했다. 아인슈타인(Albert Einstein)과 에디슨(Edison)도 이런 방식으로 메모했고, 결국 놀라운 창의력을 발휘했다. 시시각각 떠오른 아이디어가 메모를 함에 따라 세상을 바꾸는 발명으로 발전된 것이다.

적는 것만큼 남는 게 없다. 희미한 연필자국이 천재의 기억력보다 오래 가는 법이다. 둔필승총 역시 기록이 없으면 이길 수 없다는 강한 메시지를 던진다. 현명한 사람일수록 자기 머리에 의존하기보다는 좋은 메모습관을 만드는데 노력한다. 모호한 머릿속 기억보다는 무심결에 끄적거린 메모 한 줄이 더 오래도록 기억에 남는다. 기록하자! 오늘의 기록이 내일의 역사가 된다.

---

6 필자가 지칭하는 적자생존(籍者生存)은 생물학에서 말하는 적자생존(適者生存, survival of the fittest)과 의미가 다르다. 여기서 말하는 적자생존은 '적어야(writing, 메모해야) 산다'는 뜻이다.

7 '굼뜨고 서투른 필기가 총명한 머리(기억)를 이긴다'는 뜻이다.

노트에 연필로 생각하는 것을 정리하고 지우고 또다시 작성하면서 조금씩 미래의 그림을 계획해 보기를 권한다. 우리가 시간을 너무 무의미하게 하루를 보내고 있다는 것과 목표 없이 시간을 투자하는 것만큼 무의미한 것도 없기 때문이다.

무언가 하려고 하면 그때마다 다른 생각이 나서 제대로 시간 활용이 어렵다는 사람이 많다. 그때마다 메모를 해보라! 그 다음 그 메모를 보면서 일을 정리한다면 좀 더 구체적이며 매우 유용하게 될 것이다. 항상 목표를 설정하거나 작업을 하려고 한다면 하얀 종이 위에 적어라.

뇌 과학자들은 '손은 제2의 뇌'라고 말한다. 손으로 글을 쓰고 그림을 그리면 두뇌가 활성화되고 건강이 증진되며 치매 예방에도 도움이 된다. 논리적 사고와 분석능력을 담당하는 좌뇌에 비해 우뇌는 직감과 기발함을 담당한다고 밝혀지고 있다. 최근엔 우뇌 개발이 미래의 승부처로 떠오르고 있다. 일본의 우뇌 트레이닝 컨설턴트인 고마다 미쓰오(Komada Mitsuo)는 역사 속의 천재들은 자신의 머릿속에 떠오른 생각을 종이에 바로 기록하는 공통의 능력을 갖고 있음을 확인했다. 기록하는 행위가 지성을 높이고 잠재의식을 일깨우는 역할을 하며 두뇌 활성화에 기여하는 바가 크기 때문이다. 머릿속에 떠오른 생각을 기록하는 습관을 들이면 한층 똑똑해질 수 있다는 의미다(한국일보, 사이언스 에세이, 2011. 5. 28).

다시 한번 강조하지만 메모는 발전의 첫걸음이다. 자신의 기억을 과신하지 말고 메모하는 습관을 키워야 한다. 메모는 기억을 지배한다. 메모를 습관화하고 잘 관리하면 개인의 능력뿐만 아니라 팀워크도 향상시킬 수 있다고 확신한다. 메모의 달인이 되어보자!

06 난중일기와 백범일지

이순신 장군과 김구 선생의 공통점은 무엇일까? 바로 기록을 했다는 점이다.[8] 일기를 쓴 것이다. 필자가 강조한 '적자생존'을 490년 전부터 몸소 실천한 분이다. 이순신은 임진왜란이 발발한 임진년(1592. 4)부터 노량해전(1598. 12)에서 전사하기까지 7년간 전쟁 중에 일을 기록한 『난중일기(亂中日記)』를 남겼다. 『난중일기』에는 전쟁에 관련된 많은 기록뿐만 아니라 전란 전반에 걸친 정치 · 경제 · 사회 · 군사에 이르기까지 다양한 기사가 남겨 있다. 그 때문에 이순신 개인사의 연구와 더불어 조선사 연구에 따른 사료로서도 귀중한 가치를 지닌다.

장군은 조정에 올린 장계(狀啓)에서도 전쟁상황을 상세하게 보고했는데, 그 내용은 현재 『임진장초(壬辰狀草)』로 남아 있다. 이 때문에 우리는 490여 년이 지난 지금에도 임진왜란의 과정과 해전에서의 전투상황 등을 상세하게 알 수가 있다. 바로 이것은 이순신의 투철한 기록정신에 의한 수혜(受惠)이다. 만약 이순신이 『난중일기』를 남기지 않았다면 후세에 사료이자 문화유산을 물려주지 못했을 뿐더러, 자신이 전쟁을 수행해 나가는 과정에서도 시행착오를 거듭했을 수도 있다. 각종 업무를 기록하는 일지와 개인의 일기는 물론 주부의 가계부까지도 그 유용성을 지니는 이유가 여기에 있다. 긴박한 전쟁상황에서도 '일기'를 썼다는 것은 장군의 평소 기록습관을 알 수 있다.

『백범일지』는 참으로 진솔하고 감동적인 기록이다. "네 소원이 무엇이냐" 하고 하나님이 내게 물으시면, 나는 서슴지 않고 "내 소원은 대한독립이오" 하고 대답할 것이다. "그 다음 소원은 무엇이냐" 하면 나는 또 "우리나라의 독립이오" 할 것이요, 또 "그 다음 소원이 무엇이냐" 하는 세 번째 물음에도 나는 더욱 소리를 높여 "나의 소원은 우리나라 대한의 완전한 자주독립이오"

8 『목민심서』의 정약용도 메모를 잘한 과학자였다. 고 이병철 삼성 회장도 성공하기 위해서는 메모광이 되라고 했고, 『성공하는 사람들의 일곱 가지 습관』의 저자 스티븐 코비(Stephen Covey) 역시 메모의 중요성을 강조했다.

하고 대답할 것이다. 청년의 모습으로 처음 감옥으로 들어갔을 때부터 노년이 되어 고국의 땅을 밟으면서 느꼈던 모든 고난과 굳건한 의지를 함께 보여준 험난한 인생의 글이 너무나 감동적이다.[9]

백범의 파란만장한 생애가 그러했듯이 지고지순한 민족애와 헌신성으로 기록된 책이다. 자신의 치적을 포장하고 허물과 과오를 덮으려는 숱한 인사들의 자서전과는 비교할 수 없는 가치를 지니며 오늘날에도 빛 바래지 않는 감동을 주고 있다.

▎그림 10-1 ▎『난중일기』와 『백범일지』

출처 : 김재득(2012). 리더십, p. 142.

이처럼 수많은 위대한 인물은 기록습관이 뛰어났다. 기록하는 습관, 메모하는 습관에는 훈련이 필요한데, 특히 수많은 정보가 오가고 신속 정확함을 추구하는 정보화 시대에는 더욱 중요하다. 정부기관에서도 직원들에게 매 순간 떠오르는 아이디어와 건의사항들을 기록하는 메모습관을 훈련시킨다. 『당신을 부자로 만들어 주는 메모하는 습관』이라는 책도 있지 않은가?

기록을 소홀히 하여 손해를 보는 경우는 항상 존재한다. 과거의 기술에 대한 기록이 없어 기술 재현을 하지 못하거나, 우리나라가 개발도상국 시절 단기간에 경제 발전을 이뤘던 기술에 대한 기록이 없어 다른 후진국에 이를 판매하지 못하는 일들이 그러한 경우다. 지식은 꾸준한 기록에 의해 축적되어

9 『백범일지』는 1947년 국사원에서 최초로 출간된 이후 지금까지 수많은 사람에게 읽혀져 왔고 지금도 꾸준히 읽히고 있는 전 국민의 필독서다. 27년간 대한민국 임시정부를 이끌어 온 민족독립운동가이자 자신의 온 생애를 조국과 민족을 위해 바친 겨레의 큰 스승 백범. 일제의 침략 아래 신음하는 우리 민족의 살 길을 열고자 해방된 통일조국 건설에 혼신의 힘을 다하다가 끝내 비명에 간 백범의 생애를 가장 극명하게 드러내 주고 있는 책이 바로 『백범일지』다.

야만 활용될 수 있으며, 이러한 지식들이 바로 경쟁력과 직결된다.[10]

펜과 포스트잇, 그리고 수첩을 항상 지니고 다니는 자세! 그것이 바로 '지식인'의 기본 자세이며 리더의 자세다.

07 생각 정리를 위한 글쓰기 팁

누구나 말로는 못할 것이 없다. 그러나 그것을 정식 보고서의 형식으로 글로 써서 제안할 수 있는 능력이 필요하다. 사람들은 생각이 정리되어야 글을 쓸 수 있다고 생각한다. 그러나 글은 쓰면서 생각이 정리된다.

인터넷이라는 도구가 '글쓰기의 혁명' 시대를 열었다. 인터넷 덕분에 작가, 기자, 저자처럼 누구나 글을 쓸 수 있고 사람들에게 읽히는 세상이 되었다. 글을 쓰는 사람의 삶은 글을 쓰지 않는 사람들에 비해 글을 쓴다는 그 자체만으로도 훨씬 아름답고 풍요롭게 된다. 물론 글을 안 쓰더라도 불행한 삶은 아니다. 그래도 글쓰기가 전제된 책 읽기나 생각하기는 영혼을 고양시키는 것은 분명한 것 같다.

글쓰기는 타고난 솜씨가 아니라 연습으로 가능하다. 꾸준히 연습하면 누구나 할 수 있다. 타고난 재주보다 꾸준한 연습과 노력으로 얼마든지 가능하다. 많은 사람들이 글을 잘 쓰고 싶어 한다. 사실 글쓰기 관련 책은 무수히 많다. 유시민, 김병만, 조영석 작가가 대표적이다. 이전까지 읽은 책들은 기술적인 부분에 초점이 맞춰 있어서 지루하게 느껴졌지만 기억에 남는 내용과 저자의 경험을 바탕으로 글쓰기의 원칙을 수립해 본다.

10 오랜 경험을 통해 자기는 알고 있지만 남에게 설명하기 어려운 노하우와 같은 암묵지(tacit knowledge)를 끊임없는 기록과 분석을 통해 남에게 쉽게 전달할 수 있는 형식지(explicit knowledge)로 바꿔야 새로운 지식의 창조로 연결될 수 있다.

첫째, 세 줄에서 다섯 줄이 넘어가면 (되도록) 줄을 바꾼다. 최소한 여덟 줄 이상은 넘기지 마라. “좋은 글은 명료하고 아름답습니다. 명료하고 아름다운 글이 좋은 글입니다.” 그래서 섬세한 글쓰기를 원한다면 먼저 “시를 읽어라” 하고 전하고 싶다. 시를 읽다 보면 말의 리듬감이 습득되어 리듬감 있는 글을 쓸 수 있다.

둘째, 시를 읽을 때는 리듬감이 몸에 배도록 소리 내서 읽는 것이 좋듯이 자기가 쓴 글은 소리 내어 읽어보는 것은 정말 중요하다. 글을 잘 쓰려면 먼저 잘못 쓴 글을 알아보는 감각을 길러야 하는데 잘못 쓴 글을 쓰지 않으려면 무엇이 못난 글인지 알아야 한다. 그럼 못난 글을 무엇인가? 그것은 소리 내어 읽었을 때 부자연스러운 글이다.

셋째, 국어(영어)사전을 활용하라. 가끔 컴퓨터로 국어사전을 찾아보거나 맞춤법을 확인하기는 하지만 글쓰기에 본격 활용하지 않는다. 이제부터라도 사전을 곁에 두고 확인하는 철저함이 몸에 배어 있어야 한다.

넷째, 작가 유시민은 자신의 지식을 자랑하기 위해 쓴 글, 뜻이 명료하지 않은 글은 윤리적으로든 실용적으로든 훌륭한 글이 될 수 없다고 말한다. 글은 다른 사람이 이해할 수 있게 써야 한다. 그렇게 하려면 텍스트 안에서 뜻이 분명하게 드러나지 않는 말은 되도록 쓰지 말아야 한다. 개념어, 전문용어, 사람 이름, 사건 이름 등도 마찬가지다.[11]

글 쓰는 사람이 빠지기 쉬운 허영심은 지식과 전문성을 과시하려는 욕망이다. 이 욕망에 사로잡히면 난해한 글을 쓰게 된다. 실용적인 면에서든 윤리적인 면에서든, 읽는 사람에게 고통과 좌절감을 주는 글은 훌륭한 소통수단이 될 수 없다.

다섯째, 글은 단문이 좋다. 글쓰기에서 자신의 논리를 상대방에게 정확히 전달하는 것은 중요하다. 때문에 독자가 이해하기 좋은 글을 쓰는 것이 좋다. 이를 위해 실천해야 하는 것은 단문으로 쓰는 것이다. 문학작품도 그렇지만

11 <문장 5계명> 1. 중복을 피하라. 2. 형편없는 글이라도 무조건 써라. 방법은 없다, 생각나는 대로 마구마구 그냥 쓴다. 이때 탄력 받아 주어+술어만 제대로 구사하면 된다. 3. 편집과 응용의 고수가 되어라. 남의 이야기나 말에 나의 이야기를 섞고 엮으면 기초는 익힌 것이다. 자신의 생각을 대입시켜 봄으로써 표현력을 기르고 소통하는 글쓰기가 된다. 4. 짧고, 쉽게 그리고 분명하게 써라. 5. 단어의 신이 되라. 책을 가까이하면 단어는 보인다.

논리 글도 마찬가지다. 단문은 그냥 짧은 문장을 가리키는 게 아니다. 길어도 주어와 서술어가 하나씩만 있으면 단문이다.[12]

단문이 복문보다 훌륭하거나 아름다워서 단문을 쓰라는 것이 아니라 뜻을 분명하게 전달하는 데 편리하기 때문이다. 글은 길게 쓰는 것보다 '짧게 잘 쓰기'가 어렵다. 똑같은 정보와 논리를 담는다면 2,000자보다는 1,000자로 쓰는 것이 좋다. 이유는 분명하다. 읽는 데 시간이 덜 드는 만큼 경제적 효율성도 높기 때문이다.

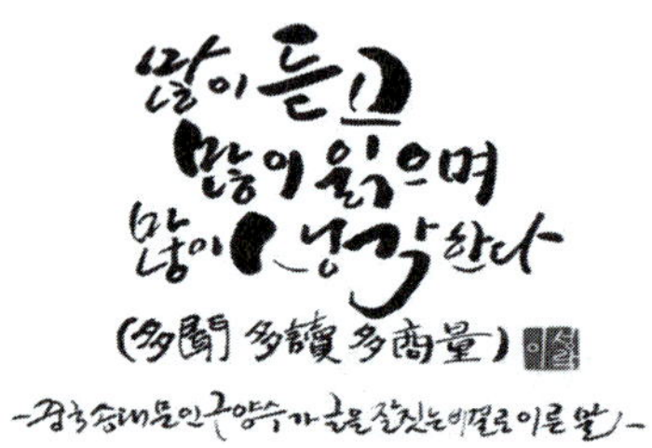

08 내가 글을 쓰지 않는 몇 가지 핑계

우리가 글을 쓰지 않는 이유와 핑계가 있다. 우리가 글을 쓰지 못하는 이유는 무엇일까?

첫째, 상상하지 않기 때문에 글을 쓸 수 없다. '상상'이라고 하면 많은 사람들이 SF 공상소설이나 우주영화 같은 거창한 것으로 오해한다. 하지만 어린 시절을 생각해 보라. 우리는 많은 상상을 한다. 심지어 방학숙제로 일기를 쓸 때에도 쓸 내용이 없을 때 없는 사실을 지어내서 일기를 썼던 기억, 한 번쯤

12 문장 하나에 뜻을 하나만 담으면 저절로 단문이 된다. 주어와 술어가 둘이 넘는 문장을 복문이라고 한다.

있을 것이다. 그런 우리의 상상력은 이제 어디로 갔을까? 무엇이라도 쓰기 위해 상상하다 보면 필력도 늘게 되어있다. 만약에 내가 무엇을 써야 할지 모르겠다면 일상의 삶에 치여 소중한 상상력을 잃어버린 것은 아닌가 스스로 점검해 볼 필요가 있다.

둘째, 생각을 하지 않아서 글을 쓸 수 없다. '생각하는 대로 살지 않으면 사는 대로 생각하게 된다'는 말이 있다. 여러분은 평소 어떤 생각을 하며 살고 있는가? 평소에 생각을 많이 하다 보면 '글감'이 생기기 마련이다. 어떤 사물이나 주제에 대해 깊이 생각하다 보면 그것을 글로 정리할 욕구가 분명 생기기 때문이다.

이런 연유로 노벨문학상 소설작가 알베르 카뮈(Albert Camus)는 "분명하게 글을 쓰는 사람에게는 독자가 모이지만, 모호하게 글을 쓰는 사람에게는 비평가만 몰려들 뿐이다". 많이 생각해야 간결하게 표현할 수 있고, 간결할수록 분명하고 명료해지기 때문이다. 만약 무엇을 써야 할지 영감이 떠오르지 않아서 글을 못 쓰고 있다면 평소 내가 무슨 생각을 하며 사는지 돌아볼 필요가 있다.

셋째, 공부하지 않으면 글을 쓸 수 없다. 자신의 관심분야가 확고하고 그것에 대해 공부를 하다 보면 그 분야를 좋아하게 되고 또 사랑하게 된다. 그러다 보면 자연히 내가 공부한 것을 더 많은 사람들과 이야기하고 싶고 나누고 싶어진다. 뿐만 아니라 나와 다른 의견을 가진 사람들의 생각도 궁금해진다. 그렇게 공부한 것을 정리하다 보면 글이나 강의가 좋아진다. 독자는 다른 사람과 나누고 싶은 주제, 공부거리, 관심사가 있는가? 곧바로 떠오르지 않는다면 내 관심분야에 대해 제대로 공부를 하고 있는지 깊이 반성해 볼 필요가 있다.

마지막으로 상상도 하고, 생각도 하고, 공부도 했지만 글을 못 쓰겠다면 '자신감'이 부족하기 때문이다. 자신의 내면을 남에게 드러내는 것이 두렵기 때문이다. 그럴 땐 다양한 방법으로 자신감을 강화시킬 필요가 있다. 작은 실천이나 성취의 경험을 쌓아도 좋고, 주변 사람들에게 사랑받는 기분을 한껏 누려도 좋고, 혼자 책을 읽거나 명상을 통해 자신을 토닥토닥하여도 좋다. 내면이 꽉 차면 어느새 하고 싶은 말들이 흘러나와 글이 된다!

09 우리가 책을 못 쓰는 이유는?

"책을 쓰면 좋은 점은 깨어 있어도 꿈을 꿀 수 있다. 만약 진짜 꿈이라면 통제가 불가능하다. 책을 쓸 때는 깨어 있기 때문에 시간, 길이, 모든 것을 결정할 수가 있다. 오전에 네 시간이나 다섯 시간을 쓰고 나서 때가 되면 그만 쓴다. 다음 날 계속할 수 있으니까. 진짜 꿈이라면 그렇게 할 수 없다."

소설가 무라카미 하루키(村上春樹)의 말이다. 깨어 있으면서도 꿈꿀 수 있는 방법은 책을 쓰는 것이다. 책을 쓰면 꿈길을 거닐 수 있다. 책을 쓰면서 꿈을 꾸고, 꿈을 꾸면서 책 쓰기가 가능하다. 그것이 작가의 특권이고, 그것이 사랑이고, 영(靈)이다. 우리가 책을 못 쓰는 이유는 무엇일까?

첫째, 너무 견주고 생각이 복잡하기 때문이다. 생각은 하되 너무 복잡하면 안 된다. 단순해야 한다. 지금 내가 책을 쓴다는 것이 너무 이르지 않은가? 과연 내가 할 수 있을까? 생각 생각 또 생각으로 머리가 복잡하다. "누구나 책을 쓸 수 있다"라고 하면 믿지 않고 의문을 가진다. "그럼, 누구나 자전거를 탈 수 있다." 누구나 수영을 할 수 있고, 누구나 노래를 할 수 있고, 춤을 출 수 있는 것이다. 누구나 배울 수 있는 것이다. 다만, 그 다음부터는 혼자서 헤쳐나가야 한다. 이때 근력이 생기듯 문장력이 생겨 자신만의 길을 발견하게 된다. 비로소 새벽밤 혼자 짐을 지고 길을 떠날 수 있고 강도 건널 수 있는 것이다.

둘째, 너무 완벽한 때를 기다리기 때문이다. 대부분의 사람은 행동하기보다는 준비만 하다가 아까운 시간만 보낸다. 3년 준비의 대입고사보다 더 많은 준비를 한다. 너무나 많은 준비와 자료수집, 주변의 조언은 내 마음만 무겁게 할 뿐이다. 내가 꿈꾸는 완벽한 때란 오지 않는다. 다만, 읽은 책, 들은 이야기를 '책 쓰기 노트' 형식으로 정리해 놓으면 자신감이 생기고 쓰고 싶은 적절한 때가 다가온다.

이때 '책 쓰기 노트'의 기본 패턴은 대략 다음과 같다. ① 내 인생에서 가장 오랫동안 경험한 분야는 무엇인가? ② 내가 가장 관심 있는 분야는 어디인가? ③ 내가 가장 많이 읽은 책의 장르는 어디인가? ④ 내가 가장 하고 싶은 말은 무엇인가? ⑤ 위의 질문에 진심으로 대답했다면 내가 쓸 주제가 떠오를 것이다. 그 주제를 요약해 보라. 바로 그것을 고르면 된다. 당신의 필력은 거기에서 시작된다.

셋째, 너무 기준이 높기 때문이다. 초보 작가일수록 완벽한 글을 쓰려고 한다. 도무지 첫 문장, 첫 페이지를 나가지 못한다. 나만을 위한 글쓰기와 창조적인 작품을 출간하고 싶다면, 당신만을 위한 창의적 책 쓰기를 하려면, 제발 다른 사람에게 보여주지 마라. 당신만을 위한 작품을 원한다면, 앞으로 10년 동안 친구도 안 만나고, 애인도 없이 살 각오를 먼저 하라.

10 완생(完生)이라서 책을 쓰는 것이 아니다

전문가가 책을 쓰는 것이 아니다, 책을 쓰면 전문가가 되는 것이다!
완생(完生)이라서 책을 쓰는 것이 아니다. 책을 쓰면 완생이 되는 것이다!
성공한 사람이 책을 쓰는 것이 아니다, 책을 쓰면 성공한 사람이 되는 것이다!
자신을 넘어선 사람이 책을 쓰는 것이 아니다, 책을 쓰는 사람이 자신을 넘어서는 것이다!
publish or perish(책을 쓰든가? 사라지든가?)

누구든지 책 쓰기에 도전하는 순간 예전의 나보다 훨씬 더 명확한 나를 바라볼 수 있다. 이것이 바로 우리가 책을 써야 하는 이유다. 가슴 속 깊이 숨어있는 꿈과 열정 그리고 희망을 책 속에 담아보라. 머릿속에만 맴돌고 있던 생각과 깨달음, 가슴 속 믿음과 사랑, 혼자 알고 있기에는 너무 아까운 비법들을 공개하라. 진짜로 공부하고 싶으면 책을 써라! 방법을 모른다고? 그럼, 책을 쓰는 방법 다섯 가지만 추천한다.

첫째, (무턱대고 쓰지 말고) 제대로 조사하고 큰 틀 속에서 접근하라. 잘못된 책은 부메랑이 되어 내 목을 친다. 그러므로 큰 그림을 그리고 줌인(zoom in)해라. 책의 순서는 제목 – 목차 – 콘텐츠(꼭지) – 초고 – 퇴고의 순으로 진행됨을 알고 접근하면 된다. 그러나 내가 책을 내고 글을 쓰려는 진짜 이유가 무엇인지 깊이 생각하고 시도하라. 메시지를 주고 싶고, 나를 통해 사람들의 마음에 치유와 도전, 꿈, 용기를 주고 싶고, 공명심, 연구실적 등등 책을 쓰려는 의도와 진짜 이유가 무엇인지 많은 생각을 해야 한다. 그래서 정말 도움이 되는 나만의 작품을 세상에 내놓아야 한다.

둘째, 집중하라. 돋보기처럼 집중하라. 영감을 믿지 말고 콘텐츠의 사냥꾼이 되어라. 이 주제 저 주제 모으기만 하면 허접한 내용이 되고 만다. 글의 몰입을 위해 충분한 시간을 확보하라. 대부분의 사람은 준비운동만 하다가 끝나버린다. 집중하게 되면 신기하게도 '우주의 법칙'이 작동한다. 신기한 일이 생기고 '끌림의 법칙'이 작동한다. 음악을 틀어도 가사에서, 영화를 봐도 대사에서, 취중 술자리의 농담도, 전철을 기다리는 순간에도, 벽보를 봐도, TV의 다큐를 봐도, 여자의 잔소리도 반갑게 다가온다.

셋째, 자신을 믿어라. 거절과 두려움을 극복해야 한다. 자기 주변의 부정의 스위치를 내려야 한다. 만일 주변인에서 그런 사람이 없다면 자기 자신이 스스로 굴을 파고 있을지 모르니 자기 자신이 좀비족이 아닌지 체크해 보는 것도 매우 중요하다. 절대 아니길 바란다.

넷째, 시작은 작게 하라, 첫 문장은 일단 써라, 책사랑(자기 주제)에 빠진 사람은 제정신이 아니다. 인용은 창작의 기초체력을 기르는 최고의 훈련법이다. 기존의 문장을 베끼고, 훔치고, 창조하고, 보기 좋게 저자를 넘어서면 된다. 많은 사람들이 인용하는 것을 좋지 않게 생각한다. 하지만 이것은 껍데기만 보고 알맹이를 보지 못한 것이다.

위대한 음악 신동 모차르트, 미술의 신 피카소, 대문호 셰익스피어도 모두 베끼기를 십 년 이상 했던 사람이다. 중국 무협영화를 보아도 주인공은 무림고수가 되기 위해 위대한 스승 밑에서 물을 길으면서 기초체력을 익힌다. 절대 무공은 안 가르쳐 주고 기본기만 끊임없이 가르쳐 준다. 글쓰기의 기본은 좋은 글을 베끼고 쓰고 인용하는 것이다. 『천재들의 창조적 습관』에서 강준만 작가는 '창작자'가 아닌 '윤리적인 편집자'가 되면 된다. 창작과 편집은 종이 한 장 차이라는 뜻이다. 독자 여러분도 착한 편집자가 되어라. 위대한 창작자는 그 다음 순서다.

다섯째, 나의 주제와 사랑에 빠져라. 자신이 진심으로 원하는 주제를 선택하여 쓰고 싶은 주제를 써라! 사실 책 쓰기는 그 자체가 노동이고 힘들고 지루한 작업이다. 힘든 작업을 하면서 자신이 좋아하지도 않는 주제로 과연 얼마나 버틸 수 있을까? 저자에게 눈물이 없으면, 독자에게도 눈물이 없다. 저자에게 믿음이 없으면, 독자에게도 믿음이 없다. 석고처럼 굳어버린 나의 마음에 혼(메시지, 스토리)을 불어넣어라. 자신만의 색깔을 입혀라. 글을 쓸 때는 오로지 글 속에 빠져라. 그래서 글, 그 자체가 되어라. 글을 쓰면서 한 번이라도 글 자체가 되어본 적이 있는가?

11 좋을 글도 흩어지면 낙서지만 모으면 명저가 된다

> "종이를 버리면 폐지가 되지만, 모으면 자원이다.
> 생각을 흘려버리면 멍 때림이지만, 모으면 굿 아이디어가 된다.
> 마찬가지로 좋을 글도 흩어지면 낙서지만, 모으면 명저가 된다." – 김재득 –

이제 책이 출간되기까지의 과정에 대해 이야기하고 싶다. 우리나라에서 책 쓴 저자는 25만 명쯤 된다. 대한민국 인구의 0.5%에 불과하다. 나도 저자가 되어 1%의 범위에 들어가 보자. 책이 출간되기까지는 주제 정하기, 나만의 글감 찾기(쓸거리 포착), 목차 정하기, 목차별 개요쓰기, 초안쓰기, 머리말과 후기 쓰기, 제목 정하기, 출판제의와 함께 어떤 출판사에서 책을 낼 것인가? 책 기획(제안)서 만들기, 책꼴 갖추기, 교정(수정) 보완할 것은 무엇인가? 표지디자인과 편집이 마음에 드는가? 출간기념회 등등 절차가 있다. 자세한 순서를 8단계로 요약하여 보면 다음과 같다.

첫째, 책을 쓰려고 할 때 가장 먼저 할 일은 쓰고 싶은 주제를 정하는 것이다. 주제가 정확하지 않으면 책은 중구난방이 된다. 전체 내용이 한 주제로 관통해야 좋은 책이다. 너무 많은 주제를 다루려고 하는 책이 있다. 이런 책은 깊이가 없다. 책은 백화점보다는 전문점이 되어야 한다.

둘째, 목차를 정해야 한다. 책 주제를 몇 가지 큰 주제로 나눈 뒤 큰 주제는 다시 소주제로 나눈다. 뼈대 만들기다! 글도 쪼개라! 뼈대가 온전해야 책을 제대로 쓸 수 있다. 보통 5장의 큰 주제와 각장마다 8~9개의 소주제로 나누면 된다. 준비가 미진할 경우 대부분 이 단계에서 막히고 만다. 목차는 짜임새 있는 책을 결정하는 관건이다. 목차를 잘 짜면 글은 순서에 따라 써내려 가면 된다. 책을 쓰는 과정에서 수정할 수 있다. 제 아무리 실력이 있어도 뼈대 없이 살을 붙일 수 없다. 목차를 완성하면 큰 고개를 하나 넘은 것이다.

셋째, 목차에 어떤 내용을 쓸 것인지 정리하라. 시스코(SISCO) 이론에 따라 정리하면 수월하다.[13] 대체적으로 사례나 증거자료는 무엇으로 할 것인지? 내가 강조하고자 하는 핵심주제가 무엇인지를 정리해 놓으면 본문쓰기가 수월하다. 이 작업까지 마쳤다면 이제 책 완성은 시간문제다.

넷째, 본문을 쓰면 된다. 지금까지는 개요쓰기에 불과하며 이제 본격적으로 살을 붙이는 작업이 필요하다. 가장 오래 걸리는 과정이다. 그래서 충분한 지식과 경험이 필요하다. 아마도 책 쓰려는 사람에게는 가장 어려운 단계이다. 본문쓰기는 문장력이 중요하다. 아무리 좋은 내용이라도 문장력이 부족하면 표현할 수 없다. 그래서 본문쓰기는 계획을 잘 세워야 한다. 계획이 없으면 2~3년도 더 걸린다. 책 쓰는 일보다 바쁜 일들이 얼마나 많겠는가? 언제까지 쓸 것인지 마감시간을 정해놓아야 한다. 그래서 어렵다고 하는 것이다.

---

13 시스코(SISCO) 이론이란 S(Subject)=주제, 목적, 이유, I(Information)=정보, S(Substance)=본질, 핵심, C(Case)=사례, 통계, 증거, O(Opinion)=의견, 견해, 생각, 느낌을 의미한다.

다섯째, 본문쓰기를 마무리했다면 이제 서문과 맺음말을 써야 한다. 서문에서는 책을 잘 소개해야 한다. 책을 고르는 사람은 서문과 목차를 보고 책을 고를 때가 많다. 서문에는 책을 왜 썼는지, 이 책이 다른 책과 다른 것은 무엇인지, 책을 왜 읽어야 하는지, 책을 읽고 어떻게 활용해야 하는지, 책을 어떻게 구성하였는지를 쓰면 된다.

맺음말에는 저자가 독자에게 마지막으로 해주고 싶은 말을 쓴다. 반대로 본문을 쓰기 전에 미리 서문과 맺음말을 써도 된다. 필자는 서문과 맺음말을 미리 쓴다. 그리고 본문을 쓰면서 중간중간 다시 고친다. 그래야 더 동기부여가 되는 느낌이다.

여섯째, 제목(타이틀)이 좋아야 독자에게 선택받을 확률이 높다. 제목은 책을 쓰는 과정 내내 생각해야 하고, 그중 몇 가지를 골라놓는다. 출판과정에서 출판사와 협의를 하지만 책으로 전하고자 하는 핵심주제를 저자만큼 잘 아는 사람은 없으니 저자의 의견을 많이 반영한다. 고객(친구, 선후배)의 호기심을 불러일으킬 감각적인 제목만이 독자의 눈길을 잡을 수 있다. 표지가 책의 얼굴이라면 제목은 눈동자인 셈이다.

가끔 기막힌 제목이 불꽃처럼 번득이는 수도 있기는 하다. 하지만 대부분의 제목은 수많은 고뇌와 지루한 타협의 산물이며, 우연과 필연이 종종 기묘하게 얽히는 과정이다.

광화문 교보문고나 종로 영풍문고의 베스트셀러 진열대에 가서 잘 팔리는 책은 어떻게 제목을 지었는지 살펴보는 것도 좋은 방법이다. 김 훈의 『칼의 노래』는 당초 생각한 제목은 '광화문 그 사내'였다. 충무공을 말하는 것이겠다. 하지만 출판사에서 너무 장난스럽다고 난색을 표하자 다음으로 제시한 제목은 '칼과 길'이다. 이번엔 너무 무거워서 탈락이다. 최종적으로 편집자가 제안한 것은 '칼의 노래'였다.

『죠스』 역시 인쇄 시작 20분쯤 전에 작가와 편집자가 필사적으로 타협한 제목이다. '백상아리', '상어', '바다괴물의 출현', '죽음의 아가리' 등 온갖 방식으로 조합된 백 개도 넘는 후보 가운데 그나마 쓸 만한 단어가 '아가리', 즉 '죠스(Jaws)'였다. 관련자 누구도 썩 좋아하지 않았으나, "알 게 뭐야, 신인 작가의 첫 소설을 누가 읽는다고?" 하는 식으로 출간했다.

『미생』의 원제목은 『고수』였다. 바둑 용어인 미생마라는 단어를 차용한 것이다. 1년 동안 90만 부 팔리던 단행본이 미생 방송 한 달 만에 총 170만 부 판매되었다.[14]

일곱째, 원고를 거의 다 써갈 때쯤 출판사를 알아봐야 한다. 초보 작가라면 아는 출판사가 없으니 쉽지 않다. 몇몇 출판사를 알아내어 제의를 한다고 해서 모두 받아들이는 것은 아니다. 거절을 각오해야 한다. 책 내용이 좋고 독특한 책이라면 시장에서 팔릴 만한 주제라면 출판사가 거절하지 못한다. 인세는 얼마나 할 것인지, 저작권 문제 등 출판사가 준비한 계약서를 찬찬히 읽어보며 서명하면 된다. 계약하고 보통 2~3개월이면 책이 출판된다.

여덟째, 2~3차례 교정작업을 하면서 목차를 바꾸기도 하고, 내용을 대폭 수정하거나 맞춤법 수정도 이때 정리한다. 사실 모든 초고는 쓰레기다. 이때 제목이 바뀌기도 한다. 1차 교정, 2차 교정을 하면 서서히 책이 완성된다. 교정이 끝나면 표지 디자인을 하고, 책을 읽기 좋게 디자인한다. 삽화도 넣고 사진도 넣는다. 작가가 마지막 교정본을 보고 승낙하면 인쇄에 들어간다. 경험에 비추어 볼 때 출판사 실력은 이 단계에서 빛을 발한다. 활자가 읽기 편한가, 편집이 편안한가, 특히 표지 디자인은 제목과 함께 책의 첫인상을 결정한다.

14 스테디셀러의 반열에 오른 자기계발서 『칭찬은 고래도 춤추게 한다』의 원래 제목은 칭찬의 힘이었다. 기대와 달리 판매량이 저조하자 출판사가 책의 제목을 바꿔 다시 출간한 것이다. 내용의 수정 없이 제목만 바꿔서 출간한 것이었지만, 결과는 성공적이었다. 제목을 바꿔서 출간하자 2만 권 정도에서 머무르던 판매량은 무려 10배 이상 급증했고, 이러한 인기에 힘입어 베스트셀러에 오르는 성과를 거두었다. 어디까지나 『칭찬은 고래도 춤추게 한다』라는 독특한 제목이 독자들의 흥미를 끈 덕분이었다[김종춘(2011). 베끼고, 훔치고, 창조하라. 매일경제신문사].

주) 김재득의 저서 『당신을 읽다』가 출간되기까지 표지디자인의 변천과정

PART

05

판(判) : 토론 · 창의성 · 통섭과 융합

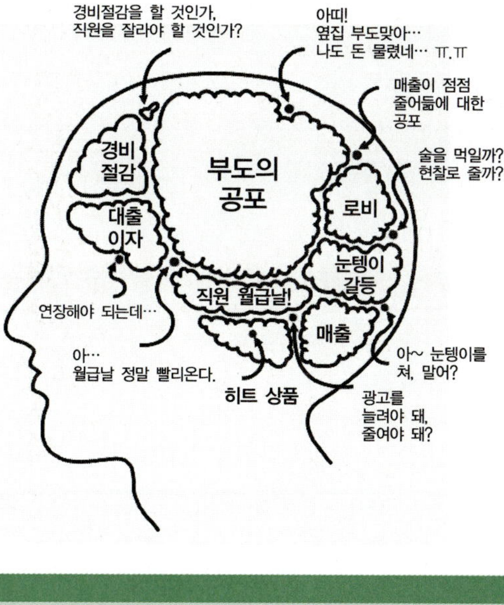

CHAPTER

11

토론 · 판단력 · 역지사지

도움이 필요한 사람들에게 도움을 주고도
공격을 받을 수 있다. 그래도 그들을 도와주어라.

People really need help but may attack you
if you do help them. Help people anyway.

– 켄트 키스(Kent M. Keith) –

01 토론하는 현장

사고력과 설득력을 향상시키기 위한 첫 번째 길은 토론의 능력과 토론의 힘이다. 현실적으로 고위직에 오른 사람은 토론을 통한 소통을 꺼린다. 부하가 리더에게 집요한 질문공세를 펴면 리더는 상황에 따라 곤란함에 처하게 될 수도 있을 것이고, 그동안의 상명하복의 위계질서의 관행에 너무 익숙한 탓도 있을 것이다. 토론은 서로의 상충되는 의견의 장단점을 비교·분석 후 최종적으로 합리적인 하나의 결론을 도출해야 한다는 점에서 토론 참여자인 리더에게 상당한 부담이 될 수 있다.

조직 안에서의 토론은 항상 비효율적이고 시간낭비일까? 오히려 리더의 지성, 이성의 한계와 인격적 연약함을 권위나 제도로 포장하거나 무조건 감싸는 일이 더 비효율적인 태도다.

리더라고 해서 모든 진리를 이미 깨닫고, 매우 지적이고, 상황에 대해 완벽한 이해를 지닌 사람이 아니다. 따라서 언제나 자신의 의견이 틀릴 수도 있고, 상황 파악에 대해 오해할 수도 있다는 사실을 겸허하게 인정해야 한다.

토론과정을 거치면서 자신의 무지함과 불완전성으로 온전히 노출되는 것을 두려워하지 말고 인정하고 수용하며 자신도 끊임없이 연구하고 부족한 부분을 채우려 해야 한다. 법전과 사회제도 대부분도 상당 기간 동안 토론과 대화의 산물이다.

강지원 교수가 언급한 토론을 잘하는 법칙 몇 가지를 소개한다. 첫째, 함께 토론하는 사람의 이름을 기억하고 관심을 갖는다. 둘째, 경청과 메모를 잘한다. 셋째, 질문과 대답을 잘한다. 넷째, 포인트와 스토리를 파악하여 말한다. 다섯째, 눈빛과 목소리를 좋게 해야 한다.

토론을 잘 하는 학생은 뒤면서도 지지를 받는다. 토론능력은 타고나는 것이 아니라 만들어지는 것이다. 창조성과 전문성도 반복과 연습, 모방을 통해 완성된다. 하루 15분이면 충분하다. 토론으로 튀어라, 그러나 지지를 받아라!

토론하는 현장과 강의실이 되어야 한다. 단편적인 지식이 아닌 종합적인 지식과 넓고 깊은 사고력을 키우는 데는 토론이 최고다. 토론은 일방적인 지식 습득이 아닌 자신의 생각과 의견을 합리적이고 논리적으로 이야기할 수 있도록 도와준다. 토론은 이기고 지는 게임이 아니다. 토론은 말을 잘하는 것이 아니라 먼저 상대방의 이야기를 경청해 주는 것이 우선이다. 그래서 잘 들으면 좋은 질문을 할 수 있고, 좋은 질문은 좋은 토론의 또 다른 소재가 된다.

그래서 토론은 말싸움도 아니고 상대방을 이기는 데 목적이 있는 것이 아니다. 토론을 통해 상대방의 생각을 이해하고 배려하며 서로가 배우는 가운데 자기성장이 목적이 되어야 한다. 그렇지 않으면 토론은 게임이나 투쟁과 갈등으로 변질된다. 이렇게 되면 '승패의 논리'로 접근하게 되어서 지적 성장, 인격의 성장, 관계의 성장은 무시되고 만다.

집에서 식사할 때와 가족회의는 토론능력 향상과 함께 가족 간의 사랑도 돈독해진다. 다중지능을 키우는 최선의 방법도 바로 '토론'이기 때문이다.

공부의 양에 집착하다 보면 스스로 깊이 있게 생각해 볼 시간이 매우 부족하다. 사고력이 떨어지면 심도 깊은 공부를 하기가 어렵다. 해외유학을 간 우수한 성적의 학생도 한국식 교육에 길들여져 처음엔 자만하다가 학년이 올라갈수록 외국의 토론식 교육을 따라가지 못해 힘들어하거나 좌절한다.

토론의 올바른 태도를 익히다 보면 인성이 올바르게 갖추게 된다. 토론은 협의를 도출하고 그것을 통해 공동체 의식과 양보심을 기를 수 있다

따라서 좋은 교수가 되려면 학생에게 질문을 많이 하고, 학생으로부터 질문을 끌어낼 줄 알아야 한다. 교수의 질문에 답을 하고, 교수에게 질문하면서 학생의 사고력이 향상되고, 토론의 기본인 문답에 익숙해지면서 토론능력이 향상된다.

교수가 학생에게 질문을 던지는 유형으로 다섯 가지가 있다. 첫째 유형은 질문하기보다 설명하려 든다. 둘째, 질문을 던지는 것이 중요함을 알지만 스스로 질문을 만들지 못한다. 셋째, 질문을 던져놓고 대답을 못하거나 늦어지

면 자신이 대답한다. 넷째, 질문을 던져서 학생의 답을 끌어낸다. 다섯째, 질문을 던져서 답을 끌어낼 뿐만 아니고 질문까지 끌어낸다.

수업을 마친 교수가 학생으로부터 질문을 끌어내는 유형도 다양하다. 첫째, 질문 있냐고 묻지도 않는다. '질문받기'의 중요성을 모른다. 둘째, '질문받기'의 중요성을 알지만 학생이 질문하지 않기를 바란다. 셋째, 질문을 받으면 다른 사람에게 물어본다. (중계질문) 넷째, 질문을 받고 나서 질문한 학생에게 되질문한다. (반전질문)

당신은 어떤 유형이며 어떤 학생인가?

토론 잘 하는 법칙을 찾아서 세 가지만 적어보고 서로 의견을 나누어라.

02 리더십 토론(Ⅰ) : 리더십 이야기

Debate - 1 금 간 물항아리의 교훈

어떤 사람이 지게를 지고 물을 날랐습니다.
오른쪽과 왼쪽에 각각 하나씩의 항아리가 있었습니다.
그런데 왼쪽 항아리는 금이 간 항아리였습니다.
물을 가득 채워서 출발했지만,
집에 오면 왼쪽 항아리의 물은 반쯤 비어 있었습니다.
금이 갔기 때문이었습니다.
반면에 오른쪽 항아리는 가득 찬 모습 그대로였습니다.
왼쪽 항아리는 주인에게 너무 미안한 마음이 들었습니다.

그래서 주인에게 요청했습니다.
"주인님, 나 때문에 항상 일을 두 번씩 하는 것 같아서 죄송해요.
금이 간 나 같은 항아리는 버리고 새것으로 쓰세요" 하고.

그때 주인이 금이 간 항아리에게 말했습니다.
"나도 네가 금이 간 항아리라는 것을 안단다.
네가 금이 간 것을 알면서도 일부러 바꾸지 않는단다.
우리가 지나온 길 양쪽을 바라보아라.
오른쪽에는 아무 생명도 자라지 않는 황무지이지만,
왼쪽에는 아름다운 꽃과 풀이 무성하게 자리지 않니?
너는 금이 갔지만,
너로 인해서 많은 생명이 자라나는 모습이 아름답지 않니?
나는 그 생명을 즐긴단다."

— 좋은 글 —

얼마 전 좋은 글에서 발췌한 것이다. 위의 이야기를 통해 리더와 팔로워와의 관계, 상대방에 대한 배려와 관심, 인생의 지혜에 대해 이야기해 보라.

Debate - 2 원이라는 굴레

어느 절의 주지 스님께서 마당 한 가운데에 큰 원을 그려놓고는 동자승을 불러서 문제를 내셨습니다.

"내가 마을을 다녀왔을 때, 네가 이 원 안에 있으면 오늘 하루 종일 굶을 것이다. 하지만 원 밖에 있으면 이 절에서 내쫓을 것이다." 그러고는 마을에 나가셨습니다. 동자승은 난감했습니다. 원 안에 있자니 가뜩이나 배가 고픈데 오늘 하루 종일 굶어야 할 것이고, 원 밖에 있으면 절에서 내쫓김을 당해야 하는 상황이었으니까요.

당신이라면 어떻게 하시겠습니까? 그냥 하루 종일 굶는 길을 선택해야 할 것인가요, 아니면 그냥 절을 나가야 할 것인가요? 한 시간 뒤에 드디어 주지 스님이 돌아오셨습니다. 그런데 이 동자승은 하루 종일 굶을 필요도 없었고, 절에서 내쫓김도 당하지 않았습니다.

– 좋은 글 –

정답은 동자승은 한참 고민하다가 마당 한구석에 놓인 빗자루를 가지고 와서는 스님이 그려놓은 원을 쓱쓱 쓸어서 지워버린 것입니다. 원이 없어졌으니 원 안에 머무는 것도 아니고, 원 바깥에 머문 것도 아닌 것이지요. 그렇습니다. 원을 없애버리고 나니 자유로울 수 있었습니다.

우리들 마음 속에는 이러한 원을 하나씩은 다 가지고 있는 것 같다.

물질이라는 원, 명예라는 원, 욕심이라는 원, 미움이라는 원, 그 밖에 여러 가지 원으로 인해서 이러지도 저러지도 못하고 있다. 이 원으로부터 자유로워지는 방법은 그 원을 지우는 수밖에 없는 것이다. 리더십의 관점에서 이 글이 주는 또 다른 교훈은 무엇이 있을까?

Debate - 3 윤 주사라 불리는 국장

윤 국장은 사내에서 디테일하고 의사결정이 느리기로 유명하여 직원들은 그를 윤 주사라고 부른다. 팀장, 사무관을 통과한 결재서류도 글자 하나까지 보면서 수식의 틀린 점을 발견하는 날카로움(?)을 보여 부하직원의 탄성을 자아내게 한다. 해외출장 결재 시 가는 날의 비행기 탑승시간, 오는 날 비행기 탑승시간, 현지 일정을 시간별로 체크하면서 하루라도 줄여야 직성이 풀린다. "왜 7일을 가느냐, 5일이면 될 텐데, 토요일에 출발해도 되는데 왜 근무하는 월요일 날 떠나느냐, 주말을 이용해 들어오면 되는데 왜 외국에서 주말을 낭비하느냐…" 그런 것까지 신경 쓰게 만드니 출장의 목적과 가서 할 일은 저만치 미루어 두고 일정을 어떻게 줄이느냐에 신경을 쓰게 된다.

위와 같은 윤 국장의 태도를 바꾸게 할 당신의 조언 한마디는 무엇인가?

Debate - 4 고양이 목에 방울 달기

옛날 어느 집 헛간에 쥐들이 모여 회의를 열었다. 고양이 때문에 당하는 피해가 너무 컸기 때문이었다. “이젠 더 이상 안 되겠어. 고양이 때문에 마음 놓고 살 수가 없다”, “그래, 맞아. 어제 내 친구가 뒷마당에서 놀다가 고양이한테 또 당했어. 이대로 가다간 우리 모두 고양이의 밥이 되고 말 거야. 빨리 무슨 대책을 세워야 해. 무슨 좋은 방법이 없을까?” 쥐들은 머리를 맞대고 지혜를 모았다. 쥐들은 저마다 고양이를 물리칠 방법을 말했지만 그다지 좋은 의견이 나오지 않았다. 한참 후 꾀가 제일 많은 쥐가 아이디어를 냈다. “내게 좋은 생각이 있어!”, 쥐들은 호기심 어린 얼굴로 꾀 많은 쥐의 말에 가만히 귀를 기울였다.

“고양이 목에 방울을 다는 거야. 그럼 고양이가 나타날 때마다 방울이 딸랑딸랑 울릴 것 아냐? 그 소리를 듣고 미리 도망치면 고양이한테 잡아먹히는 일은 없지 않겠어?”, “이야, 그거 정말 멋진 생각인데요!” 쥐들은 모두 손뼉을 치며 좋아했다. 이제 고양이한테 당하는 괴로움도 끝이라고 생각하니 너무 기뻤다.

그때 한쪽 구석에서 조용히 듣고만 있던 늙은 쥐가 천천히 입을 열었다. “정말 훌륭한 생각을 해냈군. 하지만 누가 고양이에게 다가가 방울을 달지?” 그러자 갑자기 찬물을 끼얹은 듯 사방이 조용해졌다. 환호성을 지르며 손뼉을 치던 쥐들은 입을 다문 채 서로 눈치만 살폈다. 결국 목숨을 걸고 방울을 달겠다고 나서는 쥐는 아무도 없었다.

리더십의 관점에서 이 우화가 주는 교훈은 무엇인가?

Debate - 5 사자와 생쥐 이야기

지나가던 생쥐 한 마리가 사자의 발을 밟아 낮잠에 취해 있던 사자를 깨우고 말았다. 머리끝까지 화가 난 사자가 생쥐를 잡아먹으려고 입을 크게 벌리자 생쥐가 소리쳤다. "오, 사자님! 제발 저를 살려 보내 주십시오. 언젠가 제가 사자님을 도와드리게 될지도 모릅니다." 사자는 요 조그만 생쥐가 자기에게 무슨 도움이 될 수 있을까 생각하고는 코웃음을 쳤다. 하지만 마음씨 좋은 사자는 생쥐를 놓아주었다.

그로부터 며칠 후 사자는 숲 속을 산책하다가 사냥꾼이 쳐놓은 그물에 걸리고 말았다. 온 힘을 다해 발버둥을 쳤지만 그물이 너무 강해 빠져나갈 수가 없었다. 마침내 사자는 크게 울음을 터뜨리고 말았다. 멀리서 이 소리를 들은 생쥐가 한달음에 달려왔다. "잠시만 기다리세요, 사자님. 제가 사자님을 구해드릴게요." 생쥐는 작지만 날카로운 이빨로 그물을 끊어 사자를 구해주었다. "그때 사자님은 절 비웃으셨죠. 사자님은 제가 너무 작아서 누구에게 어떤 도움도 줄 수 없을 거라고 생각하셨죠. 하지만 보시다시피 사자님도 작고 보잘 것 없는 이 생쥐의 도움을 받지 않았습니까?"

리더십의 관점에서 이 우화가 주는 교훈은 무엇인가?

____

____

____

Debate - 6 여우와 신포도 이야기

어느 여름날, 여우 한 마리가 샘물을 찾아 이리저리 헤매고 있었다. 몹시 갈증이 났던 여우는 열심히 주위를 살피다가 과수원을 발견했다. 거기에는 많은 포도나무들이 탐스럽게 영글어 있었다. "오~ 포도가 아주 제대로 익었겠는걸~!"

목을 축일 수 있다는 생각에서인지, 아니면 달콤한 포도 맛을 기대했던지 여우는 신이 나서 포도나무를 향해 달려갔다. 그런데 막상 도착해 보니 포도는 여우가 따먹기에는 너무 높이 매달려 있었다. 가장 낮은 곳에 매달린 포도를 따먹기로 정한 여우는 있는 힘을 다해 점프를 했다. 그러나 번번이 간발의 차이로 포도를 따먹을 수가 없었다. "이 놈의 포도는 왜 이렇게 높이 달려 있는 거야!"

갈증에다가 신경질까지 더한 여우는 계속해서 포도를 향해 뛰어올랐다. 그러나 해질 무렵이 될 때까지 여우는 목표를 달성할 수 없었다. 입에는 군침이 가득 돌았지만, 어쩔 수 없는 것이었다. 여우는 할 수 없이 포도를 따는 것을 포기하고 돌아서서는 혼잣말로 중얼거렸다. "아마 저 포도는 너무 시어서 맛이 없을 거야. 분명 먹어봤자일 거야."

리더십의 관점에서 이 우화가 주는 교훈은 무엇인가?

Debate - 7 리더십과 '물(水)'의 교훈

해마다 겪는 일이지만 물은 참으로 무섭다. 물이 한 번 휩쓸고 지나가면 아무것도 남지 않는다. 그래서 동서양을 막론하고 물은 '심판'의 증거로 자주 등장한다. 성경에 나오는 노아의 방주 이야기가 그렇다. 우리나라의 장자도 전설이나, 홍수 속에 유일하게 살아남은 두 남매가 산꼭대기에서 맷돌을 굴려 그것이 하나 되는 것을 보고 부부의 연을 맺어 다시 사람을 퍼뜨리게 되었다는 이야기 등도 대홍수로 인한 참변을 배경으로 하고 있다.

중국의 사상가 왕양명(王陽明, 1475~1528)은 '수오훈(水五訓)'을 말한 바 있다. 그 첫째가 물은 자정타정(自靜他靜)과 청탁포용(清濁包容)이라 했다. 물은 스스로 맑으려 하고 다른 것의 더러움을 씻어준다. 또 맑고 더러움을 가리지 않고 받아들인다. 그래서 사람이 이런 물의 마음만큼만 될 수 있다면 득도의 경지에 들었다 할 수 있으리라. 다른 이의 더러움만을 손가락질하는 것이 아니라, 더러운 것까지 받아들여 맑게 만드는 힘을 물은 가지고 있다.

물의 교훈에 대해 리더십의 관점에서 추가적인 의견과 느낌을 서로 나누어 보라.

Debate - 8 매가 되고 싶었던 까마귀

높은 절벽에서 매 한 마리가 매우 아름다운 자세로 급강하해서는 어린 양을 순식간에 채어갔다. 이를 보고 있던 까마귀가 매를 매우 부러워했다. '만약 나도 저렇게 양을 잡을 수 있다면 매일 썩은 음식을 먹지 않아도 될 텐데. 그럴 수만 있다면 얼마나 좋을까?' 그래서 까마귀는 기억에 의지해 매의 급강하 자세를 반복해서 연습하며 매처럼 양을 잡을 수 있기를 바랐다.

어느 날 스스로 충분히 연습했다고 생각한 까마귀가 기운차게 소리치며 절벽 위에서 급강하하여 맹렬하게 어린 양의 등을 움켜쥐고는 힘을 다해 양을 들어 올리려고 했다. 그러나 그의 발은 양털에 뒤엉켜 빠지지 않았고 아무리 기를 쓰고 날갯짓을 해봐도 날 수가 없었다. 이를 본 양치기가 까마귀를 붙잡아서 날개의 깃털을 뽑아갔다.

리더십의 관점에서 이 우화가 주는 교훈은 무엇인가?

Debate - 9 세 명의 리더에 대한 리더십 비교

다음 세 사람의 리더십 발휘 사례를 읽고 그들의 리더십 스타일에 대한 장단점을 분석하고, 그들에게 가장 적합한 업무는 무엇인지 토론해 보라. 세 명의 리더 중에서 당신이 선호하고 같이 일하고 싶은 상사는 누구인지 선택하고 그 이유를 이야기해 보라.

1. S증권 '냉커피' 최 지점장 사례

최 지점장은 소위 일류 대학을 나온 엘리트이다. 아이디어가 많고 지적인 측면에서 남들보다 항상 앞서간다는 평가를 받고 있다. 최근의 새로운 금융상품도 그의 머리에서 나온 것이다. 아침마다 있는 직원회의에서 그는 지점의 문제점이나 고민거리들에 대해서 날카로운 분석으로 해법을 찾아내어 직원들을 감동시킨다. 성격은 차분하고 혼자서 사색하는 것을 즐기는 스타일이고 직원들과 어울려 회식을 한다든가 다른 사람의 입장을 고려하는 등의 행동에 있어서는 어색해한다. 직원들과는 일정한 거리를 유지하려 하며, 가끔 엘리트 의식도 엿보인다. 아이디어는 내지만 일이 어떻게 추진되는지에 대해서는 철저히 담당자에게 위임하며 일의 결과만을 가지고 평가하는 습성이 몸에 배어있다. 외모를 보더라도 포커페이스(poker face), 그 자체이다. 그래서 붙은 별명이 '냉커피'이다.

2. K생명 '산딸기' 오 팀장 사례

오 팀장은 직원들로부터 가슴이 따뜻한 사람이라는 평가를 받고 있다. 관혼상제는 사돈에 팔촌까지도 보살피는 스타일이고 직원들 중에서 누가 상을 당하든가 하면, 며칠씩 같이 밤을 새면서 마치 가족처럼 모든 일을 챙겨준다. 팀원들과는 항상 형제간처럼 긴밀한 관계를 유지하려고 애쓰고 어려움이나 힘든 일이 있으면 공적인 관계를 넘어서 자신의 사재를 털어가면서까지 도와주려고 한다. 그러나 일보다는 관계를 먼저 생각하는 스타일이어서 다른 사람들로부터 가끔 새로운 아이디어가 없다는 비판을 받는다.

주중에는 일찍 퇴근해서 가족들과 함께 밥을 먹는 적이 없으며 주량은 장비를 연상하게 할 정도이다. 지난해에는 30일 동안 하루도 안 빠지고 술을 먹었더니 해 뜬 아침에 출근하는 데도 하늘에 별이 보았다고 한다. 코가 빨개서 '산딸기'라는 별명, 오 팀장은 과업의 목표를 달성하는 데 있어서는 큰 인상을 주고 있지 못하지만 두루두루 인간관계가 원만한 데다 윗사람들에게도 잘하려고 노력하는 모습이 체질화되어 있어 무난히 임원으로 승진하리라 많은 사람들이 기대하고 있다.

3. L전자 류 부장 사례

류 부장은 연수원을 떠나면서 기분이 그렇게 착잡할 수가 없었다. 형언하지 못할 배신감도 느껴지고 억울하기도 하였다. 하급자들에게 그렇게나 많은 물적 · 심적 투자를 했는데 그들로부터 돌아오는 대접이란 허무할 정도였다.

사실 그는 연수원의 리더십 강의시간에 하급자들로부터 비밀리에 받았다는 자신에 대한 피드백 성과를 접하기 전까지는 자신의 스타일에 자신감이 넘쳤었다. 일주일에 4일은 그들과 함께 어울려 저녁과 술로 인간관계를 다져왔다. 무슨 일이 있으면 항상 자신에게 도움을 청하는 부하직원들이 대견하기도 했다. 음주운전에 걸린 부하직원을 새벽 2시에 달려가 경찰서에서 빼내온 적도 있었다. 그는 사람을 다루는 문제에 관한 한 자신 있게 대답할 수 있었다. 자신을 본받으라고.

그러나 자신의 리더십에 대한 부하직원들의 설문 응답결과를 보고 류 부장은 얼굴이 창백해질 정도로 당혹감을 감추지 못했다. 우선 전체적 수치가 평균을 훨씬 밑돌고 있었다. 자신은 5점 척도에서 적어도 4.5점은 나올 것이라고 기대하고 있었다. 그런데 실제 결과는 2점을 간신히 넘는 수준이었다. 몇 번씩 확인을 했지만 지워질 수 없는 사실이었다. 또 한 가지는 하급자들이 주어진 공란에다 적어넣은 문구들이었다. "부장님, 돈 자랑 그만하십시오", "인간적으로 더할 나위 없이 좋으신데 배울 게 없다", "일에 대한 추진력을 부탁드립니다".

류 부장은 아무리 생각해 봐도 자신이 무엇을 잘못했는지 알아차릴 수가 없었다. 류 부장은 연수원을 떠나면서 핸드폰으로 박 차장을 연결했다. “아, 박 차장. 나야. 별일 없지? 오늘 저녁에 부원들 회식이나 하지. 일곱 시에 다들 그 집으로 모이도록 연락해.” 류 부장은 누군가 부하직원들 중에 자신을 못마땅하게 생각하는 친구들이 있는 거라고 결론지었다. 술로 풀어야지. 류 부장은 힘껏 가속 페달을 밟았다.

첫 걸음이 모든 여행의 시작이듯,
첫 실천이 모든 정의의 시작이다.

– 김현성 –

03 리더십 토론(II) : 셀프 리더십

Debate - 1 멍부 – 멍게 – 똑부 – 똑게형 리더(부하)

모든 리더를 똑똑한 리더와 멍청한 리더, 그리고 부지런한 리더와 게으른 리더로 나눈 다음 서로 조합하면 멍부, 멍게, 똑부, 똑게의 네 가지 유형이 가능하다. 첫째, 멍부형은 멍청하면서 부지런한 리더라는 말이다. 부하들이 제일 싫어하고 기피하는 유형이다. 업무에 대해 아는 건 하나도 없으면서 부지런만 하기 때문에 걸핏하면 쓸데없는 일을 벌인다. 둘째, 멍게형은 멍청하고 게으른 무사안일의 표본이다. 아는 것도 없고 일도 안 한다. 부하들의 입장에서는 몸 편하고 마음 편한 유형이다. 셋째, 똑부형은 똑똑하고 부지런한 리더라는 뜻이다. 이론에 능통하고 실무에도 밝다. 게다가 부지런하기까지 하니 부하들 역시 열심히 일할 수밖에 없다. 넷째, 똑게형은 똑똑하긴 하지만 게으른 리더다. 전문적인 지식이 풍부하고 업무 파악도 정확한 편이나 게을러서 주요 업무를 부하들에게 모두 떠넘긴다.

당신이 부하라면 위의 네 가지 유형의 리더 중 어떤 리더를 선택할 것이며, 가장 기피하고 싶은 리더는 누구인지 그 이유와 함께 토론해 보라. 동시에 네 가지 유형이 리더가 아니고 나의 부하라면 어떤 스타일의 부하가 가장 마음에 드는가? 그들의 궁합을 예측해 보라!

Debate - 2 첫 인터뷰에서 당신의 질문은?

당신은 호텔 사장으로 새로운 호텔 매니저를 구하고 있다. 당신이 인터뷰할 여성은 20년 동안 여러 종류의 호텔식당을 관리해 왔다. 그녀를 인터뷰하기 위해 마주 앉은 후, 그녀의 이력서를 받고 몇 마디 인사를 나눈 뒤에 제일 처음 당신은 무엇을 질문할 것인가?

Debate - 3 가장 먼저 떠오르는 생각은?

신입사원을 뽑았는데 자신의 업무를 잘 이해할 뿐만 아니라 좋아하는 것 같다. 그런데 어느 날 그가 다른 부서로 옮겨달라고 한다. 이때 당신의 머리에서 가장 먼저 떠오르는 생각은 무엇인가?

Debate - 4 진열할 물건만 보고 있는 사원

당신은 대구 지역 백화점 쇼핑센터의 의상실 매니저이다. 어느 날 점원 한 명과 단둘이만 근무하고 있었다. 매장에 손님은 가득한데, 점원은 매장 뒤에서 진열할 물건만 보고 있다. 이것을 시정하기 위해 당신은 매장 뒤로 가서 점원에게 어떻게 말하겠는가?

Debate - 5 동시 규율 위반 시에는?

규율을 위반하면 처벌하는 것이 조직의 정책이다. 예를 들어, 금연구역에서 흡연할 경우 지위고하를 막론하고 1개월 정직에 처한다. 이런 상황에서 신입사원과 고참사원이 동시에 규율을 어긴 사례가 처음으로 발생한다. 이때 당신이라면 어떻게 처리할 것인가?

Debate - 6 실수한 리더의 후속처리 방법은?

리더로서 당신이 실수를 저질렀을 때, 실수를 극복하거나 정정하여야 한다. 어떻게 처리하고 싶은가?

Debate - 7 참모의 배신

당신의 "주요 참모가 조직원에게 당신을 믿지 말라고 부추기고 다닌다"는 정보가 입수되었다. 이때 당신이라면 어떻게 대처하겠는가?

Debate - 8 리더의 회의 진행 방법

당신이 속한 조직은 회의가 많은지 적은지 생각해 보라. 그리고 회의 분위기는 어떤가? 당신(당신의 상관)은 리더로서 어떻게 회의 진행을 하고 싶은가?

Debate - 9 부하의 부정적인 변화의 조짐

부하직원에게 부정적인 변화의 조짐(무력감, 우유부단함, 지각, 집중력 저하, 비관주의, 손가락질, 업무피로 등)이 나타날 때, 당신은 어떻게 조언하고 해결할 것인가?

Debate - 10 메시지의 혼돈

조직에서 내려오는 메시지는 혼란스러울 때가 많다. 예를 들어, 주말에는 꼭 쉬고 재충전을 하는 사람이 현명한 직원이라고 대표이사는 늘 강조한다. 하지만 임원과 팀장들은 꼭 주말에 나와서 앉아 있다. 이때 당신은 누구 장단에 따라야 할 것인가?

Debate - 11 조언의 방법

석 달 동안 가정적으로 매우 심각한 문제를 겪고 있다고 소문이 나 있는 동료나 부하직원이 당신에게 조언을 구하러 왔다. 이때 당신이 취해야 할 가장 좋은 반응은?

Debate - 12 최 대리의 재투입

당신은 최근에 대기업 자동차회사의 마케팅 이사로 승진했다. 그런데 지난 10년 동안 그 회사의 최고 판매사원인 최 대리가 힘든 시기를 보내고 있는 것 같다. 그의 판매실적이 떨어지고, 예전에 비해 일에 열정이 없어 보인다. 당신은 그 사람을 업무에 재투입시켜 성과를 높일 수 있게 도와줄 방법을 찾을 필요가 있다고 생각한다. 그를 저녁 식사에 초대해 당신은 어떻게 말하겠는가?

Debate - 13 그들의 업무 차이는?

자신의 주위에 말을 간략하면서도 알아듣기 쉽게 이야기하는 상사(동료, 부하)를 찾아보라. 그 사람의 특징은 무엇인가? 반대로 말을 길게 하고 어렵게 구사하는 사람은 누구인가? 그들의 업무 차이는 무엇인가? 그럼 당신은 어떤 스타일의 사람인가?

Debate - 14 외부요인으로 인한 3번의 좌절

당신은 지난 3년간 뛰어난 업적을 쌓아왔다. 그러나 최근 불가항력적인 외부요인으로 인해 3번의 좌절을 경험했다. 실적도 사기도 떨어져 당신의 상사도 걱정하고 있다. 이런 상황에서 당신은 어떤 리더십을 발휘할 것인가?

Debate - 15 부족한 정보를 어떻게 구할 것인가?

당신은 베테랑 부하에게 새로운 프로젝트를 의뢰했다. 그는 지금까지 뛰어난 업적을 쌓아왔다. 팀의 장래는 이 프로젝트의 성패에 달려있다. 부하는 이 새로운 업무에 의욕이 넘쳐 있지만 프로젝트에 관한 정보가 부족해서 어떻게 정보를 구해야 할지 모른다. 당신과의 관계는 우호적이다. 이런 상황에서 당신은 어떤 리더십을 발휘할 것인가?

04 리더십 토론(III) : 리더의 선택

Debate - 1 당신의 결석에도 조직의 건재

최근 당신의 가족 중에 환자가 발생하여 당신은 자신이 직접 주재해야 하는 위원회에 부득이하게 2회 결석했다. 오랜만에 위원회 회의에 출석했더니 위원회는 제대로 운영되어 목표를 향해 착실히 움직이고 있었다. 위원회의 전 멤버가 철저히 준비하여 회의에 임하고 활발히 발언하며 순조로운 진척상황에 의욕도 왕성해 보였다. 앞으로 당신은 어떤 식으로 참여해야 할지 고민이다. 이런 상황에서 당신은 어떤 리더십을 발휘할 것인가?

Debate - 2 내년도 목표의 차이

당신의 부하는 지난 3년 동안 뛰어난 업적을 쌓아왔다. 그는 내년에도 뛰어난 업적을 올리고자 열심히 일하고 있다. 하지만 내년도의 조직목표와 예산은 올해 수준이다. 부하의 내년도 목표와 행동계획을 위해 면담하는 자리에서 당신은 어떤 리더십을 발휘할 것인가?

Debate - 3 기구변동 이후 실적 저하

조직개편으로 당신의 조직에도 기구변동이 있었다. 하지만 그 후 실적이 저하되고 있다. 업무기한조차 맞추지 못하고 있는 상황이라 당신의 상사는 걱정하고 있다. 부하들은 실적을 향상시키고자 노력하고 있으나, 그 전에 '지식'과 '기능'을 더 갖출 필요가 있다고 생각된다. 이런 상황에서 당신은 어떤 리더십을 발휘할 것인가?

Debate - 4 설상가상의 조직에 배치되었을 때

당신은 최근 IT 본부장으로 임명되었다. 하지만 전임자 최 본부장으로부터 인수인계를 받고 보니 업적이 저하되고 있음을 알게 되었다. 기술혁신이 일어나고 있음에도 불구하고 이에 상응하는 새로운 기술과 기능을 습득하지 않은 상태이다. 게다가 설상가상으로 부하들은 이 기술을 배울 의욕조차 느끼지 못하고 있다. 이런 상황에서 당신은 어떤 리더십을 발휘할 것인가?

Debate - 5 리더의 책임은 몇 %?

"리더는 부하의 모든 문제를 해결해 주어야 합니까?"라는 설문에 국가별로 큰 차이를 나타내고 있다. 리더의 책임이라는 비율이 국가별로 보면 일본 78%, 인도네시아 73%, 이탈리아 66%, 프랑스 53%, 독일 46%이었다. 반면에 스웨덴은 10%, 네덜란드 17%, 미국 18%, 덴마크 23%, 영국 27%로 국가별로 편차가 크다는 것을 알 수 있다. 이러한 국가별 차이에 대한 당신의 견해는 어떠한가? 과연 한국적 상황에서는 몇 퍼센트로 나타날 것 같은가?

Debate - 6 성공한 리더의 실패원인

아무리 위대한 리더라 하더라도 성공이 계속 지속되는 것은 아니다. 오히려 리더의 현재 성공요인이 미래의 실패요인으로 작용하기도 한다. 40대의 성공요인이 50대에 와서는 실패의 요인으로 작용할 수 있다. 리더로서 실패하는 경우는 어떤 것이 있는지 생각해 보고, 성공한 리더의 실패와 원인을 각자 세 가지씩 서술해 보라.

Debate - 7 업무처리를 위한 동료의 부적절한 행동

당신의 동료가 효과적으로 업무를 기한 내에 처리하기 위해서 윤리적으로 규율을 위반하는 부적절한 행동을 했지만 회사 실적에는 부정적인 영향을 끼치지 않았다. 이때 당신은 어떤 충고를 할 것인가?

Debate - 8 최대의 격려방법은?

실적을 많이 올린 후배 직원을 칭찬하고자 한다. 그를 최대한 격려하기 위해 당신이라면 어떤 방법을 택하겠는가?

Debate - 9 중2 아들의 역습

당신에게 3명의 아들이 있다. 첫째는 15세(중2)이고, 둘째는 13세(초6), 막내가 10세(초3)이다. 여름휴가 기간이면 항상 아이들과 함께 삼림욕을 하러 가는데, 올해는 장남이 혼자 따로 먼저 가겠다며 허락을 구한다. 당신이라면 어떤 기분이 들까?

Debate - 10 복직하는 직원

직원 1명이 1년간 노조문제로 투옥당한 후 이제 복직할 준비를 하고 있다. 임직원들 간에 그에 관한 논의가 벌어져 찬성과 반대가 공존하는 상황이다. 그의 복직을 순조롭게 하기 위해 당신이라면 어떤 방법을 택할 것인가?

Debate - 11 탈세로 경영상 어려움을 극복?

당신은 집안의 가장으로서 줄곧 성실하게 살 것을 자녀에게 가르쳐 왔고, 자기 자신 역시 실천하려고 노력하고 있다. 그러던 어느 날 경영상의 어려움이 생기자 경리책임자인 당신의 부하가 정상적으로 회계처리를 하면 유동성 확보에 어려움이 생기므로 편법적으로 장부를 작성하여 세금을 줄이는 방법을 제시하였다. '탈세'라는 사후문제는 있겠지만 다른 회사들도 하고 있으므로 큰 문제는 아니라고 주장하고 있다. 이때 당신은 조직을 책임질 리더이며 한 집안의 가장으로서 어떤 결정을 내릴 것인가?

Debate - 12 유능한 부하의 횡령죄, 형사고발 여부

조직의 리더인 당신은 내부 감사제도를 두어 조직운영상의 문제를 사전에 검토하고 개선해 나가고 있다. 어느 날 내부 감사에서 천만 원의 금액이 빈 것을 발견하고 추적하던 중 회사의 현장책임자가 횡령하였음을 알아내었다. 회사 내 규율을 엄격히 주장해 왔던 당신은 지금 형사상 고발조치를 고심하고 있다. 이유는 현장책임자는 오랫동안의 숙련된 기술과 노하우를 축적한 인물로 조직 입장에서는 절대적으로 필요한 요원이기 때문이다. 이때 당신은 어떠한 리더십을 발휘할 것인가?

Debate - 13 탈옥 후 착실하게 살아온 사람

한 남자가 징역 3년을 선고받았다. 그는 복역한 지 1년 만에 견디다 못해 감옥을 탈출하였다. 그는 낯선 곳으로 도망가서 이름을 바꾸고 착실히 생활하였다. 그는 탈옥한 후 10년 동안 열심히 일을 했고 자신의 사업을 번창시켜 돈도 많이 벌었다. 그는 자신이 거느리고 있는 직원들을 최고의 봉급으로 대우해 주었고 자신의 이익의 대부분을 자선사업에 투자하였다. 그런데 어느 날 이웃에 사는 윤 노인은 그 남자가 10년 전 감옥에서 탈옥한 사람이라는 것을 알아보고 경찰에 신고를 했다. 그래서 그는 다시 감옥으로 가게 되었고, 탈옥을 했기 때문에 남은 2년형을 복역하는 것이 아니라 가중처벌로써 10년 이상 복역해야 한다.

(1) 윤 노인은 탈옥한 남자를 경찰에 신고해서 다시 감옥으로 보냈어야 했는가?

(2) 탈옥 후에 잘못을 뉘우치며 그에 대한 보상행위로써 자선사업에 힘쓴 것으로 탈옥에 대한 용서를 받을 수 있겠는가?

____

____

(3) 탈옥수인 것을 알고도 신고하지 않은 것은 나쁜 일인가?

____

____

(4) 다시 잘못을 저지를 가능성이 없고 뉘우친 사람을 다시 감옥으로 보내는 것은 정당한 것인가?

____

____

(5) 또다시 탈옥하여 더욱 선한 일을 하면서 살 경우 그 탈옥은 인정될 수 있겠는가?

____

____

Debate - 14 대학 등록금

종덕은 열심히 공부한 결과 목적한 대학에 합격하게 되었다.

그러나 큰 고민이 생기게 되었다. 아버지께서도 장남인 종덕의 합격에 기뻐하셨지만 등록금이 문제였다. 아무리 노력해도 필요한 만큼의 목돈을 마련할 수가 없었다. 일곱 식구가 겨우 하루하루를 살아가는 데 급급한 형편에서 대학 등록금은 정말 큰돈이었다. 아버지가 경비원으로 근무하는 회사에 가불을 신청했지만 가불한도가 넘는다고 해서 면전에서 거절을 당했다. 어느 날 밤 아버지는 아무도 몰래 회사 자재창고에서 완성된 전자제품 다섯 세트를 훔쳐 시장에 팔았다. 그리고 종덕은 다음 날 등록을 했다.

(1) 종덕은 어려운 가정형편 가운데에서도 꼭 진학을 했어야 했는가?

(2) 등록금 마련을 위해 도둑질한 아버지의 생각은 옳았는가, 잘못되었는가?

(3) 이런 상황에서 종덕이 할 일은 무엇인가?

(4) 이런 상황에서 바람직한 문제해결 방안은 무엇이겠는가?

(5) 아버지의 도둑질이 탄로 났을 때에는 어떤 상황이 전개될 것 같은가? 그리고 탄로 나지 않았다고 하더라도 종덕 아버지의 괴로움은 어떠할 것 같은가?

05 리더십 토론(IV) : 통합과 소통의 리더십

Debate - 1 오히려 험담하는 부하

부하직원 한 명이 동료들에게 인기가 없다. 그러나 당신은 불편을 감수하고라도 그에게 호의를 보이려 애써왔다. 그런데 그는 당신을 이해해 주기는커녕 상사에게 험담을 하고 다닌다. 이때 당신이라면 어떤 결단을 내릴 것인가?

Debate - 2 불평만 하고 간 부하

당신의 부하직원 가운데 한 명인 황 주임이 당신을 찾아와서 동료인 조 주임에 관해 불평을 한다. 불평을 다 한 뒤에, 그는 지금의 대화내용을 누구에게도 하지 말고 어떠한 조치도 취하지 말라고 부탁한다. 이때 당신은 어떤 반응을 하겠는가?

Debate - 3 부하의 승진이 조직에는 타격이라면?

당신의 부하직원이 주어진 업무를 훌륭하게 수행했다. 이 사실을 당신의 직속상관에게 칭찬할 경우 그 직원은 다른 부서로 승진될 수도 있다. 그러나 이렇게 될 경우 당신의 조직에 심각한 손실을 끼칠 수도 있다. 어떻게 할 것인가?

Debate - 4 의자 배열 방법은?

채용에 관한 인터뷰를 할 때, 인터뷰하는 사람이 한 명이고 인터뷰받는 사람이 세 명일 때, 당신은 의자 배열을 어떻게 하겠는가?

Debate - 5 동료 간의 불화에 대한 상담

부하직원이 당신을 찾아와 동료와 심각한 불화가 있다고 말한다. 그때 당신이 제일 먼저 해야 할 일은 무엇인가?

Debate - 6 해고 통지 방법

당신은 유명 브랜드 의류회사의 CEO이다. 그런데 회사 간부인 강 부장을 해고시키기로 결정하였다. 그동안 강 부장은 고객(친구, 선후배)들에게 불손하다는 인상을 주었으며, 부하직원들로부터 존경받지 못했다. 무엇보다도 지난 1년 동안 그가 책임지고 있는 부서의 실적이 계속 나빠지고 있다. 여러 번 강 부장을 이해시키고, 그의 행동을 고쳐보려고 했으나 별 효과가 없었다. 다양한 피드백과 카운슬링도 실패로 끝났으므로 그를 해고하기로 마음먹었다. 당신은 그를 해고하고자 자신의 집무실로 불렀다. 당신은 이러한 상황에서 어떻게 말하겠는가?

Debate - 7 팀워크와 생산성 확보 방안

당신이 이끄는 조직은 평범하고 부하들은 느슨한 매너리즘에 빠져있다. 높은 수준의 팀워크와 생산성을 보장하기 위해 조직의 리더로서 시정해야 할 가장 중요한 문제가 무엇인지 한 가지를 제시하시오.

Debate - 8 의욕 높은 새 멤버의 무지

당신이 주재하는 팀은 프로젝트 전체에 대한 보고서를 완성하기 위해 동분서주하고 있다. 최근 새 멤버가 팀에 들어왔는데, 그는 다음 주말까지 비용에 대한 보고서를 제출하기로 되어 있으나 보고서의 형식과 내용을 전혀 이해하지 못하고 있다. 그러나 팀에서 자신의 역할을 완수하려는 그의 의욕은 매우 높다. 이런 상황에서 당신은 어떤 리더십을 발휘할 것인가?

Debate - 9 바쁜 신입사원에 대한 새로운 과제

당신은 신입사원 박 군에게 새로운 물품구입에 대한 보고서 작성을 지시했다. 박 군은 새로운 물품에 대한 지식이 부족해서 자세히 조사하지 않으면 품종선택이나 가격기준에 대한 현명한 판단을 내릴 수 없다. 그는 이미 다른 일이 산더미처럼 쌓여 있어 이 일을 수행할 여유가 없을 것 같다. 이런 상황에서 당신은 어떤 리더십을 발휘할 것인가?

Debate - 10 무관심한 부하의 업무방식

최근 어떤 부하의 업무방식에 문제가 있음을 발견했다. 그 부하는 '어떻게 되든 상관없다'라는 식의 태도로 항상 지시해야만 일을 한다. 어떤 중요한 업무를 지시했는데 이 일에 대한 전문 지식을 가지고 있지 않을 우려가 많다. 이런 상황에서 당신은 어떤 리더십을 발휘할 것인가?

Debate - 11 수동적 태도의 부하에게

예산삭감을 위해 사업부 내 '정리와 통합'이 필요하게 되었다. 당신은 베테랑 김 군에게 이 일을 지시했다. 김 군은 이런 분야의 업무를 경험했지만, 주도적이기보다는 보조적인 업무를 선호했다. 그래서 그에게는 이 일을 완수할 능력이 있을 것 같지만 정작 부하 자신은 그다지 내키지 않는 눈치이다. 이런 상황에서 당신은 어떤 리더십을 발휘할 것인가?

Debate - 12 마감기한이 다가온 부하의 직무불안

당신의 부하 강 군은 이번 달 지시받은 직무에 대해 불안을 느끼고 있다. 강 군은 매우 능력이 있으므로 이 직무를 완성할 능력은 충분하다. 마감기한은 점점 다가오고 있다. 이런 상황에서 당신은 어떤 리더십을 발휘할 것인가?

Debate - 13 품위와 권위 손상 없는 수렴

현재 진행 중인 작업에 대해 부하들이 작업스케줄 변경을 제의했다. 당신은 이들의 제안이 적절한 의견이라고 생각한다. 부하들은 변경의 필요성을 충분히 이해하고 있었다. 부하들은 매우 유능하고 상호 협력도 잘 이루어지고 있다. 이런 상황에서 당신은 당신의 품위와 권위를 손상시키지 않기 위해 어떤 리더십을 발휘할 것인가?

Debate - 14 하강선상의 부하 전입

조직변경에 의해 당신 조직에 3명의 부하가 새로 들어왔다. 그들의 지난 3개월간의 업적은 하강선상에 있었다. 부하들은 새로운 업무에 대한 지식과 기능도 갖추고 있지 않은 듯했고 조직변경 탓인지 태도도 양호하지 않았다. 부서회의에서 이런 상황에서 당신은 어떤 리더십을 발휘할 것인가?

Debate - 15 권한위임의 실패사례

모든 조직은 예외 없이 '권한위임(임파워먼트)'을 한다. 이 과정에서 믿을 만한 사람이라고 생각했던 사람이 기대치를 달성하지 못하거나 실망을 안겨주는 경우가 종종 있다. 따라서 어떤 일을 위임할 때, 또는 새로운 일을 맡길 때 항상 위임의 수준을 생각해야 한다. 사람의 마음을 움직이는 데 있어서 '권한위임'이 오히려 방해가 되거나 실패한 경우를 찾아보라.

06 나만 몰랐다. 디베이트로 승부하기

필자는 리더의 자격, 신언서판에서 토론능력을 필수요인으로 꼽고 싶다. 토론은 문제해결 및 의사결정을 위한 수단이며, 논리적 사고와 표현력을 향상시킬 수 있기 때문에 리더십 함양에 필수 과정이다.

우리는 흔히 토론을 언쟁 또는 논쟁이라고 말한다. 토론(debate)의 정의는 학자들마다 조금씩 다르게 표현한다. 그래서 토론은 한 단어로 정리하기 어렵다. 우리는 현재 백분토론, 끝장토론, 독서토론, 자유토론 등으로만 이해하고 있는 것이 토론의 현실이다. 또한 아카데믹 토론, 반대토론, 권한위임 토론, 학구식 토론 등 다양한 표현으로도 활용하고 있다. 하지만 그 사이에서 디베이트라는 단어를 떠올리는 경우는 많지 않다.

사실 디베이트는 제약된 시간 안에 상대방과 찬반토론을 통해 승자를 결정하는 것이 가장 큰 기본 틀이다. 아직 디베이트에 대해 잘 모르는 우리는 디베이트와 디스커션(discussion, 토의)을 구분 없이 혼동하여 사용한다. 사실 디베이트와 디스커션은 둘 다 토론인 것은 맞다(딱히 한국어로 번역할 정확한 말이 없다). 하지만 디스커션은 광범위한 의미로 토의이고, 디베이트는 토론으로 승패가 분명하고, 형식이 매우 중요하다.

유대인의 공부는 끊임없는 '질문'과 '토론'이다. '마따호쉐프(What do you think?, 너의 생각은 뭐니?)'가 유대인의 공부철학이자 공부의 핵심이다. 이스라엘의 유대인 도서관 '예시바(הבישי)'에서는 항상 토론하는 사람들의 소리로 시끄럽다. 이 같은 공부 방식은 유대인의 종교인 유대교에서 성경인 '토라(Torah)'와 탈무드(Talmud)의 내용을 놓고 서로 토론과 논쟁을 벌이며 기도하는 방식으로, 유대인들의 공부법에도 영향을 미쳤다.

그럼 디베이트를 해야 하는 이유와 효과에 대한 필자의 주장은 다음과 같다. 첫째, 자료를 리서치(research)하는 능력이 향상된다. 디베이트 주제가 정해지면 토론자는 자료를 찾아야 한다. 참가자들에게 주제만 정해지기 때문에 관련 리서치는 각자 알아서 해야 한다. 따라서 이런 과정을 주기적으로 하다 보면 주제와 관련된 자료를 찾아내는 능력이 향상된다.

둘째, 다양한 글 읽기(reading)를 시도한다. 이때 간단한 읽기를 넘어서 소위 비판적 읽기(critical reading)가 가능하다. 자료를 읽으면서 한편으로 그 자료가 제시하는 근거와 사례를 찬성과 반대로 나누어 자기 머릿속에서 재구성해야 한다. 또 디베이트는 참여할 때마다 주제가 달라진다. 참가자들은 매번 새로운 주제의 글을 읽어야 한다. 다양한 글 읽기가 저절로 된다.

셋째, 스피치(speech) 능력이 향상된다. 말하는 내용이 논리적인가도 훈련하지만, 말하기의 형식, 목소리, 톤, 제스처, 눈 맞춤도 더불어 훈련하게 된다. 이런 스피치 훈련을 학창시절부터 하면 대중 앞에서 말하는 것이 무섭지 않게 된다. 오히려 자신 있는 태도로 카리스마 넘치는 스피치를 할 수 있게 된다.

넷째, 듣는(listening) 훈련이 향상된다. 디베이트를 하면 듣는 훈련이 자연스럽게 된다. 디베이트 순서상 남이 말할 때 들어야 하는 시간이 있다. 또 들을 때는 경청하면서 노트를 해야 한다. 이와 병행하여, 말하는 사람의 포인트를 잡아내려 애써야 한다. 그래야 다음번 순서 때 상대방의 논리 허점을 지적하면서 자기 논리를 펼 수 있다. 그 과정에서 비판적 듣기 능력이 자연스럽게 향상된다.

다섯째, 에세이와 글쓰기 훈련이 가능하다. 디베이트 프로그램 자체에 맨 마지막 순서로 디베이트가 끝날 때마다 참가자들에게 에세이를 쓰게 한다. 그러다 보면 자연스럽게 에세이 실력이 는다. 또 디베이트 과정에서 찬성과 반대 논리 개발 자체가 에세이의 구조와 같다. 에세이는 흔히 도입부, 주장 1,

주장 2, 주장 3, 결론의 구조로 이루어진다. 즉, 도입부분에서의 발언은 글쓰기의 도입부에 해당하고 주장은 각 팀에서 하는 포인트에 해당한다. 그리고 결론은 디베이트에서도 결론으로 나타낸다. 그래서 디베이트를 하는 것 자체가 에세이와 글쓰기 논리 연습을 하는 것과 같다.

여섯째, 순발력 있는 인터뷰 훈련에 가장 적합하다. 디베이트는 인터뷰 연습에 제일 좋은 방법이다. 우선 매주 디베이트를 하는 과정에서 말할 때의 습관을 교정하게 된다. 많은 참가자들이 나쁜 버릇이 있는데, 이런 버릇들은 인터뷰 전문가의 한두 번 지적으로 쉽게 바꿀 수 없다. 매번 디베이트를 하면서 이런 버릇들을 지적 받으면 차츰 고칠 수 있게 된다. 나아가 디베이트를 하게 되면 듣는 연습을 한다. 즉, 인터뷰하는 사람이 묻는 핵심을 재빨리 파악할 수 있는 능력을 갖게 된다. 게다가 말하는 훈련을 통해 자신의 의견을 조리 있게, 자신감 있게 말하는 훈련도 하게 된다. 말하는 자세 훈련, 듣는 훈련, 말하는 훈련 등 인터뷰에 필요한 이런 훈련을 디베이트를 하게 되면서 배우게 된다.

순발력을 키우는 훈련도 중요하다. 디베이트를 하면 상대방이 발언하자마자 바로 뒤이어 교차질문을 하거나 반박을 해야 할 때가 있다. 상대방이 말할 때 바로 상대방 발언을 분석해서, 바로 대응전략을 세워야 한다. 순발력이 늘어나는 것은 당연하다. 따라서 인터뷰할 때 전혀 예상하지 않은 질문이 나오더라도 효과적으로 대응할 수 있다.

일곱째, 그 자체가 리더십 훈련이다. 디베이트는 리더십에 필요한 가장 기본적인 소양인 커뮤니케이션 능력을 길러준다. 상대방의 말이나 글을 그냥 받아들이는 것이 아니고, '비판적'으로 받아들이고, 또 자신의 이야기를 할 때는 조리 있고 효과적으로 말하는 훈련을 하게 된다. 글로 쓸 때도 역시 조리 있게 설득력 있게 쓰는 훈련을 하게 된다. 한편 디베이트 활동 자체에서 리더십 훈련을 하기도 한다. 디베이트 클럽이 꾸려지면 전체가 동등한 리더가 되어 이들에게 역할을 부여할 수 있다. 이런 역할을 하는 과정에서 참가자들은 자연스럽게 리더십을 연습하고 훈련하는 경험을 하게 된다.

마지막으로 디베이트를 통해 인성교육이 자연스럽게 체득된다. 예를 들어, 참가자들과 디베이트를 할 때 '동물 실험은 윤리적인가?', '거지에게 돈을 주어야 하는가?', '도박은 개인의 선택인가?', '낙태는 허용되어야 하는가?', '학교에서 내부자 고발은 허용되어야 하는가?' 등의 문제들을 토론한다. 이런 주제들은 실상 참가자들이 주변에서 간혹 마주치는 문제들이다. 이를 친구들과 관련 자료를 읽고 토론하면서 그 사안에 대해 깊숙이 이해하게 된다. 그러면서 자신만의 윤리관과 가치관을 세워나가게 된다. 디베이트 훈련을 하게 되면 사회 현상을 즉흥적으로 이해하지 않고 종합적으로 생각해서 합리적인 대안을 생각하게 된다. 이러한 교육을 통해 주입식 · 암기식 교육과는 반대로 협력과 페어플레이의 매너도 자연스럽게 알게 된다.

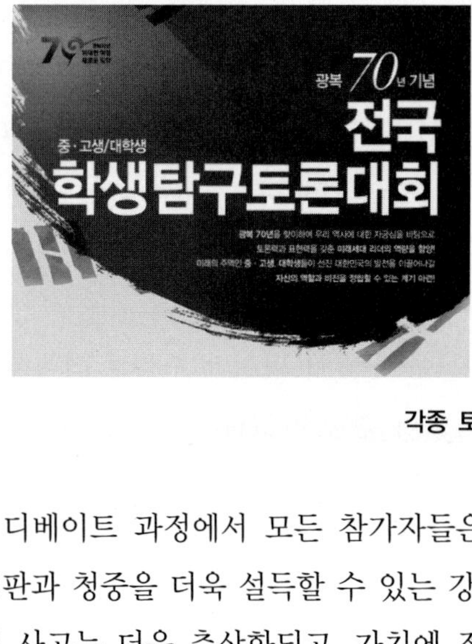

각종 토론대회

디베이트 과정에서 모든 참가자들은 이기고 싶어 한다. 그러기 위해서는 심판과 청중을 더욱 설득할 수 있는 강력한 논거를 찾게 된다. 결국 참가자들의 사고는 더욱 추상화되고, 가치에 접근하게 되고 철학개념까지 이끌어 낸다. 디베이트에 참여하는 과정에서 참가자들은 세상에 대한 피상적인 이해를 뛰어넘어 종합적이고 심도 있는 인식을 추구한다.

07 물 흐르듯 디베이트 하라

필자의 경험을 바탕으로 '디베이트란 무엇인가?'라는 질문에 '주 · 찬 · 정 · 논 · 이'라고 하겠다. 즉,

> "**주**어진 논제에 따라
> **찬**성(긍정), 반대(부정)로 대립되는 두 팀이
> **정**해진 규칙에 따라
> **논**거에 의한 주장과 이에 대한 검증, 의논을 되풀이함으로써
> **이**성적(합리적) 판단을 내리는 과정이다."

사실 토론(디베이트)대회는 ① (승패가 분명한) 논제를 선정하고, ② 찬성팀, 반대팀으로 나누고 ③ 정해진 순서에 따라 ④ 주장 펼치기(입론) → 주장꺾기(반론, 교차조사) → 주장 다지기(최종 결론, 반박) 순으로 시간과 기회를 동등한 입장에서 사용하여 ⑤ 판정표의 점수로 승패를 가르는 대회이다.[1]

따라서 형식의 제약이 따르는 디베이트는 찬반이 확실한 주제를 선택해서 토론해야 하고, 발언시간과 발언순서가 미리 정해져 있다.

미국에서 널리 퍼진 '퍼블릭 포럼 디베이트(Public Forum Debate)'의 순서는 다음과 같이 진행하면 된다. 일반적으로 표준형 토론의 판정에 활용할 수 있는 <심사표>를 예시하면 다음과 같다.

---

1 영어사전에서 디베이트는 "특별한 주제를 두고 청중들 앞에서 두 사람 이상의 사람이 서로 반대되는 입장을 개진하는 형식이 분명한 토론('a formal discussion, often in front of an audience, in which two or more people put forward opposing views on a particular subject")이라고 정의한다.

〈예시〉 '퍼블릭 포럼 디베이트'의 진행방법

	시 간	먼저 발언하는 팀		나중에 발언하는 팀	
		첫 번째 발언자	두 번째 발언자	첫 번째 발언자	두 번째 발언자
동전 던지기					
입 안	4분	◉			
입 안	4분			◉	
교차질의	3분	◉		◉	
반 박	4분		◉		
반 박	4분				◉
교차질의	3분		◉		◉
요 약	2분	◉			
요 약	2분			◉	
전원 교차질의	3분	◉	◉	◉	◉
마지막 초점	2분		◉		
마지막 초점	2분				◉
준비시간	팀당 2분				
	총 37분				

〈예시〉 찬반토론 준비표

<table>
<tr><td colspan="4">20□□년 월 일</td><td colspan="2">성명 :</td></tr>
<tr><td>논 제</td><td colspan="5"></td></tr>
<tr><td>자신의 주장</td><td colspan="5"></td></tr>
<tr><td colspan="2">근거(이유)
①
②
③</td><td colspan="2">예상되는 질문
①
②
③</td><td colspan="2">자신들의 반론
①
②
③</td></tr>
<tr><td>상대의 주장</td><td colspan="5"></td></tr>
<tr><td colspan="3">예상되는 근거
①
②
③</td><td colspan="3">생각할 수 있는 문제점
①
②
③</td></tr>
<tr><td>최종 변론</td><td colspan="3"></td><td colspan="2"></td></tr>
</table>

토론대회 판정표 – I

판정인 : 소속 성명 : (서명)

평가영역	평가항목	판정근거		판정(○표)	
		찬성 측	반대 측	찬성 측	반대 측
		○○대학	○○대학	○○대학	○○대학
입론 (주장 펼치기)	1. 관련주제에 대한 정확한 사전조사			승 패	승 패
	2. 주장에 대한 합당한 출처와 근거 제시, 정보의 질			승 패	승 패
	3. 주장을 뒷받침하는 논리 구성과 설득력			승 패	승 패
교차조사 (반론펴기/ 반론꺾기)	4. 상대방 용어 정의에 대한 찬성 또는 반대의 논거 확인			승 패	승 패
	5. 상대방이 제시한 근거와 자료의 출처나 진위의 점검 여부			승 패	승 패
	6. 상대방 주장과 이유, 근거에 대한 결정적인 반론의 제기 횟수			승 패	승 패
	7. 효과적인 질문의 횟수			승 패	승 패
	8. 상대 질문에 대한 성실하고 적절한 답변의 정도			승 패	승 패
	9. 주장과 질문의 일관성 여부			승 패	승 패
반박 (주장다지기)	10. 자기주장의 타당성 부각과 근거, 이유의 재구성 능력			승 패	승 패
	11. 상대방 주장의 부당성과 논리적 부조리를 부각하는 능력			승 패	승 패
팀 운영과 예절	12. 팀원 간 협력과 역할 분담			승 패	승 패
	13. 예의 바른 언행과 복장, 이성적 태도			승 패	승 패
합산(승수)					

년 월 일

'신언서판' 토론대회 운영위원장 貴下

토론심사표(일반용) – Ⅱ

판정인 :

구 분	찬성 측		반대 측	
	첫째 토론연사	둘째 토론연사	첫째 토론연사	둘째 토론연사
주 장				
증 거				
조 직				
전 달				
반 박				
소 계				
감 점				
총 점				

심사평	

★ 평정척도 : '매우 우수'(5점)에서 '매우 저조'(1점)까지 5단계로 평정합니다.

08 물(水)에서 겸손과 처하(處下)를 발견하다

노자는 수적천석(水適穿石, 유연한 물이 강한 바위를 뚫는다)을 말하면서 뛰어난 지휘관은 무력을 함부로 사용하지 않는다고 강조했다. 그래서 노자는 물을 통해 리더의 겸손과 무위(無爲)의 리더십을 설명하려 했다.

> "세상에 어떤 것도 물보다 연약하고 부드러운 것은 없다. 그러나 단단하고 센 것을 뚫는 데 물을 이길 자는 아무도 없다(天下莫柔弱於水, 而攻堅强者, 莫之能勝)."

노자가 꿈꾸는 지도자는 겉은 한없이 부드럽고 연약하지만 내면은 누구보다도 강한 사람이다. 남에게 자신을 낮추지만 결국은 최후의 승자가 되는 겸손과 처하(處下)[2]의 리더십을 가진 사람, 이런 인간형이 노자가 판단한 가장 이상적인 리더의 모습이다. 노자는 물(水)에서 겸손한 리더십을 보았던 것이다.

싸움을 잘하는 사람은 싸움을 즐기지 않을 뿐 아니라 감정의 사주를 받고 행동하지 않는다. 세상의 이치를 아는 인물은 힘에 호소하는 대결을 하지 않는다. 사람을 잘 부리는 리더는 오히려 상대보다 아래에 서서 실천하면서 유능제강론(柔能制剛論)을 제시했다. 노자는 이러한 태도를 '다투지 않는 덕(德)'이라고 불렀다. 상대방에게 거스르지 않고, 상대와 다투지 않으며 오직 주어진 상태에 잘 적응한다. 그러면서도 어느새 상대방의 위에 서 있다는 것이다.

이러한 리더는 사람 위에 군림하지 않고 겸허한 태도로 자신을 낮춘다. 사람을 지도하려고 할 때에도 겸손하게 처신해 권세를 가진 것처럼 행세하지 않는다. 그렇기 때문에 윗자리에 있어도 사람들은 조금도 억눌려 있다고 생각하지 않으며, 앞장서 있어도 결코 가로막는 방해물로 여기지 않는다.

큰사람은 높은 자리에 있을수록 정중하고 겸손해진다. 소인배는 조그만 능

---

2 처하 : 아래로 내려간다는 뜻으로 낮아짐을 의미하는 저자의 신조어다.

력만 있어도 거만한 태도를 앞세워 자기 자신이 대단한 인물처럼 꾸미려 하지만, 정말로 큰사람이 되면 자연스럽게 겸손해지기 때문이다.

국민 역시 국가가 커질수록 겸손해져야 한다. 그렇지 않을 경우, 그 국가의 존엄성은 유지되기 어렵다. 국가의 성과가 올라가고 어느 정도의 궤도에 올라갔다고 해서 그것을 자랑으로 여겨 거만하거나 불친절하면 그 국가에 채찍질을 가한 것과 같기 때문이다. 그럼 당신은 어떤 경우에 처하(處下)를 하게 되는가? 적어보라.

---

09 상선약수(上善若水)

상선약수(上善若水), 노자의 명언이기도 하지만 반기문 총장이 2015년 8월 버락 오바마(Barack Obama) 미국 대통령에게 휘호로 써서 선물했고, 2015년 말 미국 뉴욕 주 유엔대표부 대서관저에서 열린 뉴욕 특파원단 송년 만찬에서도 자신의 신조를 '상선약수'라고 한 바 있다. 3번째로 2016년 5월 제주포럼 개막식 기조연설에서 "저는 아마추어 서예가인데 자주 연습하는 문구가 상선약수"라고 소개했다. "물은 지혜와 유연성, '소프트 파워'를 상징한다"고 설명했다.

노자 철학을 '물의 철학'이라고도 하는데, 왜 노자는 물을 최고의 선과 같다고 했을까? 물은 만물을 이롭게 한다. 물은 만물을 생육시키는 생명의 근원이다. 물은 다투지 않는다. 물은 산이 가로막으면 멀리 돌아서 간다. 바위를 만나면 몸을 나눠 비켜간다. 깊은 분지를 만나면 차곡차곡 남김없이 채운 다음 뒷물을 기다려 비로소 나아간다.

너른 평지를 만나면 거울 같은 수평을 이루어 유유히 하늘을 담고 구름을 보내기도 한다. 가파른 계곡을 만나면 숨 가쁘게 달리기도 하고 아스라한 절벽을 만나면 용사처럼 뛰어내리기도 한다.

물은 가장 낮은 곳에 처한다. 물은 낮은 곳으로 흐른다. 세상에서 가장 낮은 물이 바다이다. 바다가 세상의 모든 물을 다 받아들일 수 있는 것은 가장 낮은 곳에 위치하기 때문이다. 큰 강이든 작은 실개천이든 가리지 않고 다 받아들임으로써 그 크기를 이루어 내는 것이다.

물은 언제고 아래로 흐른다. 낮게 있는 모든 것을 촉촉이 적셔주면서도 자신을 내세우지 않는다. 웅덩이가 있으면 구석구석 모두 채워질 때까지 기다렸다 흘러가는 겸손의 미덕을 물에서 찾아볼 수 있다.

상대를 얻고자 한다면 먼저 베풀어야 기회가 온다. 한발 늦게 간다는 생각으로 처신하면 오히려 앞서가게 되는 것이 리더십의 이치다. 리더란 낮은 곳에 몸을 두고 심연과 같은 깊은 마음으로 먼 바다로 항해하는 것과 같다. 생각이 많은 것과 생각이 깊은 것은 분명히 다르다는 점을 이야기한 것이다.

따라서 노자의 도가사상은 현실에 밀착된 서민의 사상이라 할 수 있다. 그래서 이상을 논한 '표면적인 도덕'이 아닌 현실적인 생활을 뒷받침해 주는 '내면의 도덕'에 큰 비중을 두었다.

노자는 각박한 현실을 사는 백성들의 삶에 대해 현실도피나 무위가 아니라, 어떻게 살아야 시비에 얽매이지 않고 속 편히 살 수 있는지 논하며, 실생활에 뿌리내린 처세의 지혜를 제시했다. 이른바 노자의 리더십은 '쓰레받기'에 비유할 만하다. 리더란 가장 낮은 곳에 거처하면서 힘들고 더러운 일을 도맡고, 억지로 일을 꾸미지 않으면서 묵묵히 제 일을 처리하는 존재이기 때문이다. 그래서 제일 밑바닥에 거처하는 '쓰레받기'이다.

이것은 실패는 자신의 탓으로, 성공은 아랫사람들 덕택으로 돌리는 것이다. 여기서 피어나는 꽃송이가 다투지 않는 덕(德)이다. 묘한 것은 '덕은 억지로 사용하지 않아도 안 되는 일이 없다'는 마술 같은 언어다. 눈에 보이지 않는 리더의 덕이 사람들을 따뜻하게 하고, 부끄럽게 하고, 또 분발하게도 만들기 때문이다. 그래서 노자가 전하는 메시지를 한마디로 압축한다면, '나를 숙이라'가 될 것이다.

상선약수, 흐르는 물에 도(道)가 있으니 물 흐르듯 살라는 말이지만 필자의 경험상 물 흐르듯 사는 일이 어디 쉬운 일인가? 물은 낮은 곳으로 흐르고 흘러 수평의 넓은 바다에 도달하지만, 지금 우리 사회에서 유유한 물이 되기가 자못 어려운 일이다.

① 당신은 상선약수가 가능한가?

② 가능하지 않다면 그 이유는 무엇인가?

③ 상선약수가 최고의 덕목임을 느낀 경험이 있는가? 그때가 언제인가?

10 '수류육덕'을 몸소 행하라

물은 네모난 그릇에 넣으면 네모로, 둥근 그릇에 넣으면 둥글게 모양은 변해도 물의 본질은 변하지 않는다. 그러기에 법정 스님도 '물은 물이요, 산은 산이다'라고 했다. 물은 흐르지 않고 고여 있으면 썩기 마련이다. 그래서 물은 항상 흐르면서 새로운 것을 요구한다. 인간세상에도 변화와 개혁이 필요한 것이 물과 같지 아니한가?

17세기경 영국의 뉴턴이 사과나무에서 떨어지는 사과를 보고 만유인력 법칙을 발견하여 자연철학의 기초를 쌓았다. 일찍이 중국의 노자(老子)가 물이 흘러가는 것을 보고 도(道)의 상징적 이미지로 비유하고 인생철학의 근원이라

하여 "수류육덕(水流六德)"이라는 말이 있다.

낮은 곳을 찾아 흐르는 **겸손(謙遜)**
흐르고 흘러 바다를 이루는 **대의(大義)**
바위도 뚫는 물방울의 끈기와 **인내(忍耐)**
어떤 그릇에도 담기는 **융통성(融通性)**
구정물도 받아주는 **포용력(包容力)**
막히면 돌아갈 줄 아는 **지혜(智慧)**

지구상의 모든 생명체는 물 없이는 살 수가 없다. 생(生)을 위한 절체절명의 요소가 물이기 때문이다. 그럼에도 사람들은 물에 대한 소중함과 고마움을 잊고 산다. 또 물이 흘러가는 것을 보아도 물리적인 현상으로 바라볼 뿐이지 그 흐름에서 사람 사는 지혜가 있음을 모르고 있다.

사람들의 불평은 공평하지 못한 데서 온다. 그러나 물은 항상 공평하게 흐른다. 빈부의 격차는 존재하더라도 가난한 근로자의 능력만큼은 대우받는 사회가 되었으면 좋겠다. 서로 존중하고 공평한 세상이 되기를 바란다.

'윗물이 맑아야 아랫물도 맑다'라는 속담이 있다. 이 사회를 이끌어 가는 지도자는 무엇을 생각하고 있는가? 보고 듣는 수많은 비정한 사건에는 고개를 돌리고, 맑고 따뜻한 사회가 될 수 있는 길을 찾는 데는 눈을 감고, 제 몫 챙기는 밥그릇 싸움만 하고 있지 않는가? 사회가 병들어서는 희망이 없다. 선(善)을 지향하는 따뜻하고 맑은 물이 흘러내려야 한다. 위에서 아래로! 그래서 사회 구석구석, 모든 가정, 어린 새싹들을 촉촉이 적셔주었으면 좋겠다.

공정하지 못한 리더를 보거나 경험한 적 있는가? 당신이 생각하는 공정하지 못한 사례를 찾아서 적어보고 서로 토론하라.

CHAPTER

12

창의성 · 변화 · 빅데이터

땀이 없으면, 달콤함도 없고

십자가 없이, 영광도 없고

고통 없이, 얻는 것도 없는 법이다.

No Sweat, No Sweet

No Cross, No Crown

No Pain, No Gain.

01 경험과 지식의 축적이 창의성의 지름길이다

21세기는 창의성과 독창성이 요구되는 시대이다. 어렵고 막연한 것이 바로 창의성이다. 그렇다면 어떻게 해야 창의성을 계발할 수 있을까? 우젠광의 저서 『레오나르도 다 빈치의 두뇌 사용법』에서 인류 역사상 가장 경로운 천재이자 과학과 예술, 자연과 지성의 통합을 시도한 가장 위대한 천재의 이야기를 소개한다.

첫째, 사유의 함정에서 빠져나오면 사유의 틀은 저절로 깨진다. 사유가 틀에 갇히게 되면 창조적 사고를 할 수 없어진다. 아래의 문제를 통해 사고의 틀을 깨도록 훈련해 보자.

1. 50개의 귤을 10개의 바구니에 나누어 담았는데, 각 바구니마다 귤의 개수가 모두 달랐다. 이것은 가능한 것일까? 가능하다면 그 이유는?

2. 탁자 위에 포도주 한 잔이 놓여 있다. 반잔을 마신 다음 생수를 가득 채우고 또 반잔을 마시고 생수를 채운다. 이렇게 3번 반복했다면 총 몇 잔의 포도주를 마신 것일까? 그 이유는?

3. 실수로 사탕 한 알을 커피 잔 속에 빠뜨렸다. 급히 커피 잔 속에서 사탕을 꺼냈는데, 희한하게도 사탕이 전혀 녹지 않았고 손가락도 전혀 젖지 않았다. 이것이 가능할까? 가능하다면 이유는?

4. 동전을 던졌는데 10번이나 연속해서 앞면이 나왔다. 다시 한번 던질 때 앞면이 나올 확률은 얼마일까? 그 이유는?

둘째, 관습을 타파하라. 레오나르도는 『회화론』에서 이렇게 지적했다.

"아름다운 얼굴을 그릴 때에는 좋은 부분을 잘 끌어내도록 해라. 특히 보편적으로 아름답다고 생각되는 얼굴을 선택해야만 한다. 그렇지 않다면 자신과 비슷한 얼굴을 선택할 가능성이 높다. 왜냐하면 사람은 자신과 비슷한 생김새를 좋아하기 때문이다. 만약 자신의 얼굴이 못생겼다면 아름답지 않은 얼굴을 선택하고 못생긴 얼굴을 그릴 것이다. 수많은 화가들 또한 그러하였다. 그들이 그린 인물은 항상 화가 자신과 너무도 닮아 있다."

어떤 일을 할 때 사람은 반드시 관습의 속박을 받기 마련이다. 이를 타파할 때 또 다른 나를 창조할 수 있다. 당신의 생활 속에서 '반드시 해야 할 일' 열 가지를 나열한 다음, 옆 칸에 '꼭 그렇게 하지 않아도 되는 이유' 다섯 가지를 적어보라.

반드시 해야 할 일	꼭 그렇게 하지 않아도 되는 이유
1. 매일 아침 9시까지 학교에 가야 한다.	1. 교통 체증을 피하기 위해 조금 늦게 출근하고 조금 늦게 퇴근한다.

셋째, 다음은 창의적인 퀴즈이다. 풀어보라.

1. 성냥개비 6개에서 5개를 추가하여 9개를 만드시오.[1]

2. 호랑이 9마리가 있습니다. 사각형 2개를 그려 각각 다른 곳에 넣으시오(호랑이들은 1사각형 안에 9마리 모두 있다).[2]

---

1 답 = i i+i-i-i-i=9

2 답 = 마름모를 그리고 그 속에 사각형을 1개 더 그리세요.

3. 육각형에 선 하나를 그려 삼각형 2개로 만드시오.[3]

4. 한 백화점에 아들 2명, 아빠 2명이 갔습니다. 모두 선물은 1개씩 받아서 총 3개를 받았다면 어떻게 된 것일까요?[4]

5. 해안에서 뱃전을 따라 물 위에 사다리를 내린 배가 정박하고 있다. 사다리에는 계단이 10개 있는데 계단과 계단 사이의 간격은 30cm이고 가장 낮은 수면에 닿고 있다. 그런데 매시간 15cm씩 물이 올라오는 만조가 시작되었다. 몇 시간 후면 사다리의 세 번째 계단이 물에 잠기겠는가?[5]

6. 한 회사원이 점집에 갔다. 그 회사원은 2,500원이 있었고 그 점 보는 집은 질문 1번에 1,000원을 받는다. 그 회사원은 점쟁이에게 "아무리 긴 질문도 1,000원을 받나요?"라고 하니 점쟁이는 "그렇다"라고 하였다. 또 "아무리 짧은 질문도 1,000원을 받습니까?"라 하니 점쟁이는 "그렇다"라고 하였다. 이 회사원은 세 가지 고민을 해결하였을까?[6]

02 나도 창의적인 사람인가?

요즈음 창의성에 대한 사회의 관심이 늘고 있다. 그런 관심은 서점에 가보면 확인할 수 있다. 양복을 입고 온 깔끔한 경영자의 모습이 표지 전면에 등장하는 '관리형 CEO'의 성공담에는 식상하고, 편안한 청바지와 튀는 색상의 셔츠를 입은 경영자가 눈에 띈다.

하지만 창의적인 발상으로 분야에서 두각을 나타낸 사람, 창의적인 아이디어로 고객(친구, 선후배)을 사로잡은 사람들은 그렇다 치더라도 남들과 다른 외

3 답 = 가운데에 굵은 선 하나

4 답 = 할아버지, 아빠, 아이가 가서 할아버지는 아빠의 아빠이므로 1명, 아빠는 아이의 아빠이므로 2명, 아이로 따질 때는 아빠는 할아버지의 아들이므로 1명, 아이는 아빠의 아들이므로 1명이 돼서 모두 선물은 3개를 들고 갔다.

5 답 = 잠기지 않는다. 배는 부력이 있기 때문에 물이 아무리 차도 그만큼 올라가기 때문이다.

6 답 = 해결하지 못했다. 왜냐하면 이미 2번의 질문을 하였기 때문에 2000원을 내야 한다.

모나 행동을 하는 사람이면 누구에게나 "창의적"이라는 꼬리표를 달고 상품화하는 것은 지나치다는 생각이 든다.

그럼에도 불구하고 필자는 이런 생각을 해본다. "도대체 창의적이라는 것은 무엇일까?", "나도 창의적인 사람인가? 어떻게 하면 창의적인 사람이 될 수 있을까? 창의적인 행동들, 사람들의 특징과 공통점은 무엇일까?"

여기에 대한 답변을 찾다가 발견한 새로운 점은 첫째, 창의적인 역량은 개인과 영역에 따라 발현되는 시기가 다르다. 신동이 아니고, 특정 영역과 시기에 창의적인 업적이 나오지 않았다고 해서 창의성이 없는 것은 아니다. 둘째, 창의적인 사람들의 공통적인 특성은 없다. 셋째, 집중하고 몰두한다고 창의적 발상이 되는 것은 아니며, 오히려 창의적인 발상은 개인이 편안하거나, 유연한 생각들이 가능한 시간과 공간에서 발생하는 경우가 많다. 넷째, 창의적인 사람들은 복합적인 성격이다. 예를 들면, 내성적이며 외향적이기도 하다. 다섯째, 이 같은 네 가지를 발견하고서 필자는 매우 희망적이 되었다. 비록 내가 천재적인 어린 시절을 보내지 않았고, 아인슈타인과 같지 않다고 해도 나는 아직 창의적인 업적을 남길 만한 가능성이 있기 때문이다.

한편 tvN의 <뇌 · 섹 · 시 · 대, 문제적 남자>라는 프로그램에 관심이 끌린다. 소개의 글도 멋있다.

> 조각 같은 얼굴의 꽃미남만이 사랑받던 시대는 끝났다.
> 외모보다 두뇌, 스펙보다는 실력이 중시되는 지금은 뇌섹시대!
> 갈수록 치열해지는 이 험난한 세상에서 살아남으려면
> 남과 다른 생각을 할 줄 알아야 한다!

다음은 문제적 남자에 출제된 몇 가지 문제를 소개한다.

Q 1. ?에 들어갈 숫자는 무엇인가? 9−6=3, 9+6=3, 8+6=?

Q 2. 현무는 독특한 암호가 적힌 단어장을 발견했다. 단어장에는 단어를 해석하는 뜻과 숫자만이 적혀 있었다.

33-1-20-20-3 = ? : 목소리로만 연기하는 배우

33-4-20-13-3 = ? : 경상북도에 있는 신라 천년의 고도

33-1-54-45-9-20 = ? : 부러워하여 바라는 것

Q 3. 다음 규칙을 따랐을 때, 이 암호가 나타내는 단어는 무엇일까?

20-3-13-3-33-1-54

Q 4. 성냥개비를 2개만 움직여 E를 2개 만들어라(단, 성냥개비는 서로 겹치지 않는다).

Q 5. 선을 하나 그어서 2개의 삼각형을 만들어라.

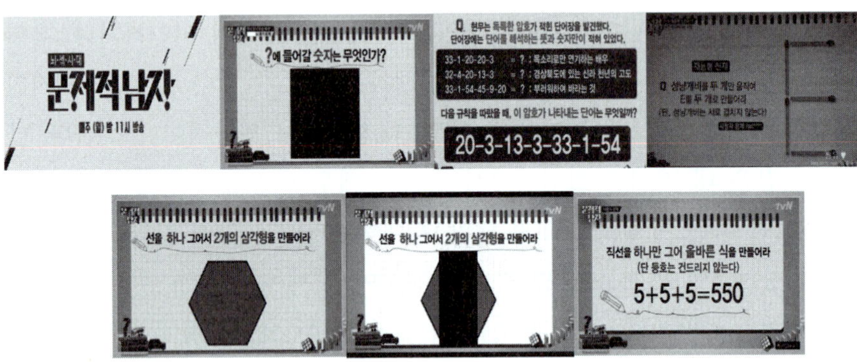

03 한국의 창의성 지수, 세계 31위

5Q[7]를 주장하는 시대에서 창의성이란, 어떤 과제를 수행할 때 지식과 경험을 갖추고 주인의식이 강하면 누구나 표출할 수 있다. 그러므로 창의성은 타고나는 것이 아니라 사소한 것일지라도 자신의 업무를 좀 더 완성도 있게 처리하려는 확산적 사고를 할 때, 창조적으로 업무를 수행할 수 있다.

그럼에도 불구하고 우리나라는 2015년 글로벌 창의성 지수(GCI : Global Creativity Index)에서 2014년 27위보다 4단계 낮아진 31위로 평가되었다. 세계 139개 국가를 대상으로 한 이 평가에서 상위 5개 국가는 호주, 미국, 뉴질랜드, 캐나다, 덴마크 순이었다.[8] 한국은 기술력 부문에서 1위, 인재 부문에서 50위, 포용력 부문에서 70위로 평가되었다. 각 부문별 세계 10위 국가는 다음과 같다.

- 기술력 : 한국, 일본, 이스라엘, 미국, 핀란드, 호주, 뉴질랜드, 독일, 싱가포르, 덴마크
- 인재 : 호주, 아이슬란드, 미국, 핀란드, 싱가포르, 덴마크, 뉴질랜드, 스웨덴, 슬로베니아, 벨라루스
- 포용력 : 캐나다, 아이슬랜드, 뉴질랜드, 호주, 영국, 네덜란드, 우루과이, 아일랜드, 노르웨이, 스웨덴

2015 글로벌 창의성 지수 종합 상위 25개 국가는 다음과 같다.

7 5Q=CQ(창의성 지수), IQ(지성지수), EQ(감성지수), SQ(사회성 지수), PQ(놀이지수)

8 글로벌 창의성 지수는 토론토 대학 마틴경제발전연구소(Martin Prosperity Institute)가 매년 평가, 발표하는 것으로, 139개 국가를 대상으로 기술력(technology), 인재(talent), 포용력(tolerance)의 세 가지 부문을 평가, 종합한 것이다.

Rank	Country	Technology	Talent	Tolerance	Global Creativity Index
1	Australia	7	1	4	0.970
2	United States	4	3	11	0.950
3	New Zealand	7	8	3	0.949
4	Canada	13	14	1	0.920
5	Denmark	10	6	13	0.917
6	Finland	5	3	20	0.917
7	Sweden	11	8	10	0.915
8	Iceland	26	2	2	0.913
9	Singapore	7	5	23	0.896
10	Netherlands	20	11	6	0.889
11	Norway	18	12	9	0.883
12	United Kingdom	15	20	5	0.881
13	Ireland	23	21	7	0.845
14	Germany	7	28	18	0.837
15	Switzerland	19	22	17	0.822
16	France	16	26	16	0.822
17	Slovenia	17	8	35	0.822
18	Belgium	28	18	14	0.817
19	Spain	31	19	12	0.811
20	Austria	12	26	32	0.788
21	Hong Kong	32	32	30	0.715
22	Italy	25	31	38	0.715
23	Portugal	35	36	22	0.710
24	Japan	2	58	39	0.708
25	Luwembourg	20	48	32	0.696

Exhibit 11 : Top 25 Countries on the Global Creativity Index

창의성의 성패는 지능지수가 높다거나 학력이 높은 것으로 승부가 나는 것이 아니다. 누가 창의성이 있는 사람인지 관심을 가지고 주위를 둘러보라. 그리고 그들의 행동을 따라해 보라. 당신도 창의성 지수가 높은 사람으로 변모될 것이다.

04 비판적으로 문제를 바라보라

모든 사물은 보편성과 특수성을 동시에 지니고 있다. 사물을 인식할 때는 두 가지 모두를 관찰해야만 전면적으로 이해할 수 있으며 비판적으로 바라볼 수 있다. 레오나르도는 창작활동을 할 때 항상 거울을 준비해 두고 거울 속에 비친 자신의 작품을 자세히 관찰한 다음 작품의 좋고 나쁨을 평가했다. 그는 『회화론』에서 이렇게 말하였다.

"많은 사람들이 남의 작품에서는 쉽게 결점을 찾아내지만 정작 자기 작품에서는 결함을 찾아내지 못한다. 그렇기 때문에 타인의 사소한 흠을 비판할 때마저 자신의 커다란 결점을 잊어버리는 것이다."

레오나르도의 엄격한 '자기비판' 정신은 자신과 자신의 작품을 보다 객관적으로 바라볼 수 있게 함으로써, 창작활동에서 독창적인 창의력을 발휘하는 데 큰 도움을 주었다. 우젠광의 저서 『레오나르도 다 빈치의 두뇌 사용법』에서 밝힌 비판적 사고능력을 지닌 사람의 특징은 다음과 같다.

1. 사물에 대해 늘 커다란 흥미를 가지고 탐색하기 좋아하며 기존의 답안에 만족하지 않는다.
2. 각종 지식을 쟁취하기 좋아하며 신선한 정보에 매우 민감하다.
3. 비판적 사고로 문제를 사고하는 습관이 되어 있다.
4. 자신의 논리에 자신감을 가지고 전통적인 관점과 권위에 과감하게 의심을 품는다.
5. 생각이 깨어 있어 새로운 사상이나 사물에 편견이 없다.
6. 자신과 같은 의견은 물론 반대 의견에도 귀 기울일 줄 안다.
7. 자신의 생각 속에 존재하는 편견이나 선입견 혹은 장애를 인식하고 있다.
8. 타인을 평가할 때는 항상 긍정적인 면과 부정적인 면을 모두 살핀다.
9. 자신에 대한 비판을 진지하게 생각하고 겸허하게 수용한다.
10. 행동으로 옮길 때는 항상 여러 가지 방안을 미리 마련해 둔다.

우젠광은 "질문하고 또 질문하라"고 한다. 질문은 비판의 시작이다. 옛 사물이나 타인의 관점, 사상에 질문을 제기하는 것은 비판적 사고의 첫걸음이다. 레오나르도는 어떤 사물이든 항상 캐묻고 질문하는 습관이 몸에 배어 있었다.

05 비판적 사고의 장애요소를 제거하라

사고의 방해요소는 객관적 진실이라 믿고 있지만 실상 그렇지 않은 것들이 많다. 되도록 이런 요소들을 피해 가며 틀에 박힌 사고를 깨고 바라볼 수 있어야 한다. 비판적 사고가 뜻대로 진행되지 않는 것은 인간의 사고를 방해하는 몇 가지 요소들 때문이다. 사고를 방해하는 훼방꾼에 대해 소개하고자 한다.

첫째, '책 속의 지식에 대한 맹신' 때문이다. 책은 인류 지혜의 결정판이므로 물론 많이 읽어야 한다. 그러나 독서방법에 조금 더 주의를 기울일 필요가 있다. 책과 실제 상황의 차이를 소홀히 한 채 아무 생각 없이 책 속의 지식을 활용했다가 곤란을 겪는 경우 또한 많다. 그러므로 항상 반례를 들어 책의 관점이 정말 올바른지 확인하는 습관을 길러야 한다.

둘째, '권위에 대한 맹신' 때문이다. 권위는 일정한 범위 내에서 가장 위엄 있고 가장 높은 자리를 차지한 사람이 가지는 힘으로 순종하게 만드는 힘을 가리킨다. 권위는 사회의 모든 영역에 존재하며, 사람은 권위를 신봉하는 동시에 숭배하기도 한다. 이러한 사람들은 권위적인 인물이나 사물에 대해 조금도 의심하지 않는다. 도리어 자신의 지식이나 경험으로 흡수하여 관련된 문제를 분석하고 해결하려는 경향을 보인다. 그래서 자신이 받아들인 권위와 다른 이론 또는 관점을 만나게 되면 생각도 하지 않고 무조건 잘못된 것이라고 평가한다. 이것이 바로 권위의 효과이자 권위에 대한 맹신이다.

셋째, '군중심리' 때문이다. 『곤충기』로 유명한 파브르(Fabre)는 줄지어 움직이는 애벌레로 다음과 같은 실험을 하였다.

애벌레들을 접시 가장자리에 올린 다음 둥글게 원을 이루도록 놓아둔 다음, 접시 가운데에 애벌레의 먹이인 솔잎을 올려놓았다. 앞선 애벌레의 꽁무니만 쫓는 습성 때문에 애벌레들은 접시 위에서 완벽한 원을 만들었고, 맨 앞의 애벌레가 맨 끝의 애벌레의 뒤를 쫓는 꼴이 되어버렸다. 애벌레들은 실험을 한 일주일 내내 쉬지도 먹지도 않고 원을 그리며 기어 다녔다. 결국 접시 가운데 놓인 솔잎은 건드리지도 않은 채 애벌레들은 굶주림과 탈진으로 모두 죽었다.

넷째, '교조주의' 때문이다. 신조를 고집하는 사람들은 일처리에 있어서도 원칙을 대단히 중시한다. 물론 잘못된 것은 아니지만 때때로 융통성 있는 사고가 필요한 상황이 발생하기도 한다.

인간 역시 자신의 주체성을 일고 큰 조류에 휩쓸려 남들이 하는 대로 따라하다가 결국 좌절하여 지쳐 쓰러지는 경우가 허다하다. 이처럼 군중심리의 압력을 받게 되면 스스로 판단력을 잃고 다른 사람의 의견에 동조하는 경향을 보이게 된다. 당신의 창의적 사고, 비판적 사고를 방해하는 요소는 무엇인가? 세 가지만 찾아보라.

06 역발상과 창의적 리더

정보와 지식은 더 이상 부를 창출하는 기반이 되지 못한다. 이제 무엇이 새로운 '부'의 창출을 지배할 것인가? 결론부터 말하면 '아이디어'와 '창의성'이다. 정보 격차 대신 아이디어 격차가 모든 경쟁력을 좌우할 것이며, 그 경쟁력은 부의 창출을 원천적으로 지배하는 '창의적 계급'을 만들어 낼 것이다.

바퀴를 활용해 새로운 물건을 만든 두 사람이 있다. 한 사람은 바퀴 달린 장갑을, 다른 한 사람은 바퀴 달린 운동화를 만들었다. 둘 다 남들이 생각하지 못한 것을 발명했으니 똑같이 창의적이라 할 수 있을까? 이 중 상품화되어 여러 사람에게 즐거움을 주는 것은 바퀴 달린 운동화다. 창의성이란 이미 있는 것을 새로운 방식으로 조합하거나 분해해 재구성하는 사고성향이다. 독창적인 아이디어로 남들이 생각하지 못한 물건이나 이론을 창조한 것만으로는 창의적이라고 할 수 없다. 새로 만들어 낸 것이 전의 것보다 더 효용가치가 있어야만 창의적이라 할 수 있다.

창의성은 학교 성적과는 직접적인 관련성이 없다. 누구든 가치 있는 것을 창조해 내려는 의지와 호기심을 가진다면 창의성을 기를 수 있다. 창의성은 우리가 접하는 일상생활에서도 개발되고 발휘된다. 작은 사물이나 사소한 현상도 그냥 지나치지 않고 거기서 뭔가 새로운 것을 발견하려는 노력, 고정된 관념을 깨고 달리 생각해 보려는 노력에 의해 우리의 뇌는 차츰 창의적으로 발전하는 것이다. 마치 우리가 운동을 통해 근육을 잘 발달시킬 수 있듯이 끊임없는 두뇌 훈련을 통해 창의적 사고능력 또한 길러질 수 있는 것이다.

사하라 사막에 사는 사람들에게 눈을 치우는 제설차를 수출한 사람이 있다. 평생 눈을 한 번도 구경해 본 적도 없는 사람들에게 눈을 치우는 차가 무는 소용이 있을까? 그래서 그는 제설차를 모래를 치우는 데 좋은 차로 선전해 수출했다. 그래서 사막에 사는 사람들은 지금도 고속도로에 쌓인 모래를 제설차로 치우고 있다. 이러한 열정의 상혼(商魂)과 창의성을 발휘해 에스키모인에게 냉장고를 파는 법과 스님에게 머리빗을 파는 법 등등 아래 질문에 토의하고 그 결과를 적어보기 바란다.

(1) 스님에게 머리빗을 파는 법은?
(2) 에스키모인에게 냉장고(에어컨)를 파는 법은?
(3) 종이컵으로 할 수 있는 것 100가지를 작성한다면?
(4) 창의성과 흥미의 결정판, 매직! 당신이 알고 있는 '마술의 비밀'은 몇 개인가?
(5) 모든 사람의 얼굴이 같다면 어떤 일이 일어날까?
(6) 바람을 그림으로 그려본다면 어떻게 그릴 것인가?
(7) 계란으로 할 수 있는 것은 몇 가지나 될까?
(8) "죽여준다"는 말을 어떤 상황에서 사용할 수 있을까?
(9) '사랑'을 그림으로 그려본다면 어떻게 그릴 수 있을까?
(10) 나를 동물이나 식물로 표현해서 그리면 어떻게 그리겠는가?
(11) 털알레르기가 심한 사람에게 털이불을 파는 법은?
(12) 술이라면 질색하는 사람에게 데킬라를 파는 법은?
(13) 상남자 스타일에게 뷰티 5종세트를 파는 법은?
(14) 만일 신이 된다면 인간을 위해 어떤 일을 하겠는가?
(15) 자신의 2인자를 역사적 인물 중에서 뽑으면 누구를 뽑을 것이고 그 이유는?

07 쓸쓸하게 퇴장하는 리더

리더는 늘 끊임없이 고정관념으로부터 탈피하는 노력이 필요하다. 과거 잘 나가던 리더가 오랜 시간을 버티지 못하고 쓸쓸하게 퇴장하는 사례를 보면 변화관리에 실패했기 때문이다. 변화에 둔감한 리더는 본인 스스로가 기존의 관행이나 고정관념을 탈피하지 못하고, 부하들의 창조적 실험정신을 고무하려는 의욕과 노력이 부족하다.

변화에 둔감한 리더는 미래에 무엇을 성취할 것인지 고민하기보다는 지금까지 자신이 성취해 놓은 것을 지키려고 하는 경향이 강하다. 경직된 사고로 인해 다른 사람들의 요구를 무시하거나, 현 조직의 상황을 고려하지 않고 과거의 성공경험을 그대로 적용하려는 행동을 한다. 또한 실패에 대한 두려움으로 새로운 시도보다 현상 유지에 중점을 두거나, 조직의 규정과 규율에 얽매여 변화를 추진해 나가지 못하는, 이른바 '위험회피형' 행동을 보인다.

갈등을 일으키는 큰 요소는 이분법적 사고방식이다. 그래서 등장한 말이 역지사지(易地思之)가 아닌가 싶다. 사람 머릿속의 지우개는 문제를 다루는 데 어떤 안경을 쓰고 볼 것인가라는 '프레임(frame)' 문제가 많은 비중을 차지한다. 그래서 갈등을 해결하기 위해서는 상대방의 안경을 쓰고 볼 수 있어야 한다.

과부 사정은 홀아비가 안다. 리더의 입장은 리더가 되어보아야만 알 수 있고 이해할 수 있다. 진정한 리더가 되고자 한다면 서로의 입장을 시뮬레이션하는 것이 필요하다. 직접 리더처럼 행동해 보라! 직접 팔로워처럼 행동해 보라! 지시받은 일만 하는 사람이라면 그는 감옥 속 죄수와 무엇이 다른가?

08 ○○○! 올해의 태도 변화 수칙은?

존 맥스웰(John Maxwell)은 『태도(The Power of Attitude)』라는 책에서 태도에 대해 다음과 같이 밝히고 있다. 현재의 삶은 지금까지 보인 태도의 합이다. 태도의 뿌리는 마음속에 있지만, 그 열매는 겉으로 드러난다. 태도는 가장 좋은 친구가 될 수도 있고, 최악의 적이 될 수도 있다. 태도는 말보다 더 솔직하고 일관되게 자신을 보여준다.

태도는 과거 경험이 쌓여 만들어진 현재의 겉모습으로, 주변에 사람을 모이게 하기도 하고 흩어지게 하기도 한다. 태도는 반드시 겉으로 표현된다. 태도는 과거를 기록하는 역사서이며, 현재를 보여주는 대변자이며, 미래를 알려주는 예언자이다.

마음의 변화를 통한 태도의 변화를 시도하라. 더 나아가서 습관화될 때까지 시도해야 한다. 그리고 "할 수 있다. 될 수 있다. 가능하다. 해냈다"라고 외쳐라. 자기혁신을 통해 셀프 리더가 되고자 한다면 '성공비전 만들기'가 꼭 필요하다. 자신의 20　　년도 셀프 리더십을 위한 태도 변화 수칙을 적어보고 그 약속을 지켜라.

기록을 해본 후 자신의 내용 중 3~4가지만 서로 소개한다. 소통과정을 마쳤으면 이 프로그램을 통해서 느낀 점을 서로 토의하라.

2017년 김재득의 태도 변화 수칙

(1) 무조건 6시 30분에 기상한다(하루는 휴식).
(2) 한 달에 등산을 1회 이상 한다.
(3) 음주는 1회/주 이하로 한다.
(4) 일 년에 10번 이상 외부강의를 듣는다.
(5) 몸매 노출이 두려워 못 배웠던 수영을 배우도록 한다.

09 변화에 대처하는 나의 유형은?

『누가 내 치즈를 옮겼을까?』에 스니프, 스커리, 헴, 허 네 가지 유형이 등장한다. '스니프'[9]형은 변화의 냄새를 맡을 수 있는 사람이라면, '스커리'[10]형은 즉시 행동으로 옮기는 사람이다. '헴'[11]형은 익숙한 세상에 머물러 있고자 하여 변화를 거부하는 사람이며, '허'[12]형은 변화하기를 망설이지만 결국 자신의 상황을 깨닫고 스스로 변화하고 새로운 치즈를 찾아 떠나는 사람이다. 이 이야기에서 당신은 어느 유형에 속하는가? 그리고 자신을 CRI(Change Responsible Indicator) 그래프에 대입하여 분석해 보라. 책을 읽지 못한 사람은 다음 카페[13] 혹은 네이버 블로그[14] '(사)동북아리더십센터'에서 제공하는 동영상으로 내용의 일부를 이해할 수 있을 것이다.

다음 기록을 해보고 자신의 내용 중 1~2가지만 서로 소개한다. 소통과정을 마쳤으면 이 프로그램을 통해서 느낀 점을 서로 토의하라.

9 스니프 : 킁킁이(킁킁거리며 냄새를 맡는다는 의미의 의성어)

10 스커리 : 종종이(종종거리며 급히 달린다는 의미의 의태어)

11 헴 : 헛기침(헛기침한다는 의미의 의성어)

12 허 : 점잖이(점잖을 뺀다는 의미의 단어)

13 http://cafe.daum.net/leadershipandKJD

14 http://blog.naver.com/leadership33

(1) 대학(직장)생활을 시작한 후 자신에게 다가온 커다란 변화들이 있다면?

(이전의 생활과 달라진 것은 무엇인지)

(2) 이런 변화들에 대한 자신의 느낌은 어떠한지?(기쁨/ 두려움/ 힘듦/ 만족함…)

(3) 자신이 맞이한 요즈음의 변화들에 어떻게 대처하고 있는가?

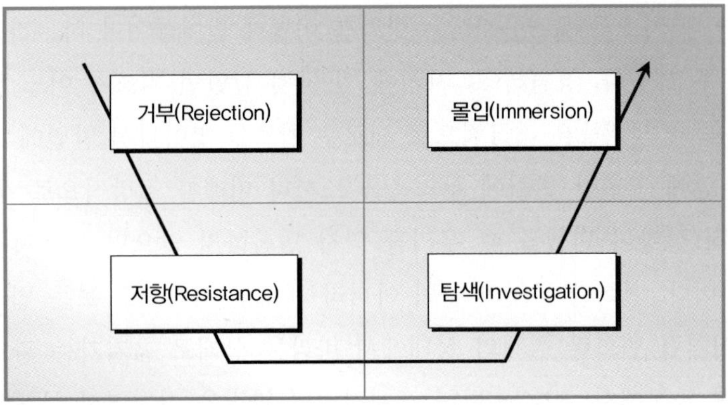

▌그림 12-1▐ CRI(Change Responsible Indicator) 그래프

(4) 나는 변화를 맞이하게 되면 주로 어떤 태도를 취하는가?

① 변화를 아주 빨리 알아차리는 편이다.

② 변화에 대처해서 신속하게 행동하는 편이다.

③ 변화에 적응하기보다는 익숙한 세상에 머무는 것을 더 좋아하는 편이다.

④ 변화를 빨리 알아채진 못하지만, 변화를 알아채면 스스로 변화되려고 노력하는 편이다.

(5) 우리 중에 변화를 두려워하는 사람은 누구인가?

10 ERRC를 통한 자기변화 프로젝트

"변화를 두려워 말라", "변화의 틈에 기회가 있다", "사는 게 중요한 것이 아니라 살면서 변화를 만드는 것이 중요하다". 오늘날 과학기술의 급속한 발전으로 우리가 익숙해 있던 상황은 시시각각 변화하고 있다. 변화의 흐름을 읽고 적극적으로 대처하지 못하는 사람은 도태되고 만다.

『누가 내 치즈를 옮겼을까?』는 변화를 어떻게 받아들여야 하는가를 분명하게 보여주고 있다. 영원히 그 자리에 있을 것 같았던 치즈가 어느 날 갑자기 사라졌을 때 생쥐들은 적극적으로 새로운 치즈를 찾아나선 반면에 꼬마 인간들은 눈앞에 직면한 현실에 두려움을 느끼며 미래를 절망적으로 생각했다.

외부적 상황이 변했을 때 우리들 역시 변화하지 않으면 오로지 좌절만이 있을 뿐이다. 변화란 무엇의 끝이 아니라 새로운 시작으로 보는 법을 배워야 한다. 이처럼 변화란 현재의 상태에서 바라는 상태로 옮겨가는 과정을 말하는데, 이 과정에서 해빙→변화→재결빙의 과정을 거치면서 목표에 근접해 간다.

이제 자신의 변화추진을 위해 버려야 할 것들(Eliminate), 줄여야 할 것들(Reduce), 더해야 할 것들(Raise), 새롭게 만들어야 할 것들(Create)을 찾아보고, 성공적인 변화를 위한 실천방안을 찾아라.

다음 기록을 해보고 자신의 내용 중 세 가지만 서로 소개한다. 소통과정을 마쳤으면 이 프로그램을 통해서 느낀 점을 서로 토의해 보라.

1 변화추진을 위한 방법

<table>
<tr><th colspan="2">변화의 테마 : ____________________</th></tr>
<tr><td>버려야 할 것들(Eliminate)

① ______________________
② ______________________
③ ______________________</td><td>줄여야 할 것들(Reduce)

① ______________________
② ______________________
③ ______________________</td></tr>
<tr><td>더해야 할 것들(Raise)

① ______________________
② ______________________
③ ______________________</td><td>새롭게 만들어야 할 것들(Create)

① ______________________
② ______________________
③ ______________________</td></tr>
</table>

2 성공적인 변화를 위한 실천방안 : Action Plan

구 분	세부 실천방안
Eliminate	
Reduce	
Raise	
Create	

11 나의 숨겨진 18가지 능력(Adaptation)은?

삶의 과정에서 수없이 직면하는 위기상황에 대처하는 능력은 모두 다르다. 그때 비로소 개인의 내부에 잠재된 대처능력이 표출된다. 위기상황에 대처하는 능력은 생존에 꼭 필요한 것이다. 따라서 본능적이고 반사적인 행동을 하게 된다. 아래 표에는 '나의 숨겨진 능력에 대한 18가지 능력'을 나열하였다. 이에 대한 자기 점검훈련을 통해서 자신에게 필요한 능력이 무엇이며, 어떤 능력이 부족한지 분석해 보자. 나열된 능력 유형에 대해 1점에서 5점으로 자신을 평가해 보라(매우 약함 1점, 약함 2점, 보통이다 3점, 대체로 그렇다 4점, 매우 강함 5점). 같은 점수라도 그중에서 가장 강하다고 생각되는 순서로 순위를 정하여 1~18위까지 차례로 적어보라. 그리고 자신의 경험담도 함께 작성하라.

기록을 해본 후 자신의 내용 중 1순위와 18순위만 서로 소개한다. 소통과정을 마쳤으면 서로에 대한 관심과 배려할 것을 토의하라.

작성사례

적응능력 리스트		자신의 경험담(작성 예)	수 준	등 위
1	고독을 극복하는 능력	항상 사람을 그리워하는 것 같다. 혼자 있는 것을 참지 못한다.		
2	극한의 슬픔을 참는 능력	항상 최악의 상황을 고려하는 사고방식을 지녔기에 남들보다 비교적 담담하게 받아들이는 편이다.		
3	낯선 환경에 적응하는 능력	지금까지 어느 집단에서도 소외되지 않고 항상 잘 적응해 왔다.		
4	다른 사람을 대할 때 선입관을 배제할 수 있는 능력	어려서부터 다양한 환경에 접해봄으로써 다른 것과 틀린 것에 대해서 예전부터 생각을 해왔다.		

5	다른 사람의 허물을 가려 주는 능력	남의 허물을 보거나, 들어도 남에게 말하지 않는다.		
6	다른 사람이 내 욕을 할 때 참아내는 능력	자존심이 강해 잘 참아내지 못한다. 특히 뒤에서 욕하는 것을 알게 되었을 때 거의 폭발한다.		
7	더위와 추위를 극복하는 능력	추위는 잘 견디지만 더위를 참지 못한다. 땀이 많은 체질이다.		
8	몇 끼의 음식을 먹지 않고 견디는 능력	한 끼 굶는 것이 힘들어서 그렇지 조금 지나고 나면 공복에 대해 무관심하게 된다. 이미 충분한 에너지가 배와 허리에 축적되어 있다.		
9	불안과 염려를 극복하는 능력	천성이 낙천적이라 항상 모든 일이 잘될 거라는 굳은 믿음이 있고, '새옹지마'를 믿는다.		
10	성적인 자극으로부터 성욕을 참아내는 능력	항상 자신을 시험하게 된다.		
11	원수를 사랑하는 능력	아직 원수라고 생각하는 사람은 없지만 이해하려고 노력할 것 같다. 한 명 있다. 이젠 용서한다.		
12	육체적 극한 상황을 극복하는 능력	군 생활을 통해 육체적으로 힘든 상황에 대해서는 어느 정도 자신이 있다.		
13	자신보다 부족한 사람으로부터 무시당함을 극복하는 능력	고등학교 때 이러한 일로 말다툼을 벌인 적이 있다.		
14	흥분을 억제하는 능력	평소 온순한 편이지만 흥분하게 되면 다른 사람이 된다.		
15	자신의 한계성을 인정하고 고백하는 능력	실패를 잘 인정하지 못하고, 무모하게 도전하는 경우가 있다.		
16	죽음의 공포를 극복할 수 있는 능력	아직 죽음을 생각해 본 적이 없어서 잘 모르겠다. 하지만 성격상 죽는다는 사실을 인정 못할 것 같다.		
17	질투를 극복할 수 있는 능력	질투가 내 발전의 원동력이었을 때가 있었다. 질투는 나의 힘이다.		
18	책임을 회피하지 않고 감당하는 능력	책임을 지기로 한 일은 끝까지 책임을 진다. 어려서부터 임원을 하면서 길러진 태도이다.		

○ 보다 신뢰성 있는 평가를 원한다면 진단표에 제시된 문답 중에서 자신이 더욱 개선되기 위해 노력해야 하는 항목을 조직(집, 학교, 공동체, 직장)에서 가장 신뢰하는 사람이나 정직한 피드백을 줄 것 같은 사람을 선정하여 경청한다.

12 인공지능의 시대, 인간이 살아남는 길은?

인공지능은 공상과학 영화에만 등장하는 것쯤으로 여겼다. 몇 년 전만 해도 슈퍼컴퓨터조차 고양이와 강아지를 선뜻 구분하지 못했기 때문이다. 인간이 그 어떤 생명체보다 우월했던 능력, 즉 직관으로 세상을 이해하고, 추론으로 미래를 예측하던 능력을 인공지능이 더 잘 인식한다.

이세돌 9단과 알파고와의 대결에서 알파고가 이겼을 때, 우리는 "이야아~, 알파고 엄청 똑똑하군!" 하며 선뜻 환호하지 못했다. 그 까닭은 우리가 지켜본 그 바둑은 단순히 이세돌과 알파고의 대국이 아니었기 때문이다. 인간과 기계의 대결이었고, 그 대결에서 인간이 졌다. 인간의 육체만을 대리하던 기계가 이제는 인간의 뇌(지능)마저 대리할 수 있다는 사실을 우리 모두가 눈앞에서 확인한 것이다.

역사적으로 기계의 발전은 인간의 삶에 큰 변화를 가져왔다. 앞으로 인공지능 역시 그럴 것이다. 하지만 인공지능이 불러올 변화는 그간의 변화와는 판이하게 다를 수 있다. 인공지능은 말 그대로 지능을 지니고 있기 때문이다. 학습할 수 있는 능력이 있다는 것이다. 우리는 그간 스스로 학습할 수 있는 기계를 만나본 적이 없었다. 이제는 미래의 인간 대 기계의 대결에서 인간이 반드시 승리하리라는 보장이 없다. 방법을 몰라 못했을 뿐 방법만 알면 기계는 언제나 우리 인간보다 월등한 능력을 자랑해 왔다. 얼마 전 고양이도 못 알아보던 기계가 이제는 사물을 우리 인간보다 더 잘 알아보게 될 것이다.

인공지능엔 '약한 인공지능'과 '강한 인공지능' 두 가지 종류가 있다. 강한 인공지능은 영화 속 '터미네이터'를 연상하면 된다. 정신, 자유의지, 독립성, 자아가 있는 인공지능이다. 아직 이 세상에 강한 인공지능은 없다.

지금 우리가 보는 인공지능은 약한 인공지능이다. 약한 인공지능이란 "세상을 알아보고, 알아듣고, 이야기하고, 글을 읽고 쓰고, 정보를 조합하고, 이해하는 것을 사람과 비슷한 수준으로 수행하는" 것을 말한다. 즉, OECD 국가 사람들이 하는 일들이 "정보를 알아보고, 보고서 쓰고, 강연하고, 강연을 듣는 일" 등인데 이는 모두 약한 인공지능이 할 수 있는 일인 셈이다. 그리고 앞으로 이러한 일들은 인간보다 인공지능이 더 잘하게 될 것이다.[15]

2013년 옥스퍼드대학교의 경제학과에서는 약한 인공지능이 인간 수준으로 발전한다면 이 세상 직업의 47%가 사라질 것이라는 보고서를 발표했다. 이제 더 이상 지금까지 해왔던 대로 일을 한다면 기계를 이길 수 없다는 말이다.

바로 이 점 때문에 우리는 알파고의 우승에 두려움을 느꼈다. 인공지능이 더 발전한다면 지금 우리가 하는 일 대부분을 기계가 더 잘하게 될 것이고, 결국 우리가 할 일이 사라진다는 뜻 아닌가.

그렇다면 인공지능 시대에 맞서 우리는 우리의 어떤 능력을 개발해야 할까? 기계가 하지 못하는 일은 무엇일까? 결국 창의성이다. 창의력을 요하는 일을 해야만 기계와의 싸움에서 이길 수 있다. 여기서 창의적이란 새로운 가치, 즉 존재하지 않는 데이터를 만들어 낼 수 있는 능력, 혹은 처한 상황과 세상을 냉철하게 분석할 수 있는 능력, 또는 분석해서 얻어낸 결론을 내가 실천할 수 있는 도전정신과 같은 것이다.

약한 인공지능이 우리의 일상까지 침투하는 데는 20~30년쯤 걸린다. 지금 태어났거나 10대인 아이들이 20대, 30대가 되었을 때이다. 그런데 우리 아이들은 지금 창의력을 기르고 있을까? 4차 산업혁명에 대비하여 지금의 창의성 교육에 대한 새로운 정책이 요구된다.

15 실제로 인공지능은 2016년 초, 페이스북은 딥러닝 기계를 통해 동화책을 쓰기도 했고, 미국 시트콤 <프렌즈>와 애니메이션 <심슨>의 새 에피소드도 인공지능이 써냈다. 기계가 써낸 에피소드는 인간이 써낸 것과 거의 구별되지 않는다고 한다[오마이뉴스(2016). 김대식의 인간 vs기계].

13 빅데이터 시대, 숫자로 말하는 사람이 성공한다

빅데이터 시대에 기업(조직)에서 각광받는 사람이 되려면 분석적 소양을 갖추는 것은 필수적이다. 이제 21세기형 리더는 데이터를 이해할 수 있고, 분석적인 용어나 기법에 정통해야 한다. 또 분석결과를 의사결정에 활용할 수 있어야 한다. 거의 모든 분야에서 숫자에 대한 의존도가 점점 더 커짐에 따라 현명한 의사결정은 계량적 정보를 얼마나 능숙하게 다루느냐에 따라 달려있기 때문이다.

"트럼프 당선, 빅데이터는 알고 있었다", "미국 대통령 선거의 또 다른 승자는 '빅데이터'다". 2016년 11월 대선이 끝난 후 미국에서 유행한 말이다. 주요 언론과 여론조사 기관들이 도널드 트럼프(Donald Trump)의 대통령 승리를 전혀 예측하지 못했지만 빅데이터만이 일찌감치 트럼프의 압승을 예상한 것이다. 이제 여론조사의 한계가 분명한 만큼 빅데이터는 더욱 중요한 조사방식이 되었다. 성큼 다가온 '빅데이터 시대'. 과연 우리나라의 2017년 대선에서도 빅데이터를 통한 정확한 민심 읽기를 기대해 볼 수 있을까?

기업(IT, 금융, 마케팅, 통신), 대기업, 비영리조직, 소규모 신규업체에서 일하든지, 취미(음악, 스포츠, 영화)가 무엇이든지 세계는 데이터로 넘치고 있다. 앞으로 빅데이터는 거의 모든 산업과 경영의 기능을 변화시킬 것이다. 데이터 분석을 통해 현명한 의사결정을 하고 경쟁우위를 확보하려는 개인이나 기업의 노력은 거스를 수 없는 흐름이 되었다. 개인의 분석적 소양과 분석능력은 이제 최고의 경쟁력이다.

피터 드러커(Peter Drucker), 톰 프리드먼(Tom Friedman)과 함께 세계 3대 경영전략 애널리스트로 꼽히는 분석의 권위자인 토머스 대븐포트(Thomas Davenpokt) 교수는 『말로만 말고 숫자를 대봐』 하는 책에서 "자기계발 영어공부 그만하고 분석능력을 키워라!"라고 했다. 그는 "빅데이터 시대, 숫자로 말하는 사람이 성공한다!"라고 했다. 그는 "분석은 그냥 하나의 유행이 아니다. 분석이 미래다"라고 하였다. 분석적 사고와 의사결정을 향상시키기 위한 실용적인 도구로서 빅데이터를 추천한다.

그렇다고 당신이 반드시 분석전문가가 될 필요는 없다. 분석전문가가 아니더라도 분석을 활용하는 것에 대한 큰 그림을 이해할 줄 알면 된다. 분석의 큰 그림을 이해한다는 것은 분석이 무엇인지 이해하고, 분석은 어떻게 하는 것인지를 다양한 사례를 통해 익히고, 분석을 실제로 적용할 줄 아는 능력을 키우는 것을 말한다.

앞으로 빅데이터 시대가 성숙하면 할수록 분석능력을 갖춘 사람들에 대한 수요는 더욱 증가할 것이다. 빅데이터에 관한 매킨지 보고서(2011 McKinsey Global Institute's report on big data)에서는 미국에서 분석능력을 갖춘 사람들이 2018년까지 150만 명 정도 부족할 것으로 예상하고 있는데 이러한 공급부족 현상은 우리나라에서도 그대로 나타날 것이다. 당신이 통계학이나 수학의 천재가 아니더라도 이제부터 분석능력을 키우는 방법을 익혀야 한다. 그리고 데이터를 더 잘 활용하는 소비자가 흐름을 지배하게 될 것이다.

CHAPTER

13

위기관리 · 집단지성 · 통섭과 융합

세상에 최선의 것을 주고도 호되게 봉변을 당할 수 있다. 그래도 세상에 당신이 가진 가장 값진 것을 주어라.

Give the world the best you have and you'll get kicked in the teeth. Give the world the best you have anyway.

– 켄트 키스(Kent M. Keith) –

01 리더가 마음에 들지 않는 이유

리더는 전지전능한 신이 아니다. 성직자도 아니다. 때로는 중요한 정책 결정에 중대한 실책을 남기기도 한다. 필자의 경험상 많은 사람들이 완벽한 리더십에 대한 '환상'을 가지고 있었다. 간디와 같은 품성과 칭기즈칸의 카리스마, 케네디 대통령 같은 외모, 아인슈타인의 천재성을 가진 사람을 원한다. 그러나 모든 문제를 처리하는 팔방미인의 '만능해결사형' 리더는 지구상 어디에도 존재하지 않는다.

당신의 리더는 어떠한가? 당신은 무엇 때문에 당신의 리더가 불만인지 적어보라. 기록한 결점이 결정적 오류가 아니라면 찢어버려라! 그래야 리더가 이해되고, 그럼으로써 리더와의 새로운 관계를 기대할 수 있다.

자! 이제 당신의 리더로부터 어떤 점이 불만인지 자세히 적어보라.

기록을 해본 후 자신의 내용 중 3~4가지만 서로 소개한다. 소통과정을 마쳤으면 이 프로그램을 통해서 느낀 점을 서로 토의하라.

02 리더 실패(탈락, 암살) 사례 찾기

리더 실패와 '리더 탈락'은 리더로 인정받던 사람이 해고, 조기 퇴직, 고립화로 인해 비자발적으로 핵심 라인에서 멀어지게 되는 경우를 말한다. 패한 리더들은 변화에 실패한 리더로서 초기의 성공에 안주했거나 아니면 변화하는 상황의 요구에 제대로 대응하지 못한 결과가 결국은 후반에 실패(탈락 혹은 암살)로 나타나는 현상이다.

경영학 용어에 '성공 함정(success trap)'이란 말이 있다. 한 번의 성공이 제2, 제3의 성공을 보장하는 것이 아니고 한두 차례의 성취를 과신하고 방심했다가는 언제든지 위험에 노출될 수 있다는 뜻이다. 리더 실패를 초래하는 네 가지 함정(T · R · A · P)으로는 T : 실천력 결여(Talk Only, No Action), R : 현장과의 괴리(Remoteness from Reality), A : 권위주의(Authoritarianism), P : 인기주의(Populism)를 들고 있다.

리더들의 실패요인은 대부분 자신의 실수에서 배우지 못하고, 융통성 있게 대처하지 못한 결과다. 그리고 과거를 인정하지 않고 듣지 못하며 자신의 욕구를 먼저 생각한다. 따라서 리더십이 영원할 것이라고 생각해서 부하를 가르치지 못한다. 또한 유머감각이 없고 세상을 흑백논리로만 본다는 특징을 지니고 있다. 리더는 과거에 성공했던 정책에 집착하는 '성공 함정'에 빠져서는 결코 안 된다.

항우(項羽, 기원전 232~202년)는 초나라의 왕으로, 패왕(霸王)이라고도 불린다. 진(秦)나라 말기 하상(下相, 지금의 강소성 숙천<宿遷> 서남) 출신으로 이름은 적(籍), 자는 우(초나라의 명문의 후손)이다. 유방과 맞섰는데 초반에는 참모 범증의 활약으로 승승장구하였으나, 이를 간파한 유방이 항우와 범증을 갈라놓아 결국 패하였다(위키백과, 2016).

왕이 되기엔 너무나 유약했던 남자, 루이 16세(Louis XVI)는 1774년부터 1792년까지 프랑스 왕국을 통치한 부르봉 왕가 출신의 왕이다. 선량했던 그는 프랑스 사회를 개혁할 생각을 하고 있었으나, 나약하여 의지와 추진력이 부족하였고 당시 귀족층의 사치스러운 생활 또한 심각하였다. 결국 프랑스 혁명으로 퇴위당한 후 참수형에 처해졌으며, 그로 인해 '마지막 루이(Louis le Dernier)'라는 별명이 붙었다. 그 외에도 후안 페론,[1] 비뚤어진 선심형 리더 히틀러, 후 고구려의 궁예[2] 등 여러 분야의 역사서에서 리더의 성공과 실패에 관한 이야기를 쉽게 접할 수 있다.

한때 샐러리맨의 우상으로 추앙받던 김우중의 대우 신화는 32년 만에 막을 내렸다. 김 회장은 일밖에 모르는 사람으로 술은 전혀 안 마시고, 골프도 시간이 없어 배우지 못했다. 유명 인사들에게 흔히 있는 스캔들도 없다. 오로지 경영에만 전념해 워커홀릭(workaholic, 일중독자)이라는 별명이 붙을 정도의 리더였지만 왜 실패한 리더로 되었는지 김우중의 성공과 몰락에 대해 서로 알아보자. 동시에 이러한 사례에 해당하는 리더를 찾아보자!

아래 기록을 해보고 자신이 조사한 내용 중 한 가지만 서로 소개한다. 소통과정을 마쳤으면 이 프로그램을 통해서 느낀 점을 서로 토의하라.

1 후안 도밍고 페론(Juan Domingo Perón, 1895년 10월 8일~1974년 7월 1일)은 아르헨티나의 군인이자 정치가로, 1946년에서 1955년, 1973년에서 1974년에 걸쳐 세 차례 아르헨티나의 대통령을 역임했다. 대중인기영합주의정책으로 비평을 받기도 한다(위키백과, 2016).

2 궁예(弓裔, 857?~918년, 재위 : 901~918년)는 승려이자 태봉(후고구려)의 초대 군주다. 그는 신라 헌안왕 또는 신라 경문왕이 후궁을 통해서 얻은 아들이다. 성은 김씨, 호 또는 법명은 선종(善宗)이다(위키백과, 2016).

03 위기탈출, 당신의 인재판별법은?

서울 크기의 소행성이 시속 3만 6천km의 속도로 지구와 충돌하여 지구는 방사능과 화염에 휩싸여 인류 최후의 종말을 맞이하게 되었다. 이른바 지구 종말을 일컫는 아마겟돈(Armageddon)의 순간이 다가온 것이다. 하지만 초토화된 지구의 폐허 속에서도 12명의 생명이 생존하여 건강하게 숨을 쉬고 있었다(아래 명단 참조).

한편 지리산 지하 연구실에서는 이 날을 대비해 '동북아연구원'의 김재득 박사는 캡슐을 만들어 두었고, 지구상에서 방사능이 제거되고 생물이 생존할 수 있을 때까지 지구를 떠나 있다가 귀환해 인류의 새로운 지구생활을 구상하고 있었다. 김 박사는 인간의 생존이 보장되는 현대과학의 완전한 결정체인 캡슐로 지구의 마지막 생존자이며 미래 지구촌의 새 주인공을 위한 구출작전을 펴야 한다. 그러나 그 보호캡슐에는 과학자 자신을 포함해서 오직 8명만이 탑승할 수 있게 되어 있다.

이제 지구의 생존자 12명 중 아래 '구조대상자'의 인명자료를 보고 그중에서 7명을 엄중 선정해 보라. 각자의 성격이나 인물됨에 대한 더 이상의 정보는 없지만, 당신이 구세자라면 새로운 역사의 주인공으로 누구를 선택할 것인가? 그리고 그 이유는 무엇인가? 자신의 가치관, 직업과 사람에 대한 평소의 이미지, 인류의 생명과 정의에 대한 리더십 철학으로 팀원을 설득해 보라.

과정을 모두 마쳤으면 이 프로그램을 통해서 느낀 점을 피드백하라.

1 구조 대상자

- 17세의 여고 1학년생
- 갓 학위를 받은 우주과학자
- 용감한 무장 해병대
- 월드컵 축구스타

- 인기절정인 미모의 여가수
- 임신 중인 시골 농부의 아내
- 저명한 역사학자
- 전과 4범이나 현재는 개과천선한 여자
- 젊은 성직자
- 외국에 유학 다녀온 남학생
- 탁월한 외교관
- 대형트럭 운전기사

2 토론문

(1) 선정기준과 토론과정에서 자신의 리더십 철학은 무엇이었나?

(2) 생존대상자에서 제외된 5명과 그 이유는?

제외된 5명	그 이유는?

(3) 토론과정에서 누구의 리더십 스타일이 가장 특이하였는가?

누 구	어떤 내용?

04 '피드백 노트'로 위기 극복하기

성공이 있으면 실패도 있다. 화(禍)가 있으면 복(福)이 있듯이 성공과 실패는 음양법칙의 일부다. 실패해도 굴하지 않고 적극적인 사고로 새로운 에너지를 발휘해 나가야 한다. 한 번도 실패하지 않았다는 것은 새로운 일을 전혀 시도하고 있지 않다는 신호다. 최악의 삼진 아웃 타자는 최고의 홈런 타자인 베이브 루스(Babe Ruth)였다. 에디슨(Edison)은 전구 하나를 발명하는 데 400번의 실패를 하였다.

일상생활의 대부분은 실패와 성공의 연속과정이다. 어찌 보면 일생을 실패와 더불어 살아간다고 해도 과언이 아니다. 따라서 실패를 어떻게 해석하고 대처하느냐는 자신이 원하는 삶을 성취하는 데 가장 중요한 요소가 된다. 과거의 성공은 실패의 씨앗으로 변할 수 있으며 변화의 강력한 적은 '과거의 성공'이다. 과거의 성공은 저항의 이유가 될 수 있기 때문이다.

"실패는 성공의 어머니다." 우리는 작은 실패에서 미리 배울 수 있어야 한다. 폐암 말기가 되어서 담배를 끊는 것은 별 소용이 없다. 에디슨은 1,100여 건의 크고 작은 발명을 했다. 에디슨은 '발명의 대가'인 동시에 '실패의 대가' 이기도 하다. 우리는 그가 백열전구를 발명한 것은 알고 있지만 그것이 7,000 번만에 겨우 성공했다는 점은 잘 알지 못한다. 에디슨의 발명은 반복된 실패의 결과였다. 그가 백열전구의 필라멘트를 연구할 때 재료로서 시험해 본 것은 면사부터 대나무 섬유까지, 아마존 원산 종이부터 일본 교토의 석정수 여덟 번째 궁 근방의 대나무까지 7,000여 개가 넘는다. 에디슨은 노트에 자신의 실패를 기록하고 정리했다.

반복되는 패턴으로 실패를 거듭한다면, 실패에 집중하여 좌절하지 않아야 한다. 실패의 결과를 피드백하여 자신이 원하는 것을 성취할 수 있는 방법을 찾고 행동하여야 한다. '실패는 없고, 피드백만 있을 뿐이다.'[3] 실패와 성공의 연속과정에서 실패의 결과에 집중하여 좌절감 같은 부정적 감정에 주목하면 안 된다.

오히려 어떻게 하면 원하는 것을 성취할 수 있을 것인가에 집중하여 실패의 프로세스를 점검하고 피드백하는 과정에서, 실패를 최소화시켜 성취의 가능성을 높여나가야 한다. 그것을 구체화시킬 수 있고, 원하는 것을 성취하기 위한 '피드백 노트'를 작성해 보는 것은 매우 좋은 방법이다.

'실패와 성공은 닮은 얼굴을 하고 온다'는 말이 있다. 처음엔 실패처럼 보이는 성공이, 또 성공처럼 보였던 실패가 얼마나 많은가! 그러므로 개인이든 조직이든 실패를 실패로 두지 말고 성공의 지렛대로 삼아야 한다. 진정한 리더라면 실패에 대한 좌절감에 주목하는 것이 아니라, 실패의 결과가 발생하게 된 다양한 과정을 피드백함으로써 실패를 '걸림돌'이 아닌 성취의 '디딤돌'로 활용할 수 있어야 한다.

리더십 실패요인에는 여러 가지가 있을 수 있고, 실패요인은 리더 자신과 상황에 따라 다를 수 있다. 독자가 리더가 되었을 때, '어떻게 하면 성공할까?'라는 물음과 함께 '무엇이 실패를 초래하는가?'라는 물음도 함께 던져보자. 손자(孫子)의 전승불복(戰勝不復)이 의미하는 것처럼 영원한 승자는 없다. 실패와 '휴먼 에러(human error)'를 최소한으로 줄이고 대비하고, 성공을 위한 발판을 마련하는 것 역시 리더의 자격이다. 자신의 '실패노트', '피드백 노트'를 작성하고 '패자부활전'을 펼쳐라. 그리고 분석하고 평가하여 재도약의 발판으로 삼아라. '실패는 성공의 어머니', '창조적 실패'라는 말처럼 실패에 대한 올바른 인식이 더 큰 발전의 원동력이 되기를 바란다.

자신의 실패사례를 기록해 보고 내용 중 2~3가지만 서로 소개한다. 소통과정을 마쳤으면 이 프로그램을 통해서 느낀 점을 서로 토의하라.

____

____

____

3 피드백(feedback, 환류)이란 "먹이를 주다(feed, 먹이를 주다)"라는 뜻으로 곧 이것은 사랑을 주는 것이다. 타인과 스스로에게 좋은 일을 하면 우리에게 긍정적인 영향을 주는 선순환(피드백)이 나타날 것이다.

05 세상을 바꾸는 힘 : 집단지성

"한 사람이 모든 것을 알지는 못한다. 그러나 모든 사람이 한 가지 정도는 알고 있다"는 집단지성을 대변하는 말이다. 이제 현대사회는 집단지성의 시대가 되었다. 집단지성(集團知性, collective intelligence)이란 유저(user) 간의 참여와 소통이 만들어 낸 결과물이다. 즉, 집합적 행위의 결과물, 판단과 지식의 축적물, 지적 능력에 의한 집단적 능력을 말한다.[4]

환언하면 소수의 우수한 인재나 전문가의 능력보다 다양성과 독립성을 가진 통합된 지성이 올바른 결론이란 뜻이다. 그래서 집단지성의 대표적 사례로는 위키피디아(Wikipedia)[5]를 꼽을 수 있다.

세계를 연결하는 네트워크를 통해서 위키피디아와 같은 백과사전이 탄생하고 지식생산의 대변동이 도래하리라고 누가 상상했을까? 지식의 생산방식과 유통의 혁신은 미래사회의 패러다임적 전환을 예고한다. 그뿐만 아니라 스마트폰의 탄생을 통해 다시 한번 세상은 극적인 변화의 기로에 서 있다.

인터넷을 통한 지식의 공유와 검색은 지식의 생산과 관련된 기존의 모든 것이 변화하고 있음을 상징한다.

단순 정보에서 전문 정보까지, 지식의 공유는 우리 사회를 변화시키고 있다. 이제 지식은 전문가의 손을 거쳐 생산되는 것이 아니다. 대중의 체험과 경험을 바탕으로 자신들의 필요에 맞추어 생산된다. 이것을 우리는 '부드러운 지식(soft knowledge)' 혹은 '약한 지식(weak knowledge)'이라는 이름으로 새로운 지식 형태로 인정하게 되었다.

---

4 중지(衆智, 대중의 지혜), 집단지능, 협업지성, 공생적 지능이라고도 한다.

5 누구나 자유롭게 글을 쓸 수 있는 사용자 참여의 온라인 백과사전이다. 2001년 1월 15일 시작되었다. 비영리단체인 위키미디어재단이 운영하며 설립자는 지미 웨일즈(Jimmy Wales)이다. 전 세계 200여 개 언어로 만들어 가고 있으며 한국의 경우 2002년 10월부터 시작되었다. 인터넷상에서 크리에이티브 커먼즈의 저작자 표시-동일조건-변경허락(CC-BY-SA) 라이선스에 따라 모두가 자유롭게 글을 쓸 수 있고 고칠 수 있는 체제로 만들어져 있다. 그 때문에 악의적인 편집과 부정확한 내용, 내용의 질, 책임성과 권위의 부족 등을 거론하며 백과사전으로서의 지위에 논란이 있어왔다. 그러나 다양한 방면의 지식들이 방대한 분량으로 자세히 수록되어 있고 내용이 끊임없이 갱신되며 접근이 편리하기 때문에 논란에도 불구하고 참고자료로 애용되고 있다(네이버 지식백과).

전문가가 아닌 일반 대중이 만든 지식이, 지식의 체계 안으로 새롭게 편입됨에 따라 지식의 생산주체 및 생산방식의 변화, 더 크게는 그러한 지성을 활용하는 지성 자체의 변화가 곳곳에서 감지되고 있다.

앞으로 웹을 이용해서 검색을 하고 아이디어를 공유하며 자라난 디지털 세대가 사회의 주역이 될 때가 되면 미래 세계의 변화는 지금 우리의 상상력을 뛰어넘을 것이다.

이처럼 지성의 '전 지구화(globalization)'는 과거의 지역적 단절을 무너뜨렸다. 공간적 거리의 축소 및 소멸은 지역 간의 정보교환과 개방성을 더욱 확대한다. 그러나 '집합적인 지식', 혹은 '정보의 집합'이 상호 인정과 개인의 확장으로 이어질지, 아니면 '지능 공동체에 대한 숭배'로 떨어질지 쉽게 단정할 수 없다. 이에 우리가 조심해야 할 것은 지식의 단순한 연결에만 치중할 경우 전 지구적 두뇌는 물신화된 지식으로 전락할 수도 있다는 점이다. 당신의 견해는 어떠한가?

06 시대의 트렌드를 읽고 있는가?

트렌드(trend)란 현재에서 발생되고 미래의 일정 기간 또는 꾸준히 사회의 각 분야에서 나타나는 유행 같은 현상을 말한다. 트렌드는 보통 5년 전후로 지속되는 경향이 있으며, 단기적인 트렌드의 경우 3~4개월에 끝나버리는 것과 수년 · 수십 년에 걸쳐 일어나는 장기적인 트렌드로 구분해 볼 수 있다. 단기적인 트렌드의 경우 짧은 기간에 새로운 변화를 가져오기 때문에 다양한 변화를 시도하는 경향이 있고 그 시대의 유행으로 발전한다.

'박제된 리더'가 아닌 '살아 있는 리더'로 성공하기 위해 각 분야의 흐름을 잘 읽어야 한다.

(1) 우리나라에서 향후 사라질 직업과 유망한 직업을 조사해 보라.

(2) 국제적으로 유행하는 것이 무엇인지 찾아보고, 그것이 왜 유행하게 되었는지도 함께 적어보라.

(3) 최근 친구들 사이에서 유행하는 것이 무엇인지 찾아보고, 그것이 왜 유행하게 되었는지 적어보라. 유행 속에는 '친구들이 무엇을 원하는지' 그 마음이 들어 있다.

07 멘토 인터뷰, 스승 찾아 가르침 받기

리더는 타고난 것이 아니라 만들어지는 것(육성론)이다. 좋은 리더가 되려면 리더들도 훈련받아야 한다. 오래전 '아빠학교'가 생겨났다. 과거에는 어린 시절 보아왔던 아버지 모습만이 유일한 역할 모델로 되어 아빠 노릇을 해왔었다. 당연히 첫아이는 아빠가 성숙한 아버지가 되는 실험대상이 되는 경우가 많았다. 리더십도 마찬가지다. 지금까지는 '관리자가 되었으니 잘 해보라'는 식이었다. 이제부터라도 좋은 리더가 될 수 있는 가이드와 기법들을 가르쳐야 한다.

동양의 고전 『회남자(淮南子)』에 '욕래조자 선수목(欲來鳥者 先樹木)'이란 말이 있다. '새가 오길 바라는 자는 먼저 나무를 심어라'라는 뜻이다. 벤자민 프랭클린(Benjamin Franklin)은 "교육에 대한 투자는 가장 높은 이자를 받는다"고 했다. 인재를 양성하는 것이 우리의 미래에 대한 가장 확실한 투자이다. 우리는 이러한 '준비정신'과 '노력정신'을 가지고 탁월한 리더를 양성해야 할 것이다.

당신이 리더로서 존경할 만한 인물을 찾아서 직접 만나서 전격 인터뷰를 실시해 보라. 그리고 그들로부터 인생의 가이드와 기법을 배우라. 질문할 문항은 다음과 같은 것이 가능할 것이다.

아래 기록을 해보고 마쳤으면 자신의 아이디어와 느낀 감정을 적은 '기록시트'를 서로 보여주거나 발표하고, 소통과정을 마쳤으면 이 프로그램을 통해서 느낀 점을 피드백하라.

(1) 여기에 오르기까지 어떤 분들의 도움이 있었는가?

(2) 당신의 리더십에 가장 큰 영향력을 미친 책 3권을 추천한다면 그것은 무엇인가?

(3) 현재 하루도 빠짐없이 익히고 있는 것과 자기계발을 위한 자신의 독특한 습관이 있다면 무엇인가?

(4) 이번 인터뷰에서 배운 내용 중 가장 인상적이고 가치 있다고 생각되는 것 세 가지를 적어라.

① ______________________

② ______________________

③ ______________________

(5) (4)번을 본인이 스스로 자문자답하고 실천하라.

____

____

(6) 당신의 멘토가 (2)번에서 추천한 책 3권을 모두 꼭 읽고 느낌을 적어라!

____

____

____

08 역 멘토링(Reverse Mentoring)

'역 멘토링(逆 Mentoring)'은 선배가 후배를 지도하는 일반적인 '멘토링'과 달리 리더(경영진)가 후배(신입사원)를 통해 새로운 지식을 습득하는 것으로 후배가 선배를 지도하는 제도를 말한다. 이것을 실행하고 있는 대표적인 사례로 GE의 최고 간부가 부하직원에게 IT를 배우는 예를 들 수 있다.[6]

전통적인 멘토링에서는 경험이 많은 관리자가 경험이 적은 이들에게 멘토가 되어주도록 하지만 P&G는 주니어 여성 관리자들이 남녀 고위 관리자들을

6 P&G는 장래가 촉망되는 여성들이 회사를 그만두는 이유가 자신의 가치를 인정받지 못하기 때문이라는 것을 알고, 여성의 특수성을 고려한 역 멘토링을 도입했다.

멘토링한 것이다. 즉, 남성 리더들(menti, 멘티)이 여성 주니어 멘토들로부터 다양성과 여성의 관점에 대해 이해할 수 있는 기회를 제공하는 것이다.

이는 단순한 지식의 전달이 아니라 긴밀한 인간관계를 통해 서로의 발전과 조직의 발전을 공유한다는 점에 있어서는 동일하다고 할 수 있다. 그러나 '역 멘토링'을 통해 리더에게 새로운 지식은 물론 참신한 아이디어를 습득하도록 하는 한편 신세대의 가치관과 사고방식을 이해함으로써 이들의 리더십이 향상될 것을 기대하고 있다.

하지만 한국적 문화에서 선호도를 보면 상사와 부하직원 상호 간에 조언과 상담을 하는 '쌍방향 멘토링(72.6%)'을 가장 선호하고, 상사가 부하직원을 지도하는 '멘토링'은 11.4%, 부하직원이 상사에게 새로운 아이디어나 현장을 전하는 '역 멘토링'은 3%로 큰 호응을 얻고 있지는 못하다.

이제 당신이 속한 조직에서 '역 멘토링'을 실시해 보고 위로는 새로운 지식과 신세대의 가치관이 전달되고, 아래로는 폭넓은 네트워크 형성의 기회가 제공되도록 실시한 후 그 결과를 작성해 보라.

기록을 해본 후 자신의 아이디어와 느낀 감정을 적은 '기록시트'를 서로 보여주거나 발표하고, 소통과정을 마쳤으면 이 프로그램을 통해서 느낀 점을 긍정적으로 피드백하라.

09 아는 것만큼 보인다

지금 우리는 19세기 영국의 왕보다도 더 많은 정보를 가지고 있다. 그러나 현대의 첨단기술로도 내부 및 외부 환경의 변화를 충분히 파악할 수 없다. 따라서 리더가 환경의 변화를 예의 주시하면서 그들 주변에서 급변하고 있는 세계의 흐름을 포착하기 위해 최선을 다하는 것은 매우 중요하다.

리더는 주변에서 감지되는 변화를 인식하고 그 변화가 자기의 조직, 그리고 궁극적으로 국가 전체에 어떤 영향을 미칠 것인지를 알고 있어야만 한다. 리더는 리더십을 생활화하고, 다른 사람들로 하여금 성장하고 발전하며 변화의 시기에 번성할 수 있도록 도와줌으로써 자기의 조직을 지속적으로 존속 · 발전할 수 있도록 노력해야 한다.

전투에 임한 장수는 시공간적 상황은 물론 적의 능력까지도 정확히 파악해야 한다. 리더십 이론에서 리더십을 리더, 부하, 환경 등의 함수관계로 보고 있듯이 세 가지가 상황파악의 대상이 된다. 결국 리더십에서 상황파악은 리더십 발휘의 전제요건이며, 리더십의 성패를 결정하는 요체로서, 상황파악이 전제되지 않고는 올바른 목표설정, 전략설정이 불가능해진다.

다음의 질문에 답하고 자신의 상황파악능력을 점검해 보라. 기록을 해본 후 자신의 아이디어와 느낀 감정을 적은 '기록시트'를 서로 보여주거나 발표한다. 과정을 모두 마쳤으면 이 프로그램을 통해서 느낀 점을 피드백하라.

1 실습(1) : 상황변화

지난 1~3년 사이에 각자의 조직(학교, 직장)에 영향을 미친 중요한 변화에 대해 토의해 보십시오.

(1) **[외부 변화]** 지난 1~3년 사이에 학교(직장)에 영향을 미친 외부세계의 변화는 어떤 것들이 있는가?

(2) **[내부 변화]** 지난 1~3년 사이 학교(직장)의 업무방식을 크게 바꾸게 만든 조직 내부의 변화는 어떤 것들이 있는가?

(3) **[조직구성원]** 이러한 변화들이 학교(직장)구성원들에게 어떠한 영향을 미쳤는가?

(4) **[자신]** 이러한 변화들이 여러분 자신에게는 어떠한 영향을 미쳤는가?

(5) **[리더]** 이러한 변화는 리더인 당신에게 무엇을 의미하는가?

2 실습(2) : 리더가 되어서 변화된 것들

당신은 리더가 되었다. 리더가 된 것이다. "리더가 되어서 변화된 것들"을 토의를 통해 정리해 보라. 변화되어서 좋은 점과 어려운 점으로 구분하여 토의하고, 각 분임의 토의결과는 발표를 통해 상호 공유하면 된다. 토의시간은 10분이다. 발표자를 선정하라.

(1) 좋은 점

(2) 어려운 점

13 다중지능(MI), 인간을 이해하는 다양한 길

하워드 가드너(Howard Gardner)에 의해 등장한 다중지능(Multiple Intelligence)은 인간의 지능이 언어 · 인간친화 · 자연친화 · 논리수학 · 신체운동 · 자기성찰 · 음악 · 공간이라는 독립된 8개의 지능과 1/2개의 종교적 실존지능으로 이루어져 있다고 설명한다. 따라서 다중지능이론은 '8과 2분의 1' 지능론으로도 불린다. MI는 지능검사(IQ Test)만으로는 인간의 모든 영역을 판단하거나 재단할 수 없다는 것이다.

그동안 우리는 IQ로 사람의 지능을 평가하는 데 익숙했다. 그전까지는 다른 사람이 얼마나 영리한지는 직관적인 평가에 의해서 알 수 있었지만 IQ 검사를 통해 지능을 수량화할 수 있게 되었다. 그래서 IQ는 세계 전역으로 퍼지게 되고 심리학의 가장 큰 성과로 인정하였다. 하지만 누구나 IQ가 높다고 해서 지적 수준과 반드시 비례한다고 생각하지 않는다.

손연재(박지성)처럼 신체운동 재능이 뛰어난 천재와 모차르트처럼 음악적 재능이 뛰어난 천재가 IQ 검사를 받는다면 어떨까? 우리는 개성을 인정하면서도 한동안 개개인의 지능도 다를 것이라는 생각을 하지 않았다. 이런 점에서 MI는 8개 능력들이 복합적으로 이루어진 상태를 인간의 지능으로 본다. 말 그대로 인간의 지능과 능력을 다양한 관점, 다양한 분야에서 평가하고 있다.

MI 이론에 따르면, 각각의 지능이 조합됨에 따라 개인의 다양한 재능이 발현된다. 따라서 각 영역에 있어서 수많은 종류의 천재가 있을 수 있는 것이다. 그래서 MI 이론은 교육학계에서 상당한 호응을 얻었고, 적성검사도 관심을 불러일으켰다.

MI 이론은 한마디로 '인간을 이해하는 다양한 길'이라 할 수 있다. MI 이론은 기존의 IQ에서 평가받지 못했던 운동지능, 음악지능, 인간친화지능, 자연친화지능, 자기성찰지능을 통해 저마다의 재능을 찾아줄 수 있다.

그동안 필자는 인간은 왜 지능만으로 수치화하고 평가하려고 할까? 하는 답답한 마음이 들었다. 이제 리더에 대한 평가와 인재판별법에서도 하나의 길, 하나의 잣대를 버리고 다양한 길, 다양한 잣대로 판별한다는 것은 매우 반가운 일이다. 여러분은 어떤 인재에 속하는가? 측정해 보라. 8개 지능별 7개 문항으로 전체 56개 문항이다.

다음의 다음 각 문항을 읽고 전혀 그렇지 않으면 ①, 별로 그렇지 않으면 ②, 보통이면 ③, 대체로 그러하면 ④, 매우 그러하면 ⑤에 ✔표 하라. 문항별로 점수를 기록한 후 세로 합계 점수를 계산해 보라.

문 항	①	②	③	④	⑤
1. 취미생활로 악기연주나 음악감상을 즐긴다.					
2. 운동경기를 보면 운동선수들의 장단점을 잘 짚어낸다.					
3. 어떤 일이든 실험하고 검증하는 것을 좋아한다.					
4. 손으로 물건을 만들고 그림을 그리는 것을 좋아한다.					
5. 다른 사람보다 어휘력이 좋은 편이다.					
6. 친구나 가족들의 고민거리를 들어주거나 해결하는 것을 좋아한다.					
7. 나 자신을 되돌아보고 앞으로의 생활을 계획하는 것을 좋아한다.					
8. 자동차에 관심이 많고 각각의 공통점과 차이점을 잘 알고 있다.					
9. 악보를 보면 그 곡의 멜로디를 어느 정도 알 수 있다.					
10. 평소에 몸을 움직이며 활동하는 것을 좋아한다.					
11. 교과 중에서 수학이나 과학 과목을 좋아한다.					
12. 어림짐작으로도 길이나 넓이를 비교적 정확히 알아맞힌다.					
13. 글이나 문서를 읽을 때 문법적으로 어색한 문장이나 단어를 잘 찾아낸다.					
14. 학교나 직장에서 왕따와 성희롱이 왜 발생하고 어떻게 해결하면 좋은지 알고 있다.					
15. 나의 건강상태나 기분, 컨디션을 정확히 파악할 수 있다.					
16. 옷이나 가방을 보면 어떤 브랜드인지 바로 알아맞힐 수 있다.					
17. 다른 사람의 연주나 노래를 들으면 어떤 점이 부족한지 알 수 있다.					
18. 어떤 운동이라도 한두 번 해보면 잘 할 수 있다.					
19. 다른 사람의 말 속에서 비논리적인 점을 잘 찾아낸다.					

	①	②	③	④	⑤
20. 다른 사람의 그림을 보고 평가를 잘 할 수 있다.					
21. 나의 어렸을 때 꿈은 작가나 아나운서였다.					
22. 다른 사람들로부터 다정다감하다는 소리를 자주 듣는다.					
23. 내 생각이나 감정을 상황에 맞게 잘 통제하고 조절한다.					
24. 동물이나 식물에 관하여 많은 정보를 알고 있다.					
25. 다른 사람과 노래할 때 화음을 잘 넣는다.					
26. 운동을 잘 한다는 말을 자주 듣는다.					
27. 학교나 직장생활에서 발생하는 문제를 해결하는 절차와 방법을 잘 알고 있다.					
28. 내 방이나 사무실을 꾸밀 때 어떤 재료를 사용해야 하고 어떻게 배치해야 할지 잘 안다.					
29. 글을 조리 있고 설득력 있게 쓴다는 말을 자주 듣는다.					
30. 학교 친구나 상사의 기분을 잘 파악하고 적절하게 대처한다.					
31. 평소에 내 능력이나 재능을 개발하기 위해 노력한다.					
32. 동물이나 식물을 좋아하고 잘 돌본다.					
33. 악기를 연주할 때 곡의 음정, 리듬, 분위기를 정확하게 표현한다.					
34. 뜨개질이나 조각, 조립과 같은 섬세한 손놀림이 필요한 활동을 잘 할 수 있다.					
35. 물건의 가격이나 은행이자 등을 잘 계산한다.					
36. 다른 사람으로부터 그림 그리기나 만들기를 잘한다고 칭찬을 받은 적이 있다.					
37. 책이나 신문의 사설을 읽을 때 그 내용을 잘 이해한다.					
38. 가족이나 선배, 친구 등 누구와도 잘 지내는 편이다.					
39. 나의 일정을 다이어리에 정리하는 등 규칙적인 생활을 위해 노력한다.					
40. 나는 현재 동식물과 관련된 취미를 갖고 있거나 그런 쪽의 직업을 갖고 싶다.					
41. 어떤 악기라도 연주법을 쉽게 익힌다.					
42. 개그맨이나 탤런트 등 주변 사람들의 행동을 잘 흉내 낼 수 있다.					
43. 어떤 것을 암기할 때 무작정 외우기보다는 논리적으로 이해하여 암기한다.					
44. 새로운 지식을 습득할 때 그림이나 개념지도를 그려가며 외운다.					
45. 좋아하는 수업시간은 국어시간과 글쓰기 시간이다.					
46. 내가 속한 집단에서 내가 해야 할 일을 잘 찾아서 수행한다.					
47. 어떤 일에 실패했을 때 원인을 분석해서 그런 일이 반복되지 않도록 노력한다.					

	①	②	③	④	⑤
48. 동식물이나 특정 사물이 갖는 특징을 분석하는 것을 좋아한다.					
49. 빈 칸에 어떤 곡을 채워보라고 하면 어렵지 않게 채울 수 있다.					
50. 연기나 춤으로 내가 전하고자 하는 것을 잘 표현할 수 있다.					
51. 어떤 문제가 생기면 성급하게 결론을 내리기보다는 그 원인을 밝히려고 한다.					
52. 고장 난 기계나 물건을 잘 고친다.					
53. 다른 사람이 하는 말의 핵심을 잘 파악한다.					
54. 다른 사람들 앞에서 프레젠테이션이나 연설을 잘한다.					
55. 앞으로 어떻게 성공해야 할지에 대해 뚜렷한 신념을 가지고 있다.					
56. 환경문제를 잘 해결할 수 있는 방법들을 많이 알고 있다.					

〈표 13-1〉 **다중지능검사 진단비교표**

문 항	1	2	3	4	5	6	7	8
나의 점수								
문 항	9	10	11	12	13	14	15	16
나의 점수								
문 항	17	18	19	20	21	22	23	24
나의 점수								
문 항	25	26	27	28	29	30	31	32
나의 점수								
문 항	33	34	35	36	37	38	39	40
나의 점수								
문 항	41	42	43	44	45	46	47	48
나의 점수								
문 항	49	50	51	52	53	54	55	56
나의 점수								

세로 항목별 합계

지능유형	A	B	C	D	E	F	G	H
합계 점수								

ⓐ **각각의 세로 항목에 해당하는 지능은 다음과 같다.**

A : 음악지능	B : 신체운동지능	C : 논리수학지능	D : 공간지능
E : 언어지능	F : 인간친화지능	G : 자기성찰지능	H : 자연친화지능

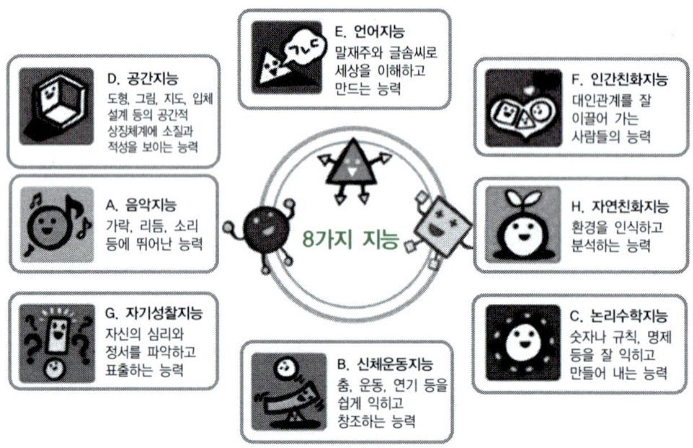

14 통섭(統攝)의 시대, 사고의 빅뱅을 추구하라

향후 미래의 학문은 '생각의 퓨전', '사고의 컨버전스' 시대이다. 다양성의 사회이며, 통섭의 시대인 것이다. 통합의 시대에 발생하는 사회적 현상들이나 문제들은 한 부분만 보아서는 절대 전체를 파악할 수 없다. 사회는 서로 융합되고 통섭되어 한 분야의 전문적 지식만으로는 도저히 해결하기 힘든 시대, 즉 우리의 상식을 뛰어넘는 수준으로 다가왔다.

인종, 학문, 종교, 문화, 기술, 기업, 사회, 국가가 상호 공존하고 있는 다양성의 시대이다. 이런 다양성 속에서도 서로 비슷한 성질끼리, 비록 다른 성질이라 하더라도 하나의 방향을 향해 나아가는 통섭(統攝)의 시대라 할 수 있다.

통섭은 이제 시대적 요청이 되었고, 사회 전체에 커다란 반향을 불러일으키고 앞으로 나아갈 바를 제시하는 보편적인 개념이 되었다. 지난 20세기가 모든 것을 쪼개어 하나하나 세부적으로 분석하던 '분석의 시대'였다면, 21세기는 모든 것이 섞여 하나로 이어지는 '통섭의 시대'가 된 것이다. 이제 인재판별법도 통섭(統攝)의 시대에 맞는 사고의 빅뱅을 추구해야 한다. 나만의 울타리 속에 갇혀 있는 생각의 틀을 깨야 한다.

기업 간 인수합병(M&A)과 회사 간 경쟁을 피하기 위해 큰 회사로 합병하는 퓨전(융합, fusion)도 같은 현상이다. 패션, 철학, 인문학, IT, 가전 등 다양한 분야에서 여러 기술이나 성능이 하나로 융합되거나 합쳐지는 컨버전스(convergence)도 같은 맥락이다. 더 나아가 국가 간의 국경이 없어지고 무역장벽이 허물어지고 있으며, 자국의 이익을 위해서 이념도 희석되고 있다.

이런 시대적 요구 때문에 이제는 하나만 잘해서는 살아남을 수 없다. 모든 분야에서 남들과 경쟁해서 이길 수 있는 전문적인 기술 및 지식을 갖추어야만 한다. 옛말에 "성공하려면 한 우물만 파라"는 말이 있다. 하지만 이제 한 우물만 파서 성공하는 시대는 지나갔다. 한 우물만 파서는 경쟁력이 없다. 설령 한 우물을 파더라도 깊게만 팔 것이 아니라 넓고 깊게 파야 한다. 그래야만 엄청난 파급효과를 가질 수 있다. 오직 깊게만 파는 것은 좁은 시각에 사로잡힌 '나만의 좁은 세상'이 될 수 있기 때문이다. 만능인, 멀티플레이가 되어야만 두각을 낼 수 있는 시대에 살고 있는 것이다.

러시아의 문호 톨스토이(Tolstoy)는 "인간은 강과 같다. 물은 어느 강에서나 마찬가지며 어디를 가도 변함없다. 그러나 강은 큰 강이 있는가 하면 좁은 강도 있으며 고여 있는 물이 있는가 하면 급류도 있고 맑은 물과 흐린 물, 차가운 물과 따스한 물도 있다. 인간도 바로 이와 같은 것이다"라고 했다. 사람은 동서고금 누구나 막론하고 그릇의 크기가 각각 다르다. 또 캐릭터(character)도 다르다. 바다를 본 사람은 호수를 보고 바다라고 말하지 않는다. 그래서 사람마다 하는 역할과 역량도 다르다.

그렇다면 이러한 통섭의 시대, 새로운 트렌드에 부응하고 절대강자도 절대

약자도 없는 21세기에 생존하기 위해서는 어떻게 해야 할까?

첫째, 새로운 사고와 다름을 인정해야 한다. "나와 맞지 않는 것은 틀린 것이다"라고 단정 짓는 경향이 있다. 그래서 내 것은 좋은 것이고, 남의 것은 나쁜 것이라는 배타적이고 이기적인 생각에 젖어 있다. 구한말 조선이 일제의 침략에 속절없이 무너진 것도 쇄국정책을 고집한 탓이다.

나만의 울타리 속에 갇혀 있는 생각의 틀을 깨어 더 넓은 세상을 위해 통섭의 시대에 맞는 사고의 빅뱅(big bang)을 추구해야 한다. 생각의 퓨전, 생각의 컨버전스를 이루어야 한다. "나도 옳고, 너도 옳고, 우리 모두 옳다"는 생각을 가질 때 진정한 통섭의 시대를 맞이할 수 있을 것이다.

둘째, 서로 다양한 분야의 전문가들이 모여 격식 없는 토론의 장(場)을 만들어야 한다. 디지털혁명 속에서 블로그, 카페, 트위터, 페이스북도 좋다. 정기적으로 오프라인 세미나를 열어 각 분야의 전문가들의 의견을 수렴하고 새로운 지식, 새로운 사고, 새로운 협상을 공유하는 것도 하나의 방법이다.

더 좋은 방법은 공동의 목적이나 이상을 추구하는 사람들이 참여하는 모임을 만들고, 새로운 통섭의 시대에 적합한 새로운 지식과 정보를 바탕으로 국민, 국가, 사회 전반에 유익함을 가져다 주어야 한다. 즉, 모든 사람들에게 도움이 되는 창의적인 아이디어나 정책을 창출할 수 있어야 한다.

셋째, 결코 배움을 멈춰서는 안 된다. 단일 영역(domain)에 국한될 필요는 없다. 따라서 비록 현재 관련 없는 분야라 할지라도 일분일초도 손에서 책을 놓아서는 안 된다. 편협(偏狹)된 지식과 편협한 생각에 사로잡혀 있을 때 그 지식은 더 이상 가치가 없는 지식이다. 이는 진보가 아닌 후퇴만을 가져올 뿐이다.

이제 21세기를 살아가는 인재라면 통합의 시대에 부합하는 통섭의 리더십을 발휘해야 비로소 새로운 시대, 새로운 리더로 다시 탄생할 수 있다. 통섭의 시대에 부합하는 통섭의 리더십을 모든 사람들이 발휘하기를 기대한다. 가능한가? 가능하다!

가장 현명한 사람은
시간 소모를 가장 불쾌하게 생각한다.

The wisest are the most annoyed
at the loss of time.

– 단테 알리기에리(Dante Alighieri) –

참·고·문·헌

1. 국내 문헌

김재득(2000). 인간과 조직의 이해. 서울 : 21세기.

______(2003). 정보사회의 인간관계. 서울 : 박영사.

______(2008). 리더십. 서울 : 대영문화사.

______(2009a). 리더십 워크북 : 진단, 처방, 적용. 경기 : 공동체.

______(2009b). 리더십의 정글에서 길 찾기 : 리더십플랜. 경기 : 공동체.

(2010). 하우 빅토리!. 서울 : 비전비엔피 · 비전코리아.

______(2011). 성직자 리더십. 서울 : 학위사.

______(2012). 리더십(개정판). 서울 : 대영문화사.

______(2013). 의사소통과 협상론. 서울 : 대영문화사.

______(2015). 당신을 읽다. 서울 : 매경출판사.

2. 국외 문헌(번역본)

스티븐 코비 저. 김경섭 옮김(2005). 성공하는 10대들의 7가지 습관(개정판). 경기 : 김영사.

스펜서 존슨 저. 이영진 옮김(2000). 누가 내 치즈를 옮겼을까?. 서울 : 진명출판사.

앤서니 로빈스 저. 조진형 옮김(2008). 네 안에 잠든 거인을 깨워라. 서울 : 씨앗을 뿌리는 사람.

존 맥스웰 저. 김홍식 옮김(2014). 태도, 인생의 가치를 바꾸다. 서울 : 꿈꾸는 별.

3. 참고 사이트

(사)동북아리더십센터. http://cafe.naver.com/leadershipandkjd

경향신문. http://www.khan.co.kr

네이버 지식백과. http://terms.naver.com

리더피아(LEADERPIA). http://www.leaderpia.com/

매일경제. http://www.mk.co.kr/

사회정의 시민행동. http://www.casj.or.kr

삼성경제연구소. http://http://www.seri.org/

오마이뉴스. http://www.ohmynews.com

위키백과. http://ko.wikipedia.org

유튜브. http://www.youtube.com

조선닷컴. http://www.chosun.com

저/자/약/력

▪ 김재득(Kim, Jae Deuk)

'리더십'과 '팔로워십(followership)'에 관한 한 체계적으로 연구하고 전공한 창조적 행정학 박사다. 천주교 인천교구 인재양성 장학생으로 하버드대학교 케네디스쿨에서 리더십과정 연수와 연세대학교에서 응용통계학을 수료했다. 그동안 가톨릭대학교를 거쳐 서강대학교 공공정책대학원 행정법무학과와 예수회센터 'G'리더십 아카데미 주임교수 및 부소장으로 10년간 재직했다.

현재 한국외국어대학교와 (사)동북아리더십센터 이사장으로 활동하면서 한국 · 중국 · 일본 · 러시아 지도자에 대한 인성과 행동심리를 집중 연구하고 있다. '침묵과 침묵 사이의 소리를 찾는 사람'이란 사명감과 '준비가 기회를 만나면 운명이 된다'라는 자세로 『의사소통과 협상론』, 『리더십 워크북』, 『당신을 읽다』, 『리더십 : 수신제가치국평천하의 길』, 『성직자 리더십』, 『하우! 빅토리 : How! VICTORY』, 『현대사회와 행정』 등 31권의 저서를 집필했다.

▪ 김현성(Kim, Hyeon Seong)

서울대학교에서 정치학을 전공한 정치학도 출신으로 사법시험(사법연수원 제31기)에 합격하여 법조인의 길을 걷고 있다. 미8군 카투사교육대 교관으로 군복무를 마친 후 영산대학교 법률학부 교수로서 헌법을 강의하였고, 서강대학교 및 한국해양대학교 겸임교수를 거쳐 지금은 영산대학교 겸임교수이다. '(사)한반도 인권과 통일을 위한 변호사모임'의 창립을 주도하여 초대 사무총장과 공동대표를 지냈고, 최근에는 '청탁금지법(김영란법)' 및 학교폭력 관련법 전문가로도 활동하고 있다. 평소 신뢰와 배려가 잔잔히 흐르는 공동체를 꿈꾸며, 리더는 산맥처럼 당당하면서도 예의와 염치를 잃지 말아야 한다는 신념을 가지고 있다. 현재 서울지방변호사회 사무총장, NAVER 뉴스편집자문위원 및 (사)동북아리더십센터 상임대표를 맡고 있다. 저서로는 『갈매기의 꿈과 노래』 등이 있고, 행정자치부장관 및 대한변호사회협회장으로부터 표창을 수상한 바 있다.

저/자/약/력

■ **박은미(Park, Eun Mee)**

경희대학교에서 행정학 박사학위를 취득하고 긍정과 공감적 리더십을 핵심가치로 25년 동안 대학현장에서 강의를 하고 있다. 저서로는 『인간관계의 이해』, 『정보사회와 인간관계』 『사회복지』, 『가족복지』, 『아동복지』 외 다수가 있다. 그동안 리더십에 관한 꾸준한 연구를 통해 리더십이론이 실생활에 적용·실천될 수 있는 '매개체적 리더십'과, 상황에 따라 가장 합리적인 결정을 선택하는 '최선의 리더십'을 전파하는 메신저가 되고자 한다.

■ **홍순목(Hong, Soon Mok)**

인천광역시 제물포고등학교 출신으로 서강대학교 경영학과(경영학 학사)를 졸업하고 서강대학교 공공정책대학원 행정법무학과에서 행정학 석사를 취득하였다. 졸업 후 ㈜한화에너지와 ATN Korea에서 근무하였다. 또한 인천광역시 서구의회 제5, 6대 의원으로 선출된 바 있다. 구의원 시절 인천광역시 서구의회 복지도시위원회 위원장을 역임하였다. 현재 인천광역시 시민행복정책자문단 위원, (재)서인천장학회 이사로 활동 중이다.

■ **이종덕(Lee, Jong Deok)**

충북 출생으로 청주대학교 법과대학원을 수료하고, 현재 아주대학교 평생교육원 리더십스피치토론과정 및 리더십최고지도자과정 주임교수, 세종대학교 글로벌지식교육원 리더십최고위과정 지도교수로 재직하면서 리더십, 스피치토론, 세일즈마케팅 등 여러 분야에서 강의하며 후진을 양성하고 있다. 또한 스피치토론지도사, 심리상담사, M&A 지도사 등의 자격증을 취득한 후 대학과 기업, 공무원, 사회단체 등에서 활발한 강연활동을 하고 있다.

신언서판 – 리더혁명 –

|공저자| 김재득 · 김현성 · 박은미 · 홍순목 · 이종덕

|1판 1쇄| 발행 2017년 3월 3일

|발행인| 김 동 훈
|발행처| 공 동 체

|주소| 경기도 고양시 일산동구 호수로 358-39
동문타워 I 905호(백석동)
|전화| 031) 920-8305(대표)
|팩스| 031) 920-8308
|e-mail| compub@naver.com
|출판등록| 2005년 10월 6일
|등록번호| 제396-2005-36호

|ISBN| 979-11-6105-092-8
정가 19,000원

memo.

memo.

memo.

memo.